CEDU(쎄듀)는 A **C**omprehensive **E**nglish e**DU**cation(종합적 영어교육)의 약자입니다.

펴낸이 김기훈 김진희

펴낸곳 ㈜쎄듀/서울시 강남구 논현로 305 (역삼동)

발행일 2018년 2월 14일 초판 1쇄

내용 문의 www.cedubook.com

구입 문의 콘텐츠 마케팅 사업본부

　　　　　Tel. 02-6241-2007

　　　　　Fax. 02-2058-0209

등록번호 제22-2472호

ISBN 978-89-6806-105-9

문법에서 막히지 않는 서술형

거침없이 라이팅

ㄱㅊㅇㅇ Writing

LEVEL 1

저자

김기훈   現 ㈜ 쎄듀 대표이사

現 메가스터디 영어영역 대표강사

前 서울특별시 교육청 외국어 교육정책자문위원회 위원

저서   천일문 〈입문편 · 기본편 · 핵심편 · 완성편〉 / 천일문 GRAMMAR

첫단추 BASIC / 쎄듀 본영어 / 어휘끝 / 어법끝 / 문법의 골든룰 101

거침없이 Writing / 리딩 플랫폼 / READING RELAY

절대평가 PLAN A / Grammar Q / 잘 풀리는 영문법 / GRAMMAR PIC

독해가 된다 시리즈 / The 리딩플레이어 / 빈칸백서 / 오답백서

첫단추 Button Up / 파워업 Power Up / ALL쏨 서술형 시리즈

수능영어 절대유형 / 수능실감 등

쎄듀 영어교육연구센터

쎄듀 영어교육센터는 영어 콘텐츠에 대한 전문지식과 경험을 바탕으로
최고의 교육 콘텐츠를 만들고자 최선의 노력을 다하는 전문가 집단입니다.

인지영 선임연구원 · **한예희** 선임연구원 · **조현미** 선임연구원

마케팅	콘텐츠 마케팅 사업본부
영업	문병구
제작	정승호
인디자인 편집	한서기획
디자인	윤혜영, 이연수
일러스트	그림숲
영문교열	Eric Scheusner

Foreword

많은 학생이 영문법을 공부한 후 객관식 문항은 순조롭게 풀다가도 서술형만 만나면 멈칫하는 순간을 경험합니다. 감으로 풀거나 답을 찍는 요령이 통하지 않거니와, 문법 단순 암기에서 한 단계 나아가 표현하고자 하는 영어 문장을 자유자재로 써낼 정도로 체득해야 문제없이 쓸 수 있기 때문입니다. 따라서 서술형 문제들은 만점 정복의 가장 결정적인 승부 포인트라 할 수 있으며 그 중요성이 날이 갈수록 강조되고 있습니다.

<거침없이 Writing>은 단순히 쓰기 형태의 문제만 모은 형식적인 대비서가 되는 것을 거부하고, 서술형을 명확한 타깃으로 삼아 최적의 학습 방향과 실질적 효과를 제공하도록 심혈을 기울였습니다. 실전에서 서술형 출제빈도가 높은 문법 포인트만 추렸고, 주어진 우리말을 영작하려면 어떻게 접근해야 하는지 전략적으로 전달합니다.

<거침없이 Writing>의 특장점을 소개합니다.

1 전국 내신 서술형 기출 문제 완벽 분석 및 반영
총 10,000여 개의 내신 서술형 문제를 수집하여 가장 많이 출제되는 포인트 중심으로 학습하도록 구성했습니다. 문법 포인트 별로 자주 등장하는 서술형 유형까지 고려하여 실전 대비에 최적화된 훈련이 가능합니다.

2 서술형 실전 풀이 전략 제시
실제 기출 문제를 통해 문제풀이 접근법을 상세히 제시하므로 막막하게 느껴지는 서술형 문제도 쉽게 이해할 수 있습니다. 답을 쓸 때 실수하기 쉬운 오답 요소들도 함께 정리하여 감점 요인까지 철저히 대비하도록 하였습니다.

3 핵심 문법 설명과 단계별 서술형 문항 수록
서술형 대비에 꼭 필요한 핵심 문법을 설명하면서 쓰기에 적용하는 방법을 제시합니다. 배열과 영작유형의 연습문제에서 써보며 훈련하고, 나아가 실전 스타일 응용문제까지 다양하게 접하므로 서술형완벽 대비에 최적입니다.

서술형을 어떻게 대비해야 할지 고민하던 학생들도 <거침없이 Writing>으로 차근차근 학습한다면 어느 순간 서술형에 대해 두려움이 사라지고 정답을 거침없이 써 내려가는 자신을 스스로 발견할 것입니다. 노력이 결실을 보아 영어의 실력자가 되었음을 깨닫는 그 날까지 여러분을 응원합니다.

저자

이 책의 구성 & 이렇게 학습하세요

VOCA PREVIEW 어휘 때문에 틀리지 말자!

모르는 어휘 때문에 영작이 막히지 않도록 챕터에 등장하는 필수 어휘를 문제로 미리 풀어보며 익힐 수 있습니다.

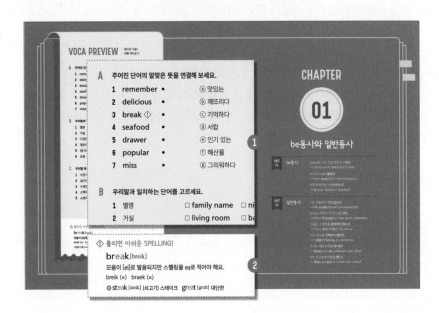

❶ 세 가지 유형의 문제를 풀며 영작에 필요한 어휘를 학습하세요.

❷ 틀리기 쉬운 스펠링에 유의하여 감점을 예방하세요.

UNIT 학습 & PRACTICE THE BASICS 우리말과 영어의 어순을 비교하자!

서술형 문제로 출제되는 최중요 핵심 문법만을 선별하였습니다.
복잡한 문법 사항을 양질의 대표 예문과 간결한 설명으로 학습합니다.

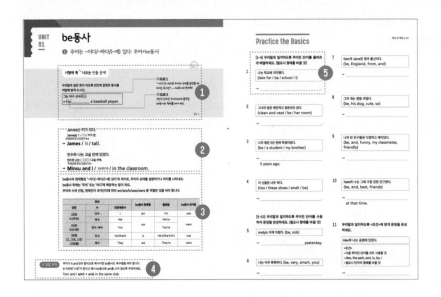

❶ 시험에 반드시 출제되는 실제 그대로의 기출 문제와 명쾌한 해결 단서로 실전을 경험하세요.

❷ 대표 예문으로 우리말 어순과 영어의 어순을 비교하세요. 우리말 직독직해로 대표예문을 어떻게 영작하는지 파악하세요.

❸ 영작을 좌우하는 주요 문법 사항을 한눈에 익힙니다.

❹ 주요 감점 요인을 반드시 학습하세요.

❺ 학습 내용을 점검하며 쓰기를 연습하세요.

서술형 완벽대비 유형 마스터 　실제 기출 유형으로 서술형 완벽 대비하자!

전국 내신 서술형 기출 문제를 철저히 분석하여 출제 유형을 총망라한 단계별·유형별 문제로 실전 감각을 기를 수 있습니다.

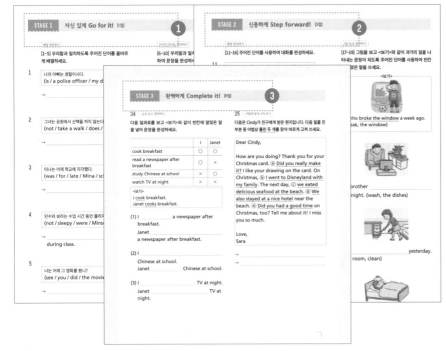

- 빈칸 영작하기
- 주어진 단어로 영작하기
- 질문에 대답하기
- 대화 완성하기
- 도표 보고 영작하기
- 그림 보고 영작하기
- 문장 바꿔 쓰기
- 틀린 어법 고치기
- 문맥에 맞게 영작하기
- 조건에 맞게 영작하기

❶ STAGE 1
기본적인 배열, 영작 유형부터
연습합니다.

❷ STAGE 2
STAGE 1보다 한 단계 높은
응용문제를 연습합니다.

❸ STAGE 3
고난도 서술형 유형까지
도전할 수 있습니다.

WORKBOOK

워크북으로 실전 유형을 추가 연습하여 서술형을 완벽하게 대비하세요.

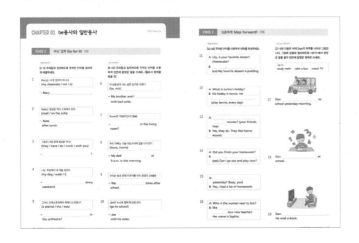

부가서비스

www.cedubook.com에서
무료 부가서비스를 다운로드하세요.

❶ 어휘리스트

❷ 어휘테스트

교사용 부가서비스

교강사 여러분께는 위 부가서비스를 비롯하여,
문제 출제 활용을 위한 한글 파일, 수업용 PPT 파일,
챕터별 추가 서술형 문제를 제공해 드립니다.
파일 신청 및 문의는 book@ceduenglish.com

CONTENTS 거침없이 Writing LEVEL 1

학습 현황을 점검하세요

학습 진도	학습 진행률	학습 내용	✔
1주 차	20%	· be동사와 일반동사 · 현재진행형과 미래 표현 · REVIEW	☐ ☐ ☐
2주 차	40%	· 조동사 · 명사와 대명사 · REVIEW	☐ ☐ ☐
3주 차	60%	· 형용사, 부사, 비교 · 여러 가지 문장 종류 · REVIEW	☐ ☐ ☐
4주 차	80%	· 문장의 여러 형식 · to부정사 · REVIEW	☐ ☐ ☐
5주 차	100%	· 동명사 · 전치사와 접속사 · REVIEW	☐ ☐ ☐

영작에서 가장 많이 하는 실수
TOP 3 +₊

✅ 감점 요인이 되므로 꼭 체크하세요.

영작에서 오답이 가장 많이 나오는 순위

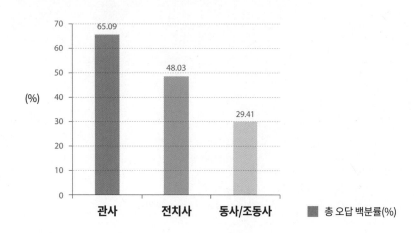

- 관사: 65.09
- 전치사: 48.03
- 동사/조동사: 29.41

(%) ■ 총 오답 백분률(%)

1 a/an, the (관사)

우리말에는 관사라는 개념이 없기 때문에 영작을 할 때 관사를 빠뜨리거나,
필요하지 않은 곳에 넣기도 하지요. 또 a/an과 the를 뒤바꿔 쓰는 경우도 많아요.

✕	＊ 다음 주어진 문장을 바르게 영작하시오. Lily는 그녀의 딸에게 새 차를 한 대 사주었다. → Lily bought her daughter **new car**. → Lily bought **new car** for her daughter.
왜 틀렸을까?	셀 수 있는 명사 중 특별히 정해지지 않은 단수명사를 가리킬 때는 명사 앞에 a/an이 필요해요.
○	→ Lily bought her daughter **a new car**. → Lily bought **a new car** for her daughter.

✕	✱ 다음 우리말을 명령문으로 영작하시오. ⓑ 저 레스토랑에서 저녁 먹자. → Let's **have a dinner** at that restaurant.
왜 틀렸을까?	식사를 나타내는 단어 앞에는 관사가 붙지 않아요. have **breakfast** / have **lunch** / have **dinner**
○	→ Let's **have dinner** at that restaurant.

✕	✱ 다음 우리말의 의미에 맞도록 <보기>를 참고하여 영어로 문장을 완성하시오. 　<보기>　listen 나는 음악을 듣고 싶어. → I hope to listen to **the** music.
왜 틀렸을까?	'음악을 듣다'라는 표현은 listen to music으로 써요. music 앞에 the를 쓰지 않도록 주의해야 해요.
○	→ I hope to listen to **music**.

✕	✱ 대화의 흐름상 (A)에 들어갈 문장을 <보기>의 단어를 활용하여 완성하시오. W : Jisu and I are going to watch a movie tomorrow. Why don't you come with us? M : Sorry, but I can't go. I must volunteer at the park with my mom. W : What do you do with her? M : We (A) serve free lunches to people on **first** Sunday of every month. 　<보기>　first, every, people, free, serve, lunch, Sunday, month 　<조건>　· 필요시 전치사나 관사를 추가할 것 　　　　· 필요시 주어진 단어를 변형할 것 　　　　· 반드시 주어진 단어를 모두 사용할 것
왜 틀렸을까?	'첫째의, 둘째의...'와 같이 순서를 나타내는 표현(서수) 앞에는 the가 붙어요.
○	→ We serve free lunches to people on **the first** Sunday of every month.

2 전치사 ☞ 거침없이 Writing LEVEL 1 Ch 10

전치사란 명사나 대명사 앞에 놓여 장소, 시간 등을 나타내는 말이에요.
우리말에는 전치사가 존재하지 않지만, 영어에는 다양한 전치사가 있고,
우리말 의미만 가지고는 어떤 전치사를 써야 할지 판단하기 어려워서 자주 틀리는 부분이에요.
또한, 예외적인 사항도 있기 때문에 학습 시 자주 혼동되는 부분입니다.

✕	✻ 다음 우리말을 영어로 옮길 때 빈칸에 들어갈 알맞은 말을 쓰시오. (b) 우리 수요일에 배드민턴 치는 것이 어때? → Why don't we play badminton **in/at** Wednesday?
왜 틀렸을까?	전치사 in과 at도 우리말로 '~에'라는 뜻으로 쓰이지만, 요일이나 날짜 앞에는 전치사 on을 써요.
○	→ Why don't we play badminton **on** Wednesday?

✕	✻ (d)를 우리말과 일치하도록 영어로 쓰시오. (d) 아버지의 날은 6월 셋째 주 일요일이다. → Father's Day is **on** the third Sunday in June.
왜 틀렸을까?	요일이나 날짜 앞에 전치사 on을 쓰지만, 모든 상황에 해당하는 것은 아니에요.
○	→ Father's Day is **the third Sunday** in June.

3 동사/조동사 ☞ 거침없이 Writing LEVEL 1 Ch 01/02/03
☞ 거침없이 Writing LEVEL 2 Ch 01/02/07
☞ 거침없이 Writing LEVEL 3 Ch 01/02/03

동사에서 가장 많이 나오는 실수는 '주어-동사의 수일치'예요.
영어는 우리말과 다르게 주어의 인칭과 수에 따라 동사의
모양이 변하기 때문이지요. 영어의 시제는 우리말보다
형태의 변화가 훨씬 많고 외워야 할 것들도 많기 때문에
잘못 쓰는 경우가 많아요.

✻ **동사 항목별 오답 순위**

순위	오류 내용
1	3인칭 단수 주어와 현재시제에 맞춰 동사 뒤에 -(e)s를 붙이는 것
2	완료형 have+p.p.(과거분사)의 사용
3	do/does/did의 사용
4	수동태
5	진행형(be동사+-ing)의 사용

×	* 다음 표를 보고 hope를 이용하여 희망을 나타내는 문장을 완성하시오. | Suho | make many friends this year | → Answer: Suho **hope** to make many friends this year.
왜 틀렸을까?	동사를 쓸 때는 항상 주어의 수와 시제를 확인해야 해요. 올해(this year)의 희망을 말하고 있으므로 현재시제, 주어 Suho는 3인칭 단수이므로 동사에 -s를 붙여 hopes로 써야 하지요.
O	→ Answer: Suho **hopes** to make many friends this year.

×	* 다음 우리말에 맞게 빈칸을 채우시오. 나는 2년 동안 그 휴대폰을 사용해왔다. → I have **use** the cell phone for 2 years.
왜 틀렸을까?	현재완료형의 형태는 「have[has]+p.p.(과거분사)」예요. 특히 불규칙 과거분사는 외워두지 않으면 문제를 풀기 어려워요.
O	→ I have **used** the cell phone for 2 years.

×	* 다음 주어진 문장을 지시하는 대로 바꾸어 쓰시오. The movie has a happy ending. 의문문: **Do** the movie have a happy ending?
왜 틀렸을까?	일반동사 현재형의 부정문과 의문문에서 주어가 3인칭 단수일 때는 does를 써야 해요.
O	→ **Does** the movie have a happy ending?

VOCA PREVIEW | 영작의 기본! 어휘 미리보기

A 주어진 단어의 알맞은 뜻을 연결해 보세요.

1 remember •   ⓐ 맛있는
2 delicious •   ⓑ 깨뜨리다
3 break ⚠ •   ⓒ 기억하다
4 seafood •   ⓓ 서랍
5 drawer •   ⓔ 인기 있는
6 popular •   ⓕ 해산물
7 miss •   ⓖ 그리워하다

B 우리말과 일치하는 단어를 고르세요.

1 별명   ☐ family name   ☐ nickname
2 거실   ☐ living room   ☐ bathroom
3 다정한   ☐ friendly   ☐ funny
4 정돈된   ☐ clean   ☐ neat
5 (음식을) 굽다   ☐ bake   ☐ boil
6 운동   ☐ exercise   ☐ rest

C 우리말 뜻을 보고 적절한 단어를 쓰세요.

1 자전거를 타다   r_____ a bike
2 설거지를 하다   w_____ the dishes
3 수영장   s_____ pool
4 산책하다   take a w_____
5 쇼핑하러 가다   go s_____

⚠ 틀리면 아쉬운 SPELLING!

bre**ak** [breik]
모음이 [ei]로 발음되지만 스펠링을 ea로 적어야 해요.
breik (✗)   braek (✗)
➕ st**eak** [steik] (쇠고기) 스테이크   gr**eat** [greit] 대단한

CHAPTER

01

be동사와 일반동사

UNIT 01

be동사

❶ 주어는 ~이다/~하다/(~에) 있다: 주어+be동사

우리말과 같은 뜻이 되도록 빈칸에 알맞은 동사를
어법에 맞게 쓰시오.

그는 야구 선수이다.
= He _____ a baseball player.

> ☀ **CLUE 1**
> '~이다'의 의미로 주어의 상태를 설명할 때
> 쓰이는 동사는? — be동사의 현재형!

> ☀ **CLUE 2**
> 3인칭 단수인 주어(He)에 알맞은
> be동사의 형태를 써야 해요.

정답: is

James는 키가 크다.

James는 / ~이다 / 키가 큰.
주어(3인칭 단수) be동사 현재

→ **James / is / tall.**

민수와 나는 교실 안에 있었다.

민수와 나는 / 있었다 / 교실 안에.
주어(1인칭 복수) be동사 과거

→ **Minsu and I / were / in the classroom.**

be동사의 현재형은 '~이다/~하다/(~에) 있다'의 의미로, 주어의 상태를 설명하거나 위치를 나타내요.
be동사 뒤에는 '무엇' 또는 '어디'에 해당하는 말이 와요.
주어의 수와 인칭, 현재인지 과거인지에 따라 am/are/is/was/were 중 적절한 것을 써야 합니다.

주어			be동사 현재형	줄임말	be동사 과거형
인칭	수	인칭대명사			
1인칭 (나/우리)	단수	I	am	I'm	was
	복수	We	are	We're	were
2인칭 (너/너희)	단수·복수	You		You're	
3인칭 (그, 그녀, 그것/ 그(것)들)	단수	He/She/It	is	He's/She's/It's	was
	복수	They	are	They're	were

> ✔ **오답 주의**
> 주어가 A and B의 형식으로 복수이면 be동사도 복수형을 써야 합니다.
> B 자리에 '나(I)'가 온다고 해서 be동사로 am을 쓰지 않도록 주의하세요.
> Tom and I ~~am~~(→ are) in the same club.

Practice the Basics

정답 및 해설 p.02

[1~4] 우리말과 일치하도록 주어진 단어를 올바르게 배열하세요. (필요시 형태를 바꿀 것)

1

나는 학교에 지각했다.
(late for / be / school / I)

→ _____ .

2

그녀의 방은 깨끗하고 정돈되어 있다.
(clean and neat / be / her room)

→ _____ .

3

나의 형은 5년 전에 학생이었다.
(be / a student / my brother)

→ _____
5 years ago.

4

이 신발은 너무 작다.
(too / these shoes / small / be)

→ _____ .

[5~10] 우리말과 일치하도록 주어진 단어를 사용하여 문장을 완성하세요. (필요시 형태를 바꿀 것)

5

Andy는 어제 아팠다. (be, sick)

→ _____ yesterday.

6

너는 아주 똑똑하다. (be, very, smart, you)

→ _____

7

Sam과 Jane은 영국 출신이다.
(be, England, from, and)

→ _____

8

그의 개는 정말 귀엽다.
(be, his dog, cute, so)

→ _____

9

나의 반 친구들은 다정하고 재미있다.
(be, and, funny, my classmates, friendly)

→ _____

10

Kate와 나는 그때 가장 친한 친구였다.
(be, and, best, friends)

→ _____
at that time.

11 우리말과 일치하도록 <조건>에 맞게 문장을 완성하세요.

Alex와 나는 공원에 있었다.

<조건>
• 다음 주어진 단어를 모두 사용할 것
• Alex, the park, and, in, be, I
• 필요시 단어의 형태를 바꿀 것

→ _____

❷ be동사의 부정문과 의문문

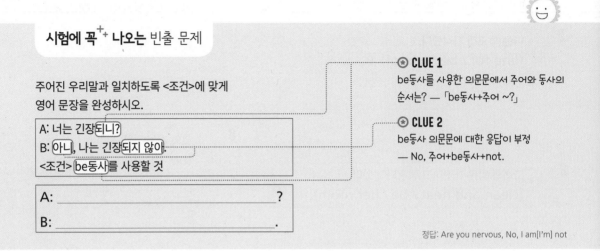

주어진 우리말과 일치하도록 <조건>에 맞게
영어 문장을 완성하시오.

> A: 너는 긴장되니?
> B: 아니, 나는 긴장되지 않아.
> <조건> be동사를 사용할 것
>
> A: _____?
> B: _____.

⊛ **CLUE 1**
be동사를 사용한 의문문에서 주어와 동사의
순서는? —「be동사+주어 ~?」

⊛ **CLUE 2**
be동사 의문문에 대한 응답이 부정
— No, 주어+be동사+not.

정답: Are you nervous, No, I am[I'm] not

과학은 내가 가장 좋아하는 과목이 아니다.
과학은 / ~이 아니다 / 내가 가장 좋아하는 과목.
　주어　　be동사의 부정문

→ **Science / is not[isn't] / my favorite subject.**

be동사의 부정문(~이 아니다/~하지 않다/(~에) 있지 않다)은 **be동사 바로 다음에 not**을 붙여요.

I	am not	was not[wasn't]
He/She/It	is not[isn't]	was not[wasn't]
We/You/They	are not[aren't]	were not[weren't]

am과 not을 줄여 amn't의 형태로는 쓰지 않아요.
또한 주어와 be동사를 줄인 형태(I'm not/You're not/She's not 등)로도 쓸 수 있어요.

A: 네가 가장 좋아하는 과목은 영어니?　B: 응, 맞아. / 아니, 그렇지 않아.
　네가 가장 좋아하는 과목은 ~이니 / 영어?
　　　　　　be동사의 의문문

→ A: **Is your favorite subject** / English?　B: Yes, **it is.** / No, **it isn't.**

be동사의 의문문(~이니?/~하니?/(~에) 있니?)은 「**be동사+주어 ~?**」의 순서로 씁니다.
응답은 Yes/No로 하며 의문문에서 묻는 대상을 받는 적절한 대명사와 be동사를 써줘야 해요.
부정의 응답에서는 보통 「be동사+not」의 줄임말을 씁니다.

✓ **오답 주의**　be동사의 의문문에서 be동사는 뒤에 나오는 주어의 수와 인칭에 맞게 써야 해요.
또한, 주어를 알맞은 대명사로 바꿔 답해야 합니다.
A: **Are** Jin and Peter in the classroom? B: No, **they** aren't.
A: **Are** you and your best friend in the same school? B: Yes, **we** are.

Practice the Basics

[1~4] 우리말과 일치하도록 빈칸에 알맞은 말을 쓰세요.

1

> 그 가방은 내 것이 아니다.

→ The bag _____ mine.

2

> 그 영화는 재미있지 않았다.

→ The movie _____ interesting.

3

> 그들은 인기 있는 배우들이 아니다.

→ They _____ popular actors.

4

> Dean과 Andy는 운동장에 있니?

→ _____ Dean and Andy in the playground?

[5~8] 다음 대화의 빈칸에 알맞은 응답을 쓰세요. (부정문은 줄임말로 쓸 것)

5

> A: Is the man a singer?
> B: _____, _____ _____.
> He is my favorite singer.

6

> A: Is Kate at home now?
> B: _____, _____ _____.
> She's at school now.

7

> A: Are they English teachers?
> B: _____, _____ _____.
> They are math teachers.

8

> A: Were you and your brother at the concert?
> B: _____, _____ _____.
> We enjoyed the concert.

[9~10] 우리말과 일치하도록 주어진 단어를 사용하여 문장을 완성하세요. (필요시 형태를 바꿀 것)

9

> 너는 오늘 오후에 한가하니?
> (you, this afternoon, free)

→ _____
_____

10

> Andrew와 Frank는 내 사촌들이 아니다.
> (my cousins)

→ _____
_____

11 그림을 보고 <보기>를 참고하여 대화를 완성하세요.

> <보기>
> A: Is Mr. Harrison angry?
> B: (1) No, he isn't.
>   (2) He is surprised.

A: Are Brenda and her friend sad?
B: (1) _____. (3 단어)
   (2) _____. (3 단어)

UNIT 02

일반동사

① ~하다: 일반동사의 현재형(동사원형 또는 -(e)s)

주어진 우리말과 일치하도록 <보기>에서 골라 각각
알맞은 형태로 쓰시오.

<보기>　go　like　eat　have

(1) He _____ to Daehan Middle School.

(그는 대한중학교에 다닌다.)

(2) She _____ two cats.

(그녀는 고양이 두 마리를 가지고 있다.)

⊛ CLUE 1
'학교에 다니다'라는 영어 표현(go to school)을
3인칭 단수 주어(He)에 알맞은
동사 형태(goes)로 씁니다.

⊛ CLUE 2
'가지고 있다'라는 뜻의 일반동사(have)를
3인칭 단수 주어(She)에 알맞은
동사 형태(has)로 씁니다.

정답: (1) goes (2) has

나는 중국 요리를 좋아한다.

나는 / 좋아한다 / 중국 요리를.
주어(1인칭 단수) 동사

→ **I / like / Chinese food.**
　　 동사원형

그는 주말마다 자전거를 탄다.

그는 / 탄다 / 자전거를 / 주말마다.
주어(3인칭 단수) 동사

→ **He / rides / a bike / on weekends.**
　　　 동사원형+-s

be동사 외에 동작/상태를 뜻하는 일반동사의 현재형은 주어가 1, 2인칭이거나 3인칭 복수일 때는 동사원형을 써요.
하지만 주어가 3인칭 단수일 때 보통 **일반동사 뒤에 -s 나 -es**를 붙여서 써야 해요.
철자에 따라 3인칭 단수 현재형이 다른 형태로 변하기도 하므로 자주 쓰이는 동사의 변화형들을 꼭 외워두세요.

■ 일반동사의 3인칭 단수 현재형

대부분의 동사	+-s	cleans　picks　takes　likes
o, s, x, ch, sh로 끝나는 동사	+-es	goes　does　misses　fixes　teaches　washes
「자음+y」로 끝나는 동사	y를 i로 바꾸고 +-es	carries studies
「모음+y」로 끝나는 동사	+-s	plays　buys　says　enjoys
불규칙 변화	have → has	

Practice the Basics

[1~4] 우리말과 일치하도록 주어진 단어를 빈칸에 알맞은 형태로 고쳐 쓰세요.

1 그는 산책한다. (take)

→ He _____ a walk.

2 그녀는 숙제를 한다. (do)

→ She _____ her homework.

3 Susan은 자전거를 탄다. (ride)

→ Susan _____ a bike.

4 그 아기는 많이 운다. (cry)

→ The baby _____ a lot.

[5~9] 우리말과 일치하도록 주어진 단어를 올바르게 배열하세요. (필요시 형태를 바꿀 것)

5
나의 엄마와 나는 함께 저녁 식사를 요리한다.
(cook / my mom and I / dinner)

→ _____
  together.

6
그는 주말마다 농장을 방문한다.
(the farm / visit / he)

→ _____ on weekends.

7
그 개는 긴 귀를 가지고 있다.
(ears / have / long / the dog)

→ _____.

8
그녀는 영어를 아주 열심히 공부한다.
(English / study / she)

→ _____ very hard.

9
Kelly는 크리스마스에 연극을 즐긴다.
(a play / enjoy / Kelly)

→ _____ on Christmas.

[10~12] 우리말과 일치하도록 주어진 단어를 사용하여 문장을 완성하세요. (필요시 형태를 바꿀 것)

10
대부분의 사람들이 추운 날씨에 따뜻한 옷을 입는다.
(most, warm clothes, wear, people)

→ _____ in cold
  weather.

11
Jake는 한 달에 한 번 영화를 본다.
(watch, movies)

→ _____ once a
  month.

12
그녀의 언니는 아이들에게 한국어를 가르친다.
(teach, Korean, her sister)

→ _____ to the
  children.

13 주어진 글을 바꿔 쓸 때, <조건>에 맞게 빈칸에 알맞은 문장을 쓰세요.

<조건>
• (1)은 4 단어, (2)는 6 단어로 쓸 것
• 필요시 형태를 바꿔 쓸 것

I am Emma. I like music. I play the
piano. I go to concerts with friends.
↓
She is Emma. She likes music.
(1) _____.
(2) _____.

UNIT 02

❷ ~했다: 일반동사의 과거형(-(e)d)

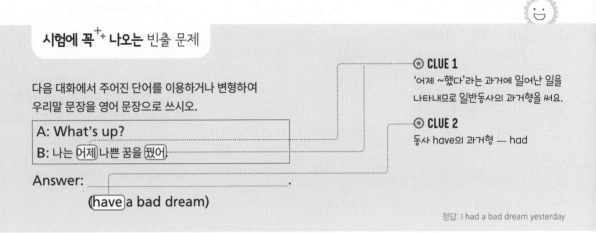

시험에 꼭⁺⁺ 나오는 빈출 문제

다음 대화에서 주어진 단어를 이용하거나 변형하여
우리말 문장을 영어 문장으로 쓰시오.

A: What's up?
B: 나는 어제 나쁜 꿈을 꿨어.

Answer: _____.
(have a bad dream)

✱ CLUE 1
'어제 ~했다'라는 과거에 일어난 일을
나타내므로 일반동사의 과거형을 써요.

✱ CLUE 2
동사 have의 과거형 — had

정답: I had a bad dream yesterday

나는 그 TV 프로그램을 보았다.
나는 / 보았다 / 그 TV 프로그램을.
　　　일반동사(과거형)
→ I / **watch**ed / the TV program.

일반동사를 사용하여 과거에 일어난 일을 '~했다'라고 나타낼 때는 주어의 인칭과 수에 관계없이
일반동사의 과거형을 씁니다. 주로 **동사원형에 -(e)d**를 붙여 만들어요.

■ **일반동사의 과거형 만드는 법**

대부분의 동사	+-ed	watch**ed**　want**ed**　call**ed**　finish**ed**
e로 끝나는 동사	+-d	lik**ed**　mov**ed**
「자음+y」로 끝나는 동사	y를 i로 바꾸고 +-ed	stud**ied**　tr**ied**
「모음+y」로 끝나는 동사	+-ed	play**ed**　stay**ed**
「모음 1개+자음 1개」로 끝나는 동사	마지막 자음을 한 번 더 쓰고 +-ed	stop**ped**　plan**ned** *강세가 앞에 오는 2음절 이상의 동사는 +-ed (visit**ed**, enter**ed**)

■ **일반동사 불규칙 과거형** (☞ p.172 동사 변화형)

see – **saw**	run – **ran**	swim – **swam**	come – **came**	give – **gave**
speak – **spoke**	write – **wrote**	wake – **woke**	take – **took**	ride – **rode**
eat – **ate**	meet – **met**	get – **got**	find – **found**	know – **knew**
have – **had**	make – **made**	hear – **heard**	send – **sent**	spend – **spent**
buy – **bought**	think – **thought**	teach – **taught**	catch – **caught**	feel – **felt**
leave – **left**	sleep – **slept**	keep – **kept**	do – **did**	go – **went**
read – **read**	cut – **cut**	put – **put**	hit – **hit**	

Practice the Basics

[1~5] 우리말과 일치하도록 주어진 단어를 빈칸에 알맞은 형태로 고쳐 쓰세요.

1 나는 어제 일기를 썼다. (write)

→ I _____ a diary yesterday.

2 그녀는 음악을 틀었다. (play)

→ She _____ the music.

3 우리는 수영장에서 수영을 했다. (swim)

→ We _____ in the pool.

4 Mason은 도서관에 갔다. (go)

→ Mason _____ to the library.

5 그는 수학을 열심히 공부했다. (study)

→ He _____ math hard.

[6~8] 다음 주어진 문장을 <보기>와 같이 과거형 문장으로 바꿔 쓰세요.

<보기>
I watch a movie on Saturday.
→ I watched a movie on Saturday.

6 Tom reads a book at night.

→ _____

7 My sister bakes a cake every day.

→ _____

8 We eat some ice cream after lunch.

→ _____

[9~10] 우리말과 일치하도록 주어진 단어를 사용하여 문장을 완성하세요. (필요시 형태를 바꿀 것)

9
Tina는 지난주에 사진을 찍었다.
(a picture, take)

→ _____ last week.

10
나는 버스에 내 우산을 두고 내렸다.
(leave, I, my umbrella)

→ _____ on the bus.

11 어제 Dan이 한 일을 나타낸 그림을 보고 주어진 단어를 사용하여 문장을 완성하세요.

(1)   (2)

(1) Dan _____
in the morning. (have, breakfast)
(2) Dan _____
after school. (meet, his friends)

12 Serena의 일기를 보고 주어진 단어를 ⓐ~ⓓ에 알맞은 형태로 쓰세요.

I ⓐ _____ (wake up) late.
I ⓑ _____ (brush) my teeth
and ⓒ _____ (wash) my face.
I ⓓ _____ (run) to the school.
There was no one in the classroom.
It was Sunday!

❸ 일반동사의 부정문: don't[doesn't]/didn't+동사원형

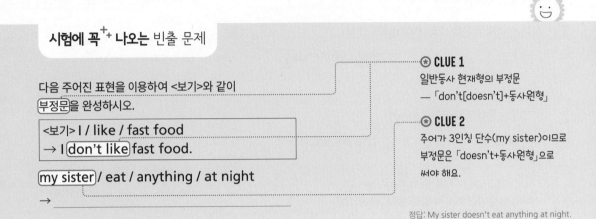

시험에 꼭⁺⁺ 나오는 빈출 문제

다음 주어진 표현을 이용하여 <보기>와 같이 부정문을 완성하시오.

<보기> I / like / fast food
→ I don't like fast food.

my sister / eat / anything / at night

→ _____

⊛ CLUE 1
일반동사 현재형의 부정문
— 「don't[doesn't]+동사원형」

⊛ CLUE 2
주어가 3인칭 단수(my sister)이므로
부정문은 「doesn't+동사원형」으로
써야 해요.

정답: My sister doesn't eat anything at night.

나는 내 별명을 좋아하지 않는다.

나는 / 좋아하지 않는다 / 내 별명을.
주어(1인칭 단수)   like의 부정문

→ I / **do not[don't] like** / my nickname.
　　　do not[don't]+동사원형

일반동사 현재형의 부정문은 「**do[does] not+동사원형**」 형태로 씁니다.
각각 don't와 doesn't로 줄여 쓸 수 있어요.
She **doesn't go** to school by bus. (그녀는 학교에 버스를 타고 가지 않는다.)

1, 2인칭 주어 / 복수 주어	동사	3인칭 단수 주어	동사
I/You/We/They ...	don't[do not] ~.	He/She/It ...	doesn't[does not] ~.

나는 그 TV 프로그램을 보지 않았다.

나는 / 보지 않았다 / 그 TV 프로그램을.
　　　일반동사 과거형의 부정문

→ I / **did not[didn't] watch** / the TV program.

일반동사 과거형의 부정문은 동사 앞에 did not을 붙여 「**did not[didn't]+동사원형**」으로 씁니다.
주어의 인칭과 수에 상관없이 did를 사용해요.

 오답 주의　주어에 상관없이 don't, doesn't, didn't 뒤에는 항상 동사원형이 오는 것에 주의하세요.
Jessica **doesn't has** a pen. (×) → *Jessica* **doesn't have** a pen. (○)
He **didn't ate** dinner. (×) → He **didn't eat** dinner. (○)

Practice the Basics

[1~10] 다음 주어진 문장을 부정문으로 바꿔 쓸 때 빈칸에 알맞은 말을 쓰세요. (단, 줄임말을 쓸 것)

1 I remember his name.

→ I _____ his name.

2 He likes steak and pasta.

→ He _____ steak and pasta.

3 She has breakfast on weekends.

→ She _____ breakfast
on weekends.

4 Jenny and Bill live in London.

→ Jenny and Bill _____
in London.

5 My brother gets up early.

→ My brother _____ early.

6 Mr. Brown does a lot of exercise.

→ Mr. Brown _____
a lot of exercise.

7 I cleaned my room this afternoon.

→ I _____ my room
this afternoon.

8 Last week, she visited the museum.

→ Last week, she _____
the museum.

9 Logan wore a black coat today.

→ Logan _____ a black
coat today.

10 Olivia and I went to school together.

→ Olivia and I _____
to school together.

[11~13] 우리말과 일치하도록 주어진 단어를 사용하여 문장을 완성하세요. (필요시 형태를 바꿀 것)

11
> Jack은 지난주에 나에게 전화하지 않았다.
> (me, call)

→ _____ last week.

12
> Kate는 밤에 TV를 보지 않는다. (watch, TV)

→ _____ at night.

13
> Dave와 Jason은 어제 파티에 오지 않았다.
> (come, the party, to)

→ _____

_____ yesterday.

14 다음 밑줄 친 부분을 어법상 알맞게 고쳐 완전한 문장으로 다시 쓰세요. (시제는 바꾸지 말 것)

(1) His mother and father doesn't drink coffee.

→ _____

_____

(2) My brother don't plays the guitar.

→ _____

(3) I didn't bought a gift for my sister.

→ _____

❹ 일반동사의 의문문: Do[Does]/Did+주어+동사원형 ~?

시험에 꼭⁺⁺ 나오는 빈출 문제

다음 주어진 표현을 활용하여 대화의 빈칸에 들어갈
알맞은 문장을 쓰시오.

A: _____ ?
   (work at a hospital)
B: Yes, she does, My mother is a nurse.

☺ **CLUE 1**
응답에 Yes와 does가 있는 것으로 보아 일반동사의
의문문 「Does+주어+동사원형 ~?」을 쓰면 돼요.

☺ **CLUE 2**
My mother로 답하고 있으므로 your mother로 묻는
질문이에요. 따라서 의문문의 주어 your mother를
Does 뒤에 써요.

정답: Does your mother work at a hospital

A: 그녀는 매일 학교에 가나요?　B: 네, 그래요. / 아니요, 그렇지 않아요.
　그녀는 가나요 / 학교에 / 매일?
　　　go의 의문문

→ A: **Does** *she* **go** / to school / every day?
　　　Does+주어(3인칭 단수)+동사원형
　 B: Yes, *she* **does**. / No, *she* **doesn't**.

일반동사 현재형의 의문문은 '~하니?'라는 의미로, **주어 앞에 Do나 Does**를 써서 나타내요.
주어가 3인칭 단수일 때는 Does를 씁니다.

일반동사의 의문문			긍정의 대답	부정의 대답
Do	I/you/we/they/복수명사		Yes, 주어+do.	No, 주어+don't.
Does	3인칭 단수(he/she/it/단수명사)	+ 동사원형 ~?	Yes, 주어+does.	No, 주어+doesn't.
Did	모든 주어(인칭과 수에 상관없이)		Yes, 주어+did.	No, 주어+didn't.

A: 너는 그 축구 경기를 봤니?　B: 응, 그래. / 아니, 보지 않았어.
　너는 봤니 / 그 축구 경기를?
　　일반동사 과거형의 의문문

→ A: **Did** *you* **watch** / the soccer game?　B: Yes, I **did**. / No, I **didn't**.

일반동사 과거형의 의문문은 주어의 인칭과 수에 상관없이 주어 앞에 Did를 씁니다.

 오답 주의　의문문에서 주어가 3인칭 단수일 때도 「Does+주어」 뒤에는 항상 동사원형을 써야 해요.
Did 뒤에도 동사의 과거형을 쓰지 않아야 합니다.
Does *he* **has** a pen? (×) → **Does** *he* **have** a pen? (○)
Did *you* **went** to school by bus? (×) → **Did** *you* **go** to school by bus? (○)

Practice the Basics

[1~4] 우리말과 일치하도록 주어진 단어를 올바르게 배열하세요.

1

너는 매일 아침 식사를 하니?
(you / breakfast / eat / do)

→ _____ every day?

2

그녀는 기타를 잘 치니?
(play / does / she / the guitar)

→ _____ well?

3

너와 Linda는 이번 주말에 계획이 있니?
(you and Linda / plans / have / do)

→ _____

for this weekend?

4

너는 지난주 금요일에 쇼핑하러 갔니?
(you / did / shopping / go)

→ _____ last Friday?

[5~6] 다음 주어진 문장을 의문문으로 바꿔 쓸 때 빈칸에 알맞은 말을 쓰세요.

5 Bella studies history hard.

→ _____ hard?

6 He finished his homework yesterday.

→ _____

yesterday?

[7~10] 다음 대화의 빈칸에 들어갈 알맞은 응답을 쓰세요.

7

A: Do you have sunglasses?

B: _____, _____

_____. I have to buy some.

8

A: Does she use this computer?

B: _____, _____

_____. She uses it every day.

9

A: Does Charlie take a bus to school?

B: _____, _____

_____. He walks to school.

10

A: Did the students go on a picnic today?

B: _____, _____

_____. They will go tomorrow.

11 자연스러운 대화가 되도록 주어진 단어를 사용하여 질문을 만드세요.

(1) A: _____
(she, my phone number, know)
B: Yes, she does. She will call you.

(2) A: _____
(kick, the ball, he)
B: No, he didn't. His brother did it.

STAGE 1 자신 있게 **Go for it!** [1점]

배열 영작하기

[1~5] 우리말과 일치하도록 주어진 단어를 올바르게 배열하세요.

1

나의 아빠는 경찰이시다.
(is / a police officer / my dad)

→ _____.

2

그녀는 공원에서 산책을 하지 않는다.
(not / take a walk / does / she)

→ _____ in the park.

3

미나는 어제 학교에 지각했다.
(was / for / late / Mina / school)

→ _____ yesterday.

4

민수와 보라는 수업 시간 동안 졸리지 않았다.
(not / sleepy / were / Minsu and Bora)

→ _____
during class.

5

너는 어제 그 영화를 봤니?
(see / you / did / the movie)

→ _____ yesterday?

주어진 단어로 영작하기

[6~10] 우리말과 일치하도록 주어진 단어를 사용하여 문장을 완성하세요. (필요시 형태를 바꿀 것)

6

내 친구와 나는 같은 동아리에 있다.
(the same, in, club)

→ My friend and I _____

_____.

7

우리는 오늘 아침을 먹지 않았다.
(breakfast, have, today)

→ We _____

_____.

8

그녀는 새로운 반 친구들을 좋아하나요? (like)

→ _____ her new classmates?

9

나는 일요일에 컴퓨터 게임을 한다.
(computer games, play)

→ _____
on Sunday.

10

그들은 지난 주말에 바빴니? (busy)

→ _____ last
weekend?

대화 완성하기

[11~16] 주어진 단어를 사용하여 대화를 완성하세요.

11

A: James, do you know that boy?

B: Yes, he _____ _____

_____. (my friend)

We are in the same class.

12

A: Are you a high school student?

B: _____, _____ _____.

(no) I'm a junior high school

student.

13

A: Does Susan play the violin?

B: No, she _____ _____

_____ _____. (the violin,

play) She plays the guitar.

14

A: _____ _____ _____

_____ yesterday?

(see, a movie)

B: Yes, I did. I saw it with my family.

15

A: _____ _____ _____

_____ last week?

(in Seoul, your sister)

B: No, she wasn't. She was in Busan.

16

A: Is your mom in the bathroom?

B: No, she isn't. She _____

_____ _____ _____

_____. (the living room, in)

그림 보고 영작하기

[17~19] 그림을 보고 <보기>와 같이 과거의 일을 나타내는 문장이 되도록 주어진 단어를 사용하여 빈칸에 알맞은 말을 쓰세요.

<보기>

Minho broke the window a week ago.

(break, the window)

17 My brother _____

last night. (wash, the dishes)

18 Mia _____ yesterday.

(her room, clean)

19 A: _____ Hana _____

last weekend? (soccer, play)

B: No, she _____. She was sick and

stayed at home all weekend.

[20~28] 다음 각 문장에서 어법상 틀린 부분을 찾아 바르게 고쳐 쓰세요.

20 Does she reads books every day?

_____ → _____

21 Kevin washs his soccer shoes every month.

_____ → _____

22 My brother don't wears gloves in winter.

_____ → _____

23 Jane and I am in the subway now.

_____ → _____

24 I finded some old photos in the drawer.

_____ → _____

25 Is the students nervous before the exam?

_____ → _____

26 Is your father work at a bank?

_____ → _____

27 We learns science every Thursday.

_____ → _____

28 Do you borrow a book yesterday?

_____ → _____

[29~33] 각 문장을 괄호 안의 지시에 맞게 바꿔 쓰세요.

29 John does the homework at home.
(의문문으로)

→ _____

30 She grows flowers in the garden.
(부정문으로)

→ _____

31 My friends were in the swimming pool. (의문문으로)

→ _____

32 He lost his cell phone at the park.
(의문문으로)

→ _____

33 I took a bus to school yesterday.
(부정문으로)

→ _____

34 도표 보고 영작하기

다음 일과표를 보고 <보기>와 같이 빈칸에 알맞은 말을 넣어 문장을 완성하세요.

	I	Janet
cook breakfast	○	○
read a newspaper after breakfast	○	×
study Chinese at school	×	○
watch TV at night	×	×

<보기>
I cook breakfast.
Janet cooks breakfast.

(1) I _____ a newspaper after breakfast.
　　Janet _____
　　a newspaper after breakfast.

(2) I _____
　　Chinese at school.
　　Janet _____ Chinese at school.

(3) I _____ TV at night.
　　Janet _____ TV at night.

35 어법에 맞게 고쳐 쓰기

다음은 Cindy가 친구에게 받은 편지입니다. 다음 밑줄 친 부분 중 어법상 틀린 두 개를 찾아 바르게 고쳐 쓰세요.

Dear Cindy,

How are you doing? Thank you for your Christmas card. ⓐ Did you really make it? I like your drawing on the card. On Christmas, ⓑ I went to Disneyland with my family. The next day, ⓒ we eated delicious seafood at the beach. ⓓ We also stayed at a nice hotel near the beach. ⓔ Did you had a good time on Christmas, too? Tell me about it! I miss you so much.

Love,
Sara

→ _____

→ _____

VOCA PREVIEW | 영작의 기본! 어휘 미리보기

A 주어진 단어의 알맞은 뜻을 연결해 보세요.

1 climb ⚠ •   ⓐ 연습하다
2 history •   ⓑ (산, 계단 등을) 오르다
3 practice •   ⓒ 역사
4 floor •   ⓓ 고치다
5 travel •   ⓔ 바닥
6 fix •   ⓕ 여행하다

B 우리말과 일치하는 단어를 고르세요.

1 누워 있다   ☐ die   ☐ lie
2 체육관   ☐ gym   ☐ museum
3 초대하다   ☐ invite   ☐ visit
4 빌리다   ☐ borrow   ☐ lend
5 축제   ☐ festival   ☐ contest

C 우리말 뜻을 보고 적절한 단어를 쓰세요.

1 (병, 상황이) 좋아지다   get b_____
2 숙제를 하다   do one's h_____
3 차 한 잔   a c_____ of t_____
4 동아리에 가입하다   j_____ the club
5 책을 반납하다   r_____ the book
6 입원하다   be in the h_____
7 ~을 돌보다   take c_____ of

⚠ 틀리면 아쉬운 SPELLING!

climb [klaim]
발음되지 않는 마지막 b를 빠뜨리고 쓰거나,
발음대로 모음을 ai로 쓰지 않도록 유의하세요.
clim (×)   claimb (×)
➕ thumb [θʌm] 엄지손가락   lamb [læm] 새끼 양

CHANGE CHAPTER

현재진행형과 미래 표현

현재진행형

❶ ~하고 있다, ~하는 중이다: am/are/is+동사원형+-ing

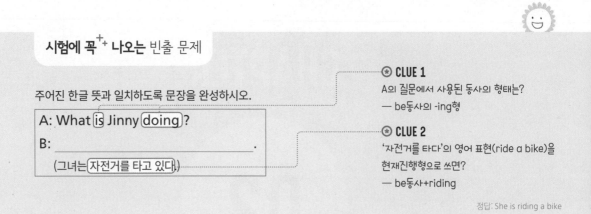

시험에 꼭⁺⁺ 나오는 빈출 문제

주어진 한글 뜻과 일치하도록 문장을 완성하시오.

A: What is Jinny doing?
B: _____ .
(그녀는 자전거를 타고 있다.)

⊛ **CLUE 1**
A의 질문에서 사용된 동사의 형태는?
— be동사의 -ing형

⊛ **CLUE 2**
'자전거를 타다'의 영어 표현(ride a bike)을
현재진행형으로 쓰면?
— be동사+riding

정답: She is riding a bike

Amy는 물을 마시고 있다.

Amy는 / 마시고 있다 / 물을.
주어   동사   목적어

→ **Amy / is drinking / water.**

'~하고 있다, ~하는 중이다'라고 지금 일어나고 있는 일을 말할 때는 「**be동사의 -ing형**」 형태로 표현해요.
be동사의 현재형은 앞에서 배운 대로 주어에 따라 am/are/is로 달라집니다.

■ 동사의 -ing형 만드는 법

대부분의 동사	동사원형+-ing	drinking flying raining studying eating
e로 끝나는 동사	-e를 없애고 +-ing	ride → riding take → taking
ie로 끝나는 동사	-ie를 y로 바꾸고 +-ing	lie → lying die → dying
「모음 1개+자음 1개」로 끝나는 1음절 동사	마지막 자음을 한 번 더 쓰고 +-ing	planning running winning swimming sitting stopping putting cutting

현재진행형 의문문에서 be동사 앞에 의문사 what을 써서 「What+be동사+주어+동사의 -ing형 ~?」
형태의 질문은 '주어가 무엇을 하고 있니?'라고 묻는 표현이므로 동일하게 현재진행형으로 답하면 됩니다.
A: **What is** the man **talking** about? (그 남자는 무엇에 대해서 이야기하고 있니?)
B: He **is talking** about his job. (그는 자신의 직업에 대해서 이야기하고 있어.)

Practice the Basics

정답 및 해설 p.05

[1~5] 우리말과 일치하도록 주어진 단어를 올바르게 배열하세요.

1

그 소년은 생일 카드를 쓰고 있다.
(a birthday card / writing / is)

→ The boy _____ .

2

Henry는 휴식을 취하고 있다.
(taking / is / a rest)

→ Henry _____ .

3

우리 언니는 쿠키를 굽고 있다.
(cookies / is / baking)

→ My sister _____ .

4

아이들이 운동장에서 달리고 있다.
(are / running / children)

→ _____

in the playground.

5

나는 약간의 오렌지 주스를 마시고 있다.
(am / some orange juice / drinking / I)

→ _____ .

[6~9] 우리말과 일치하도록 주어진 단어를 사용하여 문장을 완성하세요. (필요시 형태를 바꿀 것)

6

세 마리의 개들이 바닥에 앉아 있다.
(three dogs, sit)

→ _____ on the floor.

7

나는 벤치에 누워 있다. (lie, I, on a bench)

→ _____

8

그녀의 건강이 좋아지고 있다.
(health, get better, her)

→ _____

9

그는 신문을 읽고 있다.
(read, he, a newspaper)

→ _____

10 다음 대화를 읽고 우리말과 일치하도록 밑줄 친 문장을 <조건>에 맞게 쓰세요.

A: Jimmy, what are you and your brother doing at home?
B: 우리는 집에서 TV를 보고 있어. We love comedy shows.

<조건>
• 6 단어로 쓸 것
• watch, TV를 사용할 것

→ _____

❷ 현재진행형의 부정문(~하고 있지 않다)과 의문문(~하고 있니?)

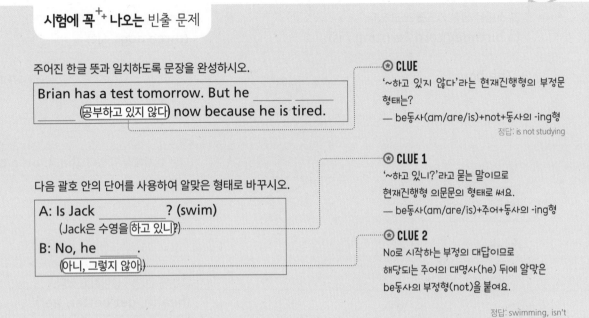

시험에 꼭⁺⁺ 나오는 빈출 문제

주어진 한글 뜻과 일치하도록 문장을 완성하시오.

> Brian has a test tomorrow. But he _____ _____
> (공부하고 있지 않다) now because he is tired.

✦ CLUE
'~하고 있지 않다'라는 현재진행형의 부정문
형태는?
— be동사(am/are/is)+not+동사의 -ing형
정답: is not studying

다음 괄호 안의 단어를 사용하여 알맞은 형태로 바꾸시오.

> A: Is Jack _____? (swim)
> (Jack은 수영을 하고 있니?)
> B: No, he _____.
> (아니, 그렇지 않아)

✦ CLUE 1
'~하고 있니?'라고 묻는 말이므로
현재진행형 의문문의 형태로 써요.
— be동사(am/are/is)+주어+동사의 -ing형

✦ CLUE 2
No로 시작하는 부정의 대답이므로
해당되는 주어의 대명사(he) 뒤에 알맞은
be동사의 부정형(not)을 붙여요.
정답: swimming, isn't

그는 지금 공부하고 있지 않다.

그는 / 공부하고 있지 않다 / 지금.
　　　　현재진행형 부정문

→ He / is not study**ing** / now.

'~하고 있지 않다, ~하는 중이 아니다'라는 의미의 현재진행형 부정문은 **be동사 뒤에 not**을 붙입니다.

A: Jane은 음악을 듣고 있니?　　B: 응, 맞아. / 아니, 그렇지 않아.

Jane은 듣고 있니 / 음악을?
　　현재진행형 의문문

→ A: **Is Jane listening** / to music?　　B: Yes, she **is**. / No, she **isn't**.
　　be동사+주어+동사의 -ing형　　　　　　　　　　　　⌐ is listening to music의 줄임말

'~하고 있니?, ~하고 있는 중이니?'라고 지금 진행 중인 일에 대해 질문할 때는
be동사 am/are/is를 문장의 주어 앞에 써서 현재진행형 의문문의 형태로 나타내야 해요.
이에 대한 대답이 긍정이면 「Yes, 주어+be동사.」, 부정이면 「No, 주어+be동사+not.」 형태로 표현하며,
보통 「be+not」의 줄임말 형태를 씁니다.

Practice the Basics

[1~5] 우리말과 일치하도록 주어진 단어를 올바르게 배열하세요.

1

그 아기는 지금 울고 있니?
(the baby / is / crying)

→ _____ now?

2

아이들은 브로콜리를 먹고 있지 않다.
(not / eating / are / broccoli)

→ The children _____ .

3

너는 네 숙제를 하고 있니?
(are / doing / you / homework / your)

→ _____ ?

4

Rachel은 피아노를 연습하고 있지 않다.
(not / the piano / is / practicing)

→ Rachel _____ .

5

나는 커피를 마시고 있지 않다.
(am / coffee / not / I / drinking)

→ _____ .

[6~9] 우리말과 일치하도록 주어진 단어를 사용하여 문장을 완성하세요. (필요시 형태를 바꿀 것)

6

그들이 버스를 기다리고 있니?
(wait for, they, a bus)

→ _____

7

Nancy는 그림을 그리고 있지 않다.
(draw, pictures)

→ _____

8

Tom이 저녁 식사를 요리하고 있니?
(cook, dinner)

→ _____

9

내 친구들은 테니스를 치고 있지 않다.
(play, my, tennis, friends)

→ _____

10 우리말과 일치하도록 주어진 단어를 사용하여 다음 대화를 완성하세요.

A: Kate는 도서관에서 공부를 하고 있니? (study)
B: 아니, 그렇지 않아. 그녀는 점심을 먹고 있어.
   (have, lunch)

A: _____ in the library?

B: No, _____ . _____ .

미래 표현하기

❶ ~할[일] 것이다: will+동사원형

밑줄 친 우리말과 뜻이 같도록 다음의 단어를 이용하여
완전한 문장으로 쓰시오.

Tomorrow, Mike는 친구와 함께 놀 것이다.
(play), (will), friends, his, with)
→ Tomorrow, _____.

◉ **CLUE 1**
앞으로 일어날 일(~할 것이다)을
나타내는 will

◉ **CLUE 2**
will 다음에 오는 동사(play)의 형태는?
— 동사원형

정답: Mike will play with his friends

수업은 오전 9시에 시작할 것이다.

수업은 / 시작할 것이다 / 오전 9시에.

→ **The class / will start / at 9 a.m.**
　　　　　　　will+동사원형

우리말의 '**~할[일] 것이다**'는 **앞으로 일어나리라고 생각되는 일**을 말할 때 쓰는 표현이죠.
영어에서는 **will**을 사용하여 표현할 수 있는데 will 다음에는 항상 **동사원형**을 써야 해요.
will은 대명사 주어와 함께 쓰일 때 'll로 줄여 쓸 수 있어요.

그는 서점에 가지 않을 것이다.

그는 / 가지 않을 것이다 / 서점에.

→ **He / will not[won't] go / to a bookstore.**

A: 미나는 3월에 16살이 되니?　　B: 응, 맞아. / 아니, 그렇지 않아.

미나는 ~이 되니 / 16살이 / 3월에?

→ A: **Will Mina be** / sixteen / in March?
　　　Will+주어+동사원형
　　B: Yes, she **will**. / No, she **won't**.

미래 표현의 부정문(~하지 않을 것이다)은 「will not+동사원형」으로 쓰고, will not은 won't로 줄여 쓸 수 있어요.
의문문은 「Will+주어+동사원형 ~?」으로 표현합니다.
긍정의 대답은 「Yes, 주어+will.」로, 부정의 대답은 「No, 주어+won't.」로 씁니다.

◇ 오답 주의　will 다음에 동사원형 이외의 형태를 쓰지 않도록 주의하세요.

She will ~~goes~~(→ go) there.　　　　　She will ~~to go~~(→ go) there.

Will you ~~are~~(→ be) at home tonight?

Practice the Basics

[1~5] 우리말과 일치하도록 주어진 단어를 올바르게 배열하세요.

1

Harry는 공원에서 자전거를 빌릴 것이다.
(a bike / will / borrow)

→ Harry _____
   in the park.

2

Bill은 오늘 밤에 버스를 타지 않을 것이다.
(take / not / will / a bus)

→ Bill _____
   tonight.

3

그들이 그 책들을 오늘까지 돌려줄까?
(the books / will / return / they)

→ _____
   by today?

4

그 가게는 5분 뒤에 문을 닫을 것이다.
(will / the door / the store / close)

→ _____
   in 5 minutes.

5

우리는 이 순간을 잊지 않을 것이다.
(forget / we / this / not / will / moment)

→ _____.

[6~9] 우리말과 일치하도록 주어진 단어와 will을 사용하여 문장을 완성하세요. (필요시 형태를 바꿀 것)

6

Mike는 이번 주말에 가방을 살 것이다.
(a bag, buy)

→ _____
   this weekend.

7

그녀는 내일 집에 있지 않을 것이다.
(be, she, at home)

→ _____
   tomorrow.

8

너는 미술 동아리에 가입할 거니?
(join, the art club, you)

→ _____

9

나는 이 검정색 코트를 입지 않을 것이다.
(wear, I, black coat, this)

→ _____

10 우리말과 일치하도록 주어진 단어와 will을 사용하여 다음 대화를 완성하세요.

A: 너는 포크를 사용할 거니? (a fork, use)
B: 아니, 그러지 않을 거야. 나는 젓가락을 사용할 거야. (chopsticks, use)

A: _____

B: No, _____. _____
   _____.

UNIT 02

❷ ~할[일] 것이다, ~할 예정이다: be going to+동사원형

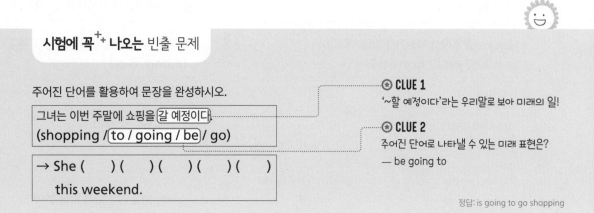

주어진 단어를 활용하여 문장을 완성하시오.

> 그녀는 이번 주말에 쇼핑을 갈 예정이다.
> (shopping / to / going / be / go)
> → She (   ) (   ) (   ) (   ) (   )
>   this weekend.

⊛ **CLUE 1**
'~할 예정이다'라는 우리말로 보아 미래의 일!

⊛ **CLUE 2**
주어진 단어로 나타낼 수 있는 미래 표현은?
— be going to

정답: is going to go shopping

나는 영화를 볼 예정이다.
나는 / 볼 예정이다 / 영화를.

→ I / **am going to watch** / a movie.
　　 _{be going to+동사원형}

'~할[일] 것이다, ~할 예정이다'는 예정된 계획이죠. 이와 같이 미래에 일어날 일, 예정된 계획이나 의도를 나타낼 때는 「**be going to+동사원형**」으로도 표현해요. 문제에서 be going to를 쓰도록 조건을 제시하거나, 빈칸이나 단어 수를 정해 「will+동사원형」 대신 「be going to+동사원형」을 사용하도록 유도하기도 합니다.

나는 영화를 보지 않을 예정이다.
나는 / 보지 않을 예정이다 / 영화를.

→ I / **am not going to watch** / a movie.
　 _{= I'm}

A: 너는 영화를 볼 예정이니?　　B: 응, 그래. / 아니, 그렇지 않아.
　 너는 볼 예정이니 / 영화를?

→ A: **Are you going to watch** / a movie?
　 B: Yes, I am. / No, I'm not.

be going to의 부정문(~하지 않을 예정이다)은 be동사 뒤에 not을 붙입니다.
'~할 것이니?'라고 미래 계획을 물어볼 때는 be동사를 앞에 놓아
「be동사+주어+going to+동사원형 ~?」의 순서로 써야 해요.

⊘ 오답 주의

be going to 다음에 동사 go를 쓸 경우 형태에 주의하세요. 진행형 be going과 혼동하지 않도록 해요.
그는 파티에 갈 것이다. → He **is going to go** to the party. (미래 표현)
그는 파티에 가고 있다. → He **is going** to the party. (현재진행형)

Practice the Basics

[1~5] 우리말과 일치하도록 주어진 단어를 올바르게 배열하세요.

1

우리는 4시에 도착할 예정이다.
(arrive / are / to / going / we)

→ _____

　　at 4 o'clock.

2

Mark와 그의 친구들은 오늘 축구를 하지 않을 것이다.
(not / to / soccer / going / are / play)

→ Mark and his friends _____

_____ today.

3

Peter는 많은 사람들을 초대할 예정이니?
(going / people / Peter / many / to / is / invite)

→ _____

_____ ?

4

우리 팀이 그 퀴즈 대회에서 우승할 것이다.
(the quiz contest / win / is / our team / to / going)

→ _____

_____ .

5

나는 그녀에게 전화하지 않을 것이다.
(I / call / to / going / am / her / not)

→ _____ .

[6~9] 우리말과 일치하도록 주어진 단어와 **be going to**를 사용하여 문장을 완성하세요. (필요시 형태를 바꿀 것)

6

나는 오늘 산에 오르지 않을 것이다.
(climb, I, the mountain)

→ _____

_____ today.

7

그 작가는 판타지 소설을 쓸 예정이다.
(write, a fantasy novel, the writer)

→ _____

8

그녀는 일주일 동안 여기서 머무를 예정이니?
(stay, she, here)

→ _____

　　for a week?

9

Teddy는 한국의 축제에 대해 이야기할 예정이다.
(talk about, Korean festivals)

→ _____

10

다음 대화를 읽고 우리말과 일치하도록 밑줄 친 문장을 <조건>에 맞게 쓰세요.

A: Sangho, what are you going to do this weekend?
B: 나는 미술관에 갈 거야. There are a lot of famous paintings there.

<조건>
• 9 단어로 쓸 것
• go, to the art museum을 사용할 것

→ _____

STAGE 1 자신 있게 Go for it! [1점]

빈칸 영작하기

[1~4] 우리말과 일치하도록 주어진 단어를 사용하여 빈칸에 알맞은 말을 쓰세요. (필요시 형태를 바꿀 것)

1
오리들이 호수에서 수영을 하고 있다. (swim)

→ Ducks _____ _____ in a lake.

2
그는 샤워를 하고 있지 않다. (take)

→ He _____ _____ _____ a shower.

3
그녀는 뉴욕시를 방문할 예정이다. (visit)

→ She _____ _____ _____ _____ New York City.

4
나는 금요일에 저녁을 먹으러 나갈 것이다. (go out)

→ I _____ _____ _____ for dinner on Friday.

배열 영작하기

[5~8] 우리말과 일치하도록 주어진 단어를 배열하여 문장을 완성하세요. (필요시 형태를 바꿀 것)

5
그는 체육관에서 운동을 하고 있니?
(exercise / at the gym / be / he)

→ _____?

6
Tim은 파티에 오지 않을 것이다.
(not / the party / come / will / to)

→ _____.

7
너의 가족은 부산으로 이사할 예정이니?
(move / be / your family / to Busan)

→ _____
_____?

8
Jane이 그녀의 생일 파티에 친구들을 초대할까?
(invite / Jane / will / friends / her)

→ _____
_____ to her birthday party?

질문에 대답하기

[9~13] 주어진 단어를 사용하여 각 질문에 대한 대답을 완성하세요.

9
A: What is John doing in his room?

B: He _____ .

(draw, a picture)

10
A: What are Jiwon and Suji doing now?

B: They _____ .

(play, basketball)

11
A: What are you going to do after school?

B: I _____ .

(ride, a bike, be)

12
A: What will Sumin do on Sunday?

B: She _____

_____ .

(cook, with, will, her mom)

13
A: What is your dad going to do tomorrow?

B: He _____ .

(fix, be, my computer)

그림 보고 영작하기

[14~16] 다음 그림을 보고 <보기>와 같이 주어진 단어를 사용하여 질문에 답하세요.

<보기>

A: What are they doing?

B: They are sitting on the grass. (sit)

14
A: What is she doing?

B: _____

(listen to)

15
A: What are they doing?

B: _____

(play)

16
A: What is he doing?

B: _____

(sell)

[17~21] 다음 각 문장을 괄호 안의 지시대로 바꿔 쓰세요.

17

> He makes an invitation for the Christmas party. (현재진행형)

→ _____

_____

18

> Jenny is going to return my book on Saturday. (부정문)

→ _____

_____

19

> I drink a cup of tea after lunch. (현재진행형)

→ _____

_____

20

> The English class will begin at 10 a.m. (의문문)

→ _____

_____

21

> Our school is going to finish early today. (의문문)

→ _____

_____

[22~28] 다음 각 문장에서 어법상 <u>틀린</u> 부분을 찾아 바르게 고쳐 쓰세요.

22 Sally's little brother is stand behind her.

_____ → _____

23 My parents is going to buy a new car.

_____ → _____

24 Is Janet come to here now?

_____ → _____

25 Mr. Brown is going to teaching history to us.

_____ → _____

26 She is going not to visit her grandmother this weekend.

_____ → _____

27 Is the children going to sing on the stage?

_____ → _____

28 Will your sister goes to your school next year?

_____ → _____

29 ⟨ 도표 보고 영작하기 ⟩

다음 Mike의 여행 계획표를 보고 <조건>에 맞게 대화를 완성하세요.

Travel Plan

√ travel to Japan

√ in August

√ go by ship

<조건>
- will을 사용하여 미래를 표현할 것
- 표에 있는 단어를 사용할 것

Peter: Hey, Mike. Do you have any
      plans for this summer?

Mike: Of course. My family
      (1) _____ to Japan in
      (2) _____.

Peter: That sounds great!
      (3) _____ by plane?

Mike: No, we (4) _____.
      We (5) _____ there
      (6) _____.

30 ⟨ 조건에 맞게 영작하기 ⟩

다음 대화를 읽고 <조건>에 맞게 문장을 완성하세요.

(Two people are talking on the phone.)
A: Where are you, Sam? Are you going
    to see a movie tonight?
B: No, I'm not. My mom is sick, and
    she's in the hospital.
A: I'm sorry to hear that. (1) _____
    _____ her? (your dad,
    take care of)
B: Yes, he is. He'll stay with her at the
    hospital tonight.
A: Then, what about you and your
    sister?
B: We (2) _____
    right now. (go, our uncle's house, to)
    We'll stay there tonight.
A: Oh, I see.

<조건>
- 각각 6 단어로 쓸 것
- 주어진 단어를 사용할 것
- 필요시 형태를 바꿀 것

VOCA PREVIEW | 영작의 기본! 어휘 미리보기

A 주어진 단어의 알맞은 뜻을 연결해 보세요.

1 stage   •
2 raw   •
3 pocket money   •
4 nature   •
5 advice   •
6 environment   •

ⓐ 자연
ⓑ 용돈
ⓒ 조언, 충고
ⓓ 무대
ⓔ 환경
ⓕ 날것의, 익히지 않은

B 우리말과 일치하는 단어를 고르세요.

1 도착하다   □ arrive   □ leave
2 조용히   □ silently   □ loudly
3 아끼다, 절약하다   □ solve   □ save
4 질문, 문제   □ question   □ answer
5 ~ 없이   □ with   □ without
6 보호하다   □ protect   □ bring
7 (시간을) 보내다   □ spend   □ send
8 돌려주다, 반납하다   □ borrow   □ return

C 우리말 뜻을 보고 적절한 단어를 쓰세요.

1 입어 보다, 신어 보다   t_____ on
2 수업을 빠지다   m_____ the class
3 시끄럽게 하다   make n_____
4 안전띠를 매다   w_____ seat belts
5 쓰레기를 버리다   t_____ trash
6 식사를 거르다   s_____ a meal
7 친구를 사귀다   m_____ a friend ⚠
8 체중이 늘다   gain w_____

⚠ 틀리면 아쉬운 SPELLING!

friend [frend]

i를 빠뜨리고 쓰거나 i와 e의 순서를 혼동하지 않도록 주의하세요.

frend (×)   freind (×)

CHAPTER

조동사

can, may

❶ ~할 수 있다: can

시험에 꼭⁺ 나오는 빈출 문제

밑줄 친 ⓐ부분을 영어로 바꿔 쓰시오.

A: Hey! Suji! Are your new classmates nice?

B: Yes. They are nice, but I miss my old
   friends.

A: ⓐ 너는 새 친구들을 사귈 수 있어.

→ _____ _____ _____ _____ _____

★ **CLUE 1**
'~할 수 있다'라는 의미로 쓰이는 조동사는?
— can

★ **CLUE 2**
'새 친구들을 사귀다'는 영어로
make new friends로 나타낼 수 있고,
조동사 can 뒤에는 항상 동사원형이 쓰이므로
can make new friends라고 써요.

정답: You can make new friends

그는 영어를 잘 말할 수 있다.

그는 / 말할 수 있다 / 영어를 / 잘.
<u>can+동사원형</u>

→ **He / can speak / English / well.**

'~할 수 있다'라는 **능력**을 나타낼 때 조동사 can을 쓸 수 있어요. can과 같은 조동사 다음에는
반드시 **동사원형**을 써야 해요.

'~할 수 없다'라고 부정문을 쓸 때는 「cannot[can't]+동사원형」을 씁니다.

I can't swim at all. (나는 수영을 전혀 못해.)

A: 너는 영어를 잘 말할 수 있니?   B: 응, 할 수 있어. / 아니, 할 수 없어.

너는 말할 수 있니 / 영어를 / 잘?
<u>Can+주어+동사원형</u>

→ A: **Can you speak** / English / well?   B: **Yes, I can. / No, I can't.**

'~할 수 있니?'라고 의문문을 만들 때는 can을 문장 맨 앞에 써서 「Can+주어+동사원형 ~?」의 형태로 씁니다.

✓ 오답 주의

1 조동사 다음에는 항상 동사원형을 써야 해요.
He can **speaks** English. (×)   He can **to speak** English. (×)

2 주어가 3인칭 단수이고 현재를 나타낼 때도 조동사의 형태는 변하지 않아요.
He ~~cans~~(→ can) speak English.

Practice the Basics

[1~5] 우리말과 일치하도록 <보기>에서 알맞은 단어를 골라 can을 사용하여 문장을 완성하세요.

<보기>
run　　live　　play　　swim　　sing

1 지호는 수영할 수 있다.
→ Jiho _____ _____.

2 너는 무대에서 노래할 수 있니?
→ _____ you _____ on the stage?

3 그녀는 빠르게 달릴 수 없다.
→ She _____ _____ fast.

4 우리 오빠는 피아노를 칠 수 있다.
→ My brother _____ the piano.

5 사람은 물 없이 살 수 없다.
→ Humans _____ _____ without water.

[6~9] 우리말과 일치하도록 주어진 단어를 올바르게 배열하세요.

6 우리는 공항에 버스를 타고 갈 수 있다.
(can / to / go / we / the airport)

→ _____ by bus.

7 그녀는 일본어를 아주 잘 말할 수 있다.
(can / speak / very well / she / Japanese)

→ _____.

8 저 새는 매우 높이 날 수 있다.
(very high / fly / can / that bird)

→ _____.

9 Nate는 모임에 올 수 있나요?
(can / come / Nate / to the meeting)

→ _____?

[10~12] 우리말과 일치하도록 주어진 단어를 사용하여 문장을 완성하세요. (필요시 단어를 추가하거나 형태를 바꿀 것)

10 우리는 그 경기의 티켓을 구할 수 있다.
(get, for the game, can, tickets, we)

→ _____

11 미나는 그 문제를 풀 수 있니?
(solve, can, the question, Mina)

→ _____

12 나는 내 휴대전화를 찾을 수 없다.
(find, cell phone, can, I, my)

→ _____

13 다음 대화문을 <조건>에 맞게 영어로 쓰세요.

<조건>
• 조동사 can을 사용할 것
• play, badminton, tennis를 사용할 것

A: (1) 너는 배드민턴을 칠 수 있니?
→ _____

B: (2) 아니, 할 수 없어. 나는 테니스를 칠 수 있어.
→ No, _____. _____
_____.

UNIT 01

❷ ~해도 된다: can, may

시험에 꼭⁺⁺ 나오는 빈출 문제

<보기>에 주어진 단어를 사용하여 빈칸에 허락을 구하는
표현을 쓰시오.

<보기> borrow, notebook

A: The teacher talked fast. I didn't take notes
   during the class. _____
   (내가 너의 공책을 빌릴 수 있겠니?)
B: Sure, you can.

> ☺ **CLUE 1**
> '내가 ~해도 되겠니?'라고 허락을 구할 때
> 쓰는 표현은?
> — May I ~? 또는 Can I ~?
>
> ☺ **CLUE 2**
> 조동사 뒤에 오는 동사는 원형을 써야 해요.

정답: May[Can] I borrow your notebook?

너는 잠시 뒤에 나가도 된다. 너는 지금 나가면 안 된다.

너는 / 나가도 된다 / 잠시 뒤에.　　너는 / 나가면 안 된다 / 지금.
　　　can[may]+동사원형　　　　　　　　cannot[may not]+동사원형

→ You / **can leave** / after a while. You / **cannot[can't] leave** / now.
　　　　　=may leave　　　　　　　　　　　　　　　　=may not leave

조동사 can은 '~해도 된다'라는 **허가**의 의미도 가지고 있어요. 이때 can 대신 may를 쓸 수도 있습니다.
'~하면 안 된다'라는 **금지**를 나타내려면, 「cannot[can't]+동사원형」
또는 「may not+동사원형」의 형태로 쓰면 됩니다.

A: 당신의 컴퓨터를 사용해도 되나요?　 B: 네, 됩니다. / 아니요, 안 됩니다.

　사용해도 되나요 / 당신의 컴퓨터를?
　Can[May]+주어+동사원형

→ A: **May I use** / your computer?
　　　= Can I use

　B: **Yes**, you **may**. / **No**, you **may not**.
　　　　　　　　　　　　　　　= cannot

'~해도 되나요?'라고 허락을 구할 때는 「Can[May]+주어+동사원형 ~?」의 어순으로 써야 해요.

> ✓ **오답 주의**　「Can[Could] you+동사원형 ~?」은 허가의 의미가 아닌, '~해 줄래요?, ~해 주시겠어요?'라고 **요청**을 나타내는 표현이에요.
> 이때 could를 쓰면 더 정중한 표현이 돼요.
> **Can you turn on** the light?

Practice the Basics

[1~5] 우리말과 일치하도록 <보기>에서 알맞은 단어를 골라 주어진 조동사를 사용하여 문장을 완성하세요.

<보기>

take	swim	try	ask	sit

1 이 운동화를 신어 봐도 될까요? (can)
→ _____ I _____ on these sneakers?

2 너는 잠깐 동안 쉬어도 된다. (may)
→ You _____ _____ a break for a while.

3 너는 여기에 앉으면 안 된다. (can)
→ You _____ _____ here.

4 우리는 오늘 바다에서 수영하면 안 된다. (may)
→ We _____ _____ _____ in the sea today.

5 부탁을 하나 드려도 되나요? (may)
→ _____ I _____ you a favor?

[6~7] 우리말과 일치하도록 주어진 단어를 올바르게 배열하세요.

6 우리는 극장에서 시끄럽게 하면 안 된다.
(not / noise / may / make / we)

→ _____ at the theater.

7 너는 식당에 반려동물을 데리고 들어오면 안 된다.
(your / bring / pet / cannot / you)

→ _____ into the restaurant.

[8~11] 우리말과 일치하도록 주어진 단어를 사용하여 문장을 완성하세요. (필요시 단어를 추가하거나 형태를 바꿀 것)

8 너는 언제든지 나에게 전화해도 된다.
(anytime, call, you, me, can)

→ _____

9 우리는 박물관에서 사진을 찍으면 안 된다.
(we, in the museum, take pictures, can)

→ _____

_____

10 제가 오늘 오후에 그 책을 빌려도 되나요?
(the book, I, borrow, can)

→ _____ this afternoon?

11 너는 수업 중에 나가면 안 된다.
(during the class, leave, may, you)

→ _____

12 다음 그림을 보고 주어진 단어를 사용하여 친구에게 도움을 요청하는 문장을 완성하세요.

→ _____ for me?
(these, books, can, move, you)

UNIT 02 must, have to, should

1 ~해야 한다: must, have to

must나 have to를 사용하여 다음 표지판의 의미를
영어로 쓰시오.

너는 여기서 자전거를 타면 안 된다.
→ You _____ .

✪ CLUE 1

must와 have to 모두 '~해야 한다'라는
의미지만, '~하면 안 된다'라는 의미를
표현하려면? — must not
don't have to는 '~할 필요가 없다'라는
의미로 쓰여요.

✪ CLUE 2

must not 뒤에는 동사원형이 와야
하므로 must not ride로 나타내요.

정답: must not ride a bike here

너는 규칙을 따라야 한다.

너는 / 따라야 한다 / 규칙을.
　　　 must[have to]+동사원형

→ You / **must follow** / the rules.

= You / **have to follow** / the rules.

'~해야 한다'라는 뜻으로 **의무**를 나타낼 때는 조동사 must를 사용하며 같은 의미의 **have[has] to**로
바꿔 쓸 수 있어요. 과거시제일 때 must는 과거형이 없기 때문에 had to로 나타냅니다.
She **had to go** home early yesterday. (그녀는 어제 집에 일찍 가야 했다.)

너는 아무것도 걱정할 필요가 없다.

너는 / 걱정할 필요가 없다 / 아무것도.
　　　 don't have to+동사원형

→ You / **don't have to worry** / about anything.

'~하면 안 된다'라고 **강한 금지**를 나타낼 때 부정형 must not을 쓰는데,
이때는 have to의 부정형으로 바꿔 쓸 수 없어요. **don't[doesn't] have to**는 '~할 필요가 없다'라는
불필요를 나타내므로 그 의미가 다릅니다.

주어가 3인칭 단수인 경우 has to와 doesn't have to로 써야 해요.
She **have to** go now. (×) → She **has to** go now. (○)
She **don't have to** go now. (×) → She **doesn't have to** go now. (○)

Practice the Basics

[1~5] 우리말과 일치하도록 <보기>에서 알맞은 단어를 골라 must 또는 have to를 사용하여 문장을 완성하세요.

<보기>
miss	do	be	study	wear

1 그는 침착해야 한다.
→ He _____ _____ calm.

2 우리는 안전벨트를 매야 한다.
→ We _____ _____ seat belts.

3 나는 운동을 해야 한다.
→ I _____ _____ _____ exercise.

4 너는 지금 공부해야 한다.
→ You _____ _____ _____ now.

5 Nancy는 수업을 빠지면 안 된다.
→ Nancy _____ _____ _____ the class.

[6~12] 우리말과 일치하도록 주어진 단어를 사용하여 문장을 완성하세요. (필요시 단어를 추가하거나 형태를 바꿀 것)

6 우리는 도서관에서 조용하게 걸어야 한다.
(silently, walk, must, we)

→ _____ in the library.

7 너는 모임에 늦으면 안 된다.
(be, must, you, late)

→ _____ for the meeting.

8 너는 충분한 물을 마셔야 한다.
(drink, water, have, you, enough)

→ _____

9 나는 내일 일찍 일어날 필요가 없다.
(early, have, get up, I)

→ _____ tomorrow.

10 나의 언니는 용돈을 아껴야 한다.
(save, my sister, her pocket money, have)

→ _____

11 Tom은 밤늦게까지 공부해야 했다.
(late, study, have)

→ _____ at night.

12 그는 우산을 가져갈 필요가 없다.
(bring, have, he, an umbrella)

→ _____

13 <보기>의 단어 중 그림의 상황에 알맞은 것을 골라 문장을 완성하세요. (필요시 형태를 바꾸고 현재시제를 쓸 것)

<보기>
have to   clean   don't have to   her room

→ Nara _____ .

UNIT
02

❷ ~해야 한다, ~하는 것이 좋다: should

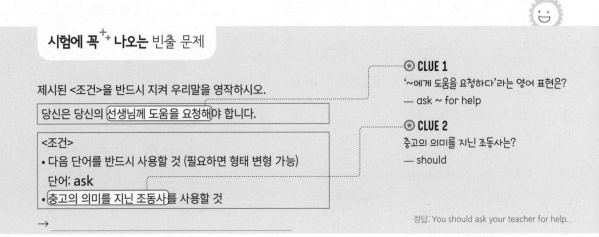

시험에 꼭⁺⁺ 나오는 빈출 문제

제시된 <조건>을 반드시 지켜 우리말을 영작하시오.

> 당신은 당신의 선생님께 도움을 요청해야 합니다.

<조건>
• 다음 단어를 반드시 사용할 것 (필요하면 형태 변형 가능)
  단어: ask
• 충고의 의미를 지닌 조동사를 사용할 것

CLUE 1
'~에게 도움을 요청하다'라는 영어 표현은?
— ask ~ for help

CLUE 2
충고의 의미를 지닌 조동사는?
— should

→ _____

정답: You should ask your teacher for help..

너는 안전벨트를 매야 한다.

너는 / 매야 한다 / 안전벨트를.
    should+동사원형

→ **You / should wear / a seat belt.**

'~해야 한다, ~하는 것이 좋다'라는 의미를 나타낼 때, 조동사 should도 사용할 수 있어요.
must, have to의 우리말 의미와 같게 들릴지라도, should는 어떤 일을 하는 것이 좋은 생각이라고 여겨질 때
사용하는 표현입니다. 즉, should는 must, have to보다는 가벼운 정도의 **의무나 충고, 또는 조언**을
나타낸다고 보면 됩니다.

너는 너무 많은 단것을 먹지 말아야 한다.

너는 / 먹지 말아야 한다 / 너무 많은 단것을.
    should not[shouldn't]+동사원형

→ **You / should not[shouldn't] eat / a lot of sweets.**

어떤 일을 하는 것이 좋지 않거나 위험할 때에 '~하지 말아야 한다'라고 **금지**를 나타내는
부정형 should not[shouldn't]를 쓸 수 있어요.

Practice the Basics

[1~5] 우리말과 일치하도록 <보기>에서 알맞은 단어를 골라 should 또는 shouldn't를 사용하여 문장을 완성하세요.

<보기>
eat   watch   exercise   go   buy

1 우리는 매일 운동해야 한다.

→ We _____ every day.

2 나는 새 교복을 사야 한다.

→ I _____ a new school uniform.

3 너는 밤늦게 많은 음식을 먹지 말아야 한다.

→ You _____ large meals late at night.

4 어린아이들은 일찍 잠자리에 들어야 한다.

→ Young children _____ to bed early.

5 그는 하루 종일 TV를 보지 말아야 한다.

→ He _____ TV all day.

[6~11] 우리말과 일치하도록 should와 주어진 단어를 사용하여 문장을 완성하세요. (필요시 단어를 추가하거나 형태를 바꿀 것)

6
나는 그 책을 그에게 돌려줘야 한다.
(the book, return, I)

→ _____ to him.

7
그녀는 오늘 Gary를 도와야 한다.
(help, she, Gary)

→ _____ today.

8
너는 돈을 낭비하지 말아야 한다.
(you, waste, money)

→ _____

9
우리는 도서관에 음식을 가져가면 안 된다.
(bring, to the library, we, food)

→ _____

10
너는 손을 자주 씻어야 한다.
(your, wash, hands, you)

→ _____ often.

11
사람들은 여기서 큰 소리로 말하면 안 된다.
(loudly, people, here, talk)

→ _____

12 주어진 단어와 should 또는 should not을 활용하여 각 그림의 상황에 알맞은 조언을 완성하세요.

(1)   (2)

(1) You _____ your cell phone here. (turn off)

(2) You _____ in class. (play games)

STAGE 1　자신 있게 **Go for it!** [1점]

배열 영작하기

[1~4] 우리말과 일치하도록 주어진 단어를 배열하여 문장을 완성하세요.

1 나를 위해 문을 잡아줄래?
(the door / can / hold / you)

→ _____ for me?

2 나는 내일 삼촌 댁에 가야 한다.
(tomorrow / should / to / go / my uncle's house)

→ I _____

_____ .

3 Linda는 식사를 걸러선 안 된다.
(not / meals / skip / must)

→ Linda _____ .

4 그는 오늘 오후에 수학을 공부해야 한다.
(to / has / study / this afternoon / math)

→ He _____

_____ .

주어진 단어로 영작하기

[5~8] 우리말과 일치하도록 주어진 단어를 사용하여 문장을 완성하세요. (필요시 형태를 바꿀 것)

5 제가 당신에게 나중에 전화해도 될까요?
(later, may, call)

→ _____

6 우리는 자연을 보호해야 한다.
(protect, have, nature)

→ _____

7 당신은 도로에서 조심해야 한다.
(on, careful, roads, must, be)

→ _____

8 학생들은 지금 휴대전화를 꺼야 한다.
(turn off, phones, their, should, now, the students)

→ _____

보기에서 골라 쓰기

[9~12] 빈칸에 들어갈 말을 <보기>에서 골라 알맞은 형태로 쓰세요. (단, 한 번씩만 사용할 것)

<보기>
have to   must not   may   can

9
A: I'm so hungry now. _____ you cook for me?
B: Of course. What do you want?

10
A: Erica, will you go shopping with me this afternoon?
B: No, I _____ go to the doctor with my dad.

11
A: _____ I use your pen?
B: Sure. Which one do you need, the black one or the blue one?

12
A: Mom, can I eat a hamburger?
B: Dan, you _____ eat fast food. It's bad for your health.

그림 보고 영작하기

[13~15] <보기>와 같이 주어진 단어와 must를 사용하여 다음 표지판이 나타내는 내용을 쓰세요.

<보기>

You <u>must not bring pets</u> into the shop. (pets, bring)

13
You _____
on the street. (throw, trash)

14
You _____
on the boat. (a life jacket, wear)

15
You _____
in the museum. (a camera, use)

[16~20] 다음 각 문장을 괄호 안의 지시대로 바꿔 쓰세요.

16

| Emily can eat raw fish. (의문형) |

→ _____

_____

17

| Jinsu has to wait for his friend for an hour. (과거시제) |

→ _____

_____

18

| You may go into this room. (부정형) |

→ _____

_____

19

| She should come here before 8 p.m. (부정형) |

→ _____

_____

20

| Henry must bring his textbook tomorrow. (과거시제) |

→ _____

_____ yesterday.

[21~24] <보기>와 같이 should를 사용하여 주어진 문제 상황에 대한 충고의 문장을 완성하세요. (단, Problem의 문장을 사용할 것)

<보기>
Problem: Susan didn't turn off the TV again.
Advice: You ___should turn off the TV___ .

21

Problem: Kate plays computer games too much.
Advice: You _____
_____ .

22

Problem: Amy didn't wash the dishes again.
Advice: You _____
_____ .

23

Problem: Suho goes to bed late at night.
Advice: You _____
_____ .

24

Problem: Tony doesn't arrive at school on time.
Advice: You _____
_____ .

25 ◁ 도표 보고 영작하기

다음 표에 제시된 각 고민에 대한 조언을 <조건>에 맞게 완성하세요.

Worry
(1) I always watch TV in my free time.
(2) I spend too much money on shopping every month.
(3) I have a math test next Friday.
(4) I gained too much weight.

<조건>
- 주어와 동사를 포함하는 완전한 문장으로 쓸 것
- 주어진 단어를 사용하고, 필요시 단어를 추가하거나 형태를 바꿀 것
- 표에 제시된 고민들의 번호에 각각 맞게 쓸 것
- <보기>에 있는 단어를 반드시 사용할 것

<보기>
many sweets, too often, find, eat, hobby, another, go shopping, study hard

(1) You _____ .
　　(should)

(2) You _____
　　_____ .
　　(should)

(3) You _____ .
　　(have to)

(4) You _____ .
　　(must)

26 ◁ 어법에 맞게 고쳐 쓰기

다음 중 어법상 틀린 곳을 찾아 그 기호를 쓰고 바르게 고쳐 쓰세요.

Suji's class will go on a field trip to Gyeongju next week. They ⓐ should study about the kingdom of Silla before the field trip. Next Wednesday, students ⓑ must come to school before 8 a.m. They will visit Gyeongju by train. They ⓒ doesn't have to bring their lunch because they'll eat at one of the famous restaurants in Gyeongju. They ⓓ cannot tour alone and ⓔ must follow their teacher. The students are going to visit many nice places. Everyone will have fun together.

→ _____

VOCA PREVIEW

A 주어진 단어의 알맞은 뜻을 연결해 보세요.

1 carry •   ⓐ 사전
2 pond •   ⓑ 연못
3 piece ⚠ •   ⓒ 동전
4 meal •   ⓓ 옮기다
5 dictionary •   ⓔ 조각
6 coin •   ⓕ 식사
7 subject •   ⓖ 과목

B 우리말과 일치하는 단어를 고르세요.

1	초대하다	☐ visit	☐ invite
2	따뜻한	☐ warm	☐ cloudy
3	냉장고	☐ fridge	☐ washing machine
4	냄비	☐ basket	☐ pot
5	훌륭한	☐ exciting	☐ excellent
6	준비하다	☐ prepare	☐ practice
7	규칙	☐ rule	☐ item

C 우리말 뜻을 보고 적절한 단어를 쓰세요.

1 ~ 앞에   i_____ f_____ of
2 ~로 가득 차다   be f_____ of

⚠ 틀리면 아쉬운 SPELLING!

piece [piːs]
발음 [iː] 때문에 혼동하여 e를 빠뜨리고 쓰지 않도록 주의하세요.
peace (×) ˙ pice (×)
➕ niece [niːs] 조카딸

CHAPTER

04

명사와 대명사

UNIT 01 명사

❶ 셀 수 있는 명사를 나타낼 때

우리말과 같은 뜻이 되도록 괄호 안의 말을 알맞은 형태로
고치시오.
봐! 코알라 한 마리가 나무에서 자고 있어.
코알라들은 보통 하루에 열여섯 시간 정도 잠을 자.

> Look! ⓐ (koala) is sleeping in the tree.
> ⓑ (koala) usually sleep for about 16 hours a day.

⊛ **CLUE 1**
'하나의 동물'을 나타내는 말에 올 수 있는
형태는? — 셀 수 있는 명사의 단수형

⊛ **CLUE 2**
'여럿의 동물'을 나타내는 말에 올 수 있는
형태는? — 셀 수 있는 명사의 복수형

정답: ⓐ A koala ⓑ Koalas

나는 개 한 마리와 고양이 두 마리가 있다.
나는 / 있다 / 개 한 마리와 고양이 두 마리가.

→ I / have / a **dog** and two **cat**s.

사람이나 사물, 동물, 장소 등의 이름을 나타내는 명사 중에 하나, 둘, 셋, … 이렇게 셀 수 있는 것들을
'셀 수 있는 명사'라고 불러요.
셀 수 있는 명사가 하나를 가리킬 때는 앞에 **관사 a나 an**을 붙일 수 있어요. (a dog)
셀 수 있는 명사가 둘 이상 여럿을 가리킬 때는 **명사의 복수형**을 써서 나타내야 합니다. (cats)
명사의 복수형은 보통 명사 뒤에 **-s나 -es**를 붙여서 나타내지만 그 외의 규칙을 따르는 경우도 있으므로,
잘 외워 두어야 합니다.

■ 셀 수 있는 명사의 복수형 만드는 법

대부분의 명사	+-s	books apples friends cups
s, x, ch, sh로 끝나는 명사	+-es	buses boxes watches dishes
「자음+o」로 끝나는 명사	+-es	potatoes tomatoes *예외: onions, pianos, photos
「자음+y」로 끝나는 명사	y를 i로 바꾸고 +-es	baby → babies story → stories
f, fe로 끝나는 명사	f, fe를 v로 바꾸고 +-es	knife → knives leaf → leaves
불규칙	man → men woman → women child → children tooth → teeth foot → feet mouse → mice	
형태가 같은 경우	fish → fish sheep → sheep	

 오답 주의

1 셀 수 있는 명사의 단수형 앞에는 대부분 관사 a를 붙이지만, 명사의 첫소리가 모음일 때는 an을 붙여야 해요.
an apple (사과 한 개) **an egg** (달걀 한 개) **an hour** (한 시간)

2 우리말에서는 '고양이들 두 마리'처럼 명사를 복수형으로 표현하는 경우가 많지 않으므로, 영작할 때 주의해야 해요!

Practice the Basics

[1~10] 다음 빈칸에 주어진 단어를 알맞은 형태로 쓰세요.

1 She has a _____. (brother)

2 I invited five _____ to my home. (child)

3 Three _____ are in the picture. (rabbit)

4 Two _____ are on the road. (bus)

5 We have only an _____. (hour)

6 He is going to buy ten _____. (fish)

7 Four _____ are eating pizza. (woman)

8 They need eight _____ for their meal. (knife)

9 My brother gave six _____ to me. (pencil)

10 The girl brought an _____ for him. (orange)

[11~16] 우리말과 일치하도록 주어진 단어를 사용하여 문장을 완성하세요. (필요시 형태를 바꿀 것)

11
> 우리는 방이 세 개 있다.
> (we, have, room, three)

→ _____

12
> Wendy는 감자 다섯 개가 필요하다.
> (potato, five, needs)

→ _____

13
> 그는 여동생 한 명과 남동생 두 명이 있다.
> (two, he, sister, a, brother, and, has)

→ _____

14
> 그 아기는 이가 네 개 있다.
> (the baby, tooth, four, has)

→ _____

15
> 그녀는 상자들을 옮기고 있다.
> (is, box, carrying, she)

→ _____

16
> 아기들이 침대에서 자고 있다.
> (on the bed, sleeping, baby, are)

→ _____

17 다음 표에서 Brandon이 아침과 점심에 먹은 것을 보고 <조건>에 맞게 문장을 완성하세요.

Breakfast	달걀 1개, 바나나 2개
Lunch	샌드위치 2개

> <조건>
> • 개수는 반드시 영문으로 쓸 것
> • 동사는 과거형으로 쓸 것
> • 주어진 단어를 사용할 것 (필요시 형태를 바꿀 것)

(1) Brandon _____

_____ for breakfast.

(have, and, egg, banana)

(2) Brandon _____

_____ for lunch.

(sandwich, have)

❷ 셀 수 없는 명사를 나타낼 때

밑줄 친 우리말과 같게 주어진 단어를 이용하여
문장을 완성하시오.

녹차 세 잔과 케이크 두 조각을 주세요.
→ We'll have _____ .
  (green tea, cake)

⊛ **CLUE 1**
녹차는 형태가 없는 액체라 셀 수 없지만,
녹차가 담긴 '잔(cup)'이라는 단위를
사용해 셀 수 있어요.

⊛ **CLUE 2**
'케이크'는 여러 덩어리로 나뉠 때,
'조각(piece)'이라는 단위로 셀 수 있어요.

정답: three cups of green tea and two pieces of cake

나는 커피 한 잔과 피자 두 조각을 먹었다.
나는 / 먹었다 / 커피 한 잔과 피자 두 조각을.

→ **I / had / a cup of coffee and two pieces of pizza.**

커피, 빵처럼 일정한 형태가 없거나 아름다움, 건강함처럼 눈에 보이지 않는 개념을 나타내는 것들을
'셀 수 없는 명사'라고 해요. 항상 단수형으로 쓰고 앞에 a, an을 붙이지 않아요.
이러한 셀 수 없는 명사들은 담는 그릇이나 모양 등 단위를 나타내는 표현을 단수형 또는 복수형으로 써서
그 양을 나타낼 수 있어요.

■ **셀 수 없는 명사의 수량 표현**

a cup(컵) of tea/coffee	a glass(잔) of water/milk/juice
a bottle(병) of water/wine/juice	a bowl(그릇) of rice/soup/salad
a sheet[piece](장) of paper	a piece[slice](조각) of pizza/cheese/cake
a loaf(덩이) of bread	a bar(막대) of chocolate/soap

✓ **오답 주의**

1 셀 수 없는 명사를 복수형으로 만들지 않도록 주의해야 해요.
two **loaf of breads** (×)   two **loaves of bread** (○)

2 장갑(gloves), 신발(shoes), 양말(socks), 스케이트(skates)처럼 두 개가 한 쌍을 이루는 명사를 셀 때도
단위명사를 이용해요.
a pair of gloves (장갑 한 켤레)   **two pairs of** socks (양말 두 켤레)

Practice the Basics

[1~8] 우리말과 일치하도록 빈칸에 들어갈 알맞은 말을 쓰세요.

1 밥 네 그릇
→ _____ _____ of rice

2 빵 세 덩이
→ _____ _____ of bread

3 물 열 병
→ _____ _____ of water

4 신발 두 켤레
→ _____ _____ of shoes

5 치즈 다섯 조각
→ _____ _____ of cheese

6 장갑 한 켤레
→ _____ _____ of gloves

7 우유 두 잔
→ _____ _____ of milk

8 초콜릿 케이크 두 조각
→ _____ _____ of
chocolate cake

[9~13] 우리말과 일치하도록 <조건>에 맞게 문장을 완성하세요.

<보기>
| piece of | pair of | cup of |
| bowl of | bottle of | |

<조건>
• <보기>에서 알맞은 말을 골라 한 번씩만 쓸 것
• 주어진 단어를 사용하되 필요시 형태를 바꿀 것

9 차 한 잔 드시겠어요? (tea)

→ Would you drink _____ ?

10 모든 그룹은 종이 다섯 장을 받게 될 것이다. (paper)

→ Every group will get _____
_____ .

11 그녀는 매일 물 세 병을 마신다. (water)

→ She drinks _____
_____ every day.

12 엄마는 나에게 스케이트 한 켤레를 사주셨다. (skates)

→ Mom bought _____
for me.

13 그녀는 매일 아침 샐러드 한 그릇을 먹는다. (salad)

→ She has _____
every morning.

14 다음 글을 읽고 주어진 단어를 사용하여 상황에 알맞은 문장을 쓰세요.

It is a very hot day. You and your friend are very thirsty. You come home and see your brother in the kitchen. What would you say to him?

→ _____
_____ ?

(can, us, give, glass, two, water)

❸ ~가[이] 있다: There is/are ~

시험에 꼭⁺⁺ 나오는 빈출 문제

괄호 안에 주어진 단어를 사용하여 한글 뜻과 일치하도록
문장을 완성하시오.

책상 위에 많은 만화책들이 있다. (there)

→ _____ .

✷ **CLUE 1**
there를 이용하여 '~이 있다'라는 의미를
어떻게 나타낼 수 있을까?
— There is[are]+명사

✷ **CLUE 2**
주어(만화책들)가 복수이므로 복수동사 are를 써야 해요.

정답: There are many comic books on the desk

방 안에 강아지 한 마리가 있다.
~가[이] 있다 / 강아지 한 마리 / 방 안에.
There is   단수명사   장소 부사구

→ **There is** / **a puppy** / in the room.

방 안에 강아지들이 있다.
~가[이] 있다 / 강아지들 / 방 안에.
There are   복수명사   장소 부사구

→ **There are** / **puppies** / in the room.

CHAPTER 01에서 be동사가 '(~에) 있다'라는 의미를 나타낼 수 있다고 배웠어요.
하지만 영어에서는 '~가[이] 있다'라는 의미를 나타낼 때 「There is+단수명사/셀 수 없는 명사」
또는 「There are+복수명사」를 쓰는 경우가 훨씬 더 많아요.

There is	+명사의 단수형/셀 수 없는 명사
There are	+명사의 복수형

'~가[이] 없다'라는 의미를 나타낼 때는 「There is[are] not ~」의 형태로 쓰고,
'~가[이] 있니?'라고 묻는 문장은 「Is[Are] there ~?」의 어순으로 씁니다.
There is not a library in this town. (이 마을에는 도서관이 없다.)
A: **Is there** a library in this town? (이 마을에는 도서관이 있니?)
B: Yes, **there is.** / No, **there isn't.** (네, 있어요. / 아니요, 없어요.)

Practice the Basics

[1~5] 우리말과 일치하도록 빈칸에 There is 또는 There are를 넣어 문장을 완성하세요.

1 상자 안에 햄스터 두 마리가 있다.
→ _____ _____ two hamsters in the box.

2 문 앞에 차가 한 대 있다.
→ _____ _____ a car in front of the door.

3 바구니 안에 사과가 많이 있다.
→ _____ _____ many apples in the basket.

4 하늘에 많은 별들이 있다.
→ _____ _____ a lot of stars in the sky.

5 수조에 물고기 한 마리가 있다.
→ _____ _____ a fish in the tank.

[6~7] 우리말과 일치하도록 주어진 단어를 올바르게 배열하세요.

6
책상 위에 책 세 권이 있다.
(are / books / the desk / there / three / on)

→ _____ .

7
꽃병에 장미 세 송이와 튤립 한 송이가 있다.
(are / in / roses / three / there / a / and / tulip / the vase)

→ _____

_____ .

[8~11] 우리말과 일치하도록 주어진 단어를 사용하여 문장을 완성하세요. (필요시 형태를 바꿀 것)

8
냄비에 수프가 있다.
(soup, in the pot, there)

→ _____

9
네 주머니에 표가 있니?
(a, in your pocket, there, ticket)

→ _____

_____

10
내 방에는 컴퓨터가 없다.
(computer, a, in my room, there)

→ _____

_____

11
그 동물원에는 많은 동물들이 있니?
(in the zoo, there, many, animal)

→ _____

_____

12 다음 그림을 보고 주어진 단어를 사용하여 문장을 완성하세요.

(1)   (2)

(1) _____
(the table, there, cup, on)
(2) _____
(the river, over, there, a bridge)

UNIT 02

대명사

❶ 나는, 나의, 나를, 나의 것 — 인칭대명사

시험에 꼭⁺⁺ 나오는 빈출 문제

다음 우리말을 영어로 쓰시오.

> Ella: 이건 내 것이 아니야. 이거 네 거니?
> Ella: This is not ⓐ ___. Is this ⓑ ___ ?

★ **CLUE 1**
'내 것, 나의 것'이라는 의미를 한 단어로 어떻게 표현할 수 있을까? — mine

★ **CLUE 2**
'네 것, 너의 것'이라는 의미를 한 단어로 어떻게 표현할 수 있을까? — yours

정답: ⓐ mine ⓑ yours

나는 그녀를 나의 생일 파티에 초대했다.
나는 / 초대했다 / 그녀를 / 나의 생일 파티에.

→ **I** / **invited** / **her** / **to my** birthday party.

'나, 너, 그, 그녀'처럼 사람이나 사물의 이름을 대신하는 말을 **인칭대명사**라고 부릅니다.
이러한 대명사는 문장에서의 역할에 따라 형태가 바뀌어요.
인칭대명사가 문장에서 '~은[는], ~이[가]'와 같이 주어 역할이면 주격,
'~의'라고 소유의 의미를 나타내면 소유격, '~을[를], ~에게'로 목적어 역할을 하면 목적격을 써요.

이 책은 나의 것이다.
이 책은 / ~이다 / 나의 것.

→ **This book** / **is** / **mine.**

또한, '~의 것'이라는 의미로 「소유격+명사」를 대신하는 소유대명사의 종류도 알아두세요.

■ **인칭대명사 종류와 격 변화**

	단수				복수			
	주격 (~은[는], ~이[가])	소유격 (~의)	목적격 (~을[를], ~에게)	소유대명사 (~의 것)	주격	소유격	목적격	소유대명사
1인칭	I	my	me	mine	we	our	us	ours
2인칭	you	your	you	yours	you	your	you	yours
3인칭	he	his	him	his	they	their	them	theirs
	she	her	her	hers				
	it	its	it	-				

 단수 명사 앞에 소유격 대명사가 올 경우 관사 a나 an과 함께 쓸 수 없어요.
This is **a my** book. (×)   This is **a** book. (○)   This is **my** book. (○)

Practice the Basics

[1~10] 우리말과 일치하도록 빈칸에 들어갈 알맞은 말을 쓰세요.

1

저 소녀는 그의 여동생이다.

→ That girl is _____ sister.

2

이 멋진 자전거는 나의 것이다.

→ This nice bike is _____.

3

하늘에는 별이 많다. 그것들을 보아라.

→ There are many stars in the sky. Look at _____.

4

우리는 우리의 조국을 사랑해야 한다.

→ _____ should love _____ country.

5

그는 우리에게 편지를 보냈다.

→ _____ sent letters to _____.

6

카멜레온은 자신의 색깔을 바꿀 수 있다.

→ Chameleons can change _____ colors.

7

우리는 우리의 숙제를 해야 한다.

→ _____ must do _____ homework.

8

Jake는 나를 그의 독서 동아리에 초대했다.

→ Jake invited _____ to _____ reading club.

9

네 모자와 그의 것은 여기에 있다.

→ _____ hat and _____ are here.

10

내 친구들은 나를 위해 선물을 준비했다.

→ My friends prepared a present for _____.

[11~14] 다음 괄호 안의 대명사를 어법상 알맞은 형태로 고쳐 쓰세요.

11 Can I borrow (you) dictionary?

→ _____

12 I made cookies. I will give (they) to her.

→ _____

13 My sister gave (she) books to me.

→ _____

14 His parents don't know (I) name.

→ _____

15 친구를 소개하는 다음 글을 읽고 밑줄 친 부분 중 어법상 틀린 것을 바르게 고쳐 쓰세요.

I'd like to introduce ⓐ my friend. ⓑ He name is Nate. ⓒ He lives in Canada. I met ⓓ him five years ago in Seoul.

→ _____

UNIT 02

❷ 뜻이 없는 주어 It

다음 <보기>의 밑줄 친 우리말을 4 단어로 영작하시오.
(숫자도 영어로 쓰시오.)

> <보기>
> I ran my first marathon yesterday.
> 5시간이 걸렸어.
> → _____ .

⊛ CLUE
얼마나 시간이 걸리는지 영어로 나타낼 때
무엇을 주어로 쓸까? — It

정답: It took five hours

지금은 12시 30분이다.
~이다 / 12시 30분 / 지금.

→ **It** is / twelve thirty / now.

위의 우리말 예문 '지금은 12시 30분이다.'에는 주어가 없습니다. 이런 경우, 우리말을 영어로 옮길 때
주어로 무엇을 써야 할까요? 이렇게 뜻이 없는 주어 자리에는 It을 쓰는데, 이를 **비인칭 주어**라 불러요.
보통 날씨, 시간, 날짜, 요일, 계절 등을 나타낼 때 많이 씁니다.

■ 비인칭 주어 It이 쓰이는 경우

날씨	**It** is very cold in December. (12월에는 몹시 춥다.)
온도	**It** was 2℃ above zero this morning. (오늘 아침은 영상 2도였다.)
시간	**It** is twelve o'clock. (12시 정각이다.)
날짜	**It's** September 2nd. (9월 2일이다.)
요일	**It's** Sunday today. (오늘은 일요일이다.)
계절	**It** is mid-summer now. (지금은 한여름이다.)
거리	**It** is a long way from New York City to L.A. (뉴욕부터 LA까지는 멀다.)
명암	**It** is very dark outside. (밖은 아주 어둡다.)

[1~2] 우리말과 일치하도록 주어진 단어를 올바르게 배열하세요.

1
> 오늘 날씨가 따뜻하다.
> (is / warm / it / today)

→ _____ .

2
> 도서관까지는 한 시간이 걸린다.
> (it / to the library / takes / hour / an)

→ _____ .

UNIT 02

❸ 약간(의), 조금(의): some, any

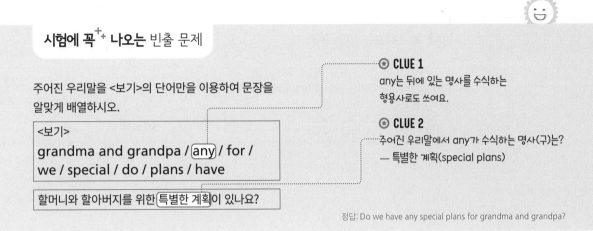

정답: Do we have any special plans for grandma and grandpa?

A: 케이크를 좀 드시겠어요?   B: 네. 조금만 주세요.

드시겠어요 / 케이크를 좀?   네. 주세요 / 조금만.

→ A: Would you like / some cake?   B: Yes, please. Give me / some.

우리말 번역에서 종종 생략되므로
주어진 단어의 역할과 의미를 파악해 보세요.

A: 너는 오늘 (어떤) 특별한 계획이라도 있니?   B: 아니, 나는 전혀 없어.

너는 있니 / (어떤) 특별한 계획이라도 / 오늘?

→ A: Do you have / any special plans / today?

B: No, I don't have any.

some과 any는 둘 다 막연한 수나 양을 나타내는데, 명사 앞에서 형용사처럼 자주 쓰이기도 해요.
이 둘은 의미가 비슷하지만, 문장의 종류에 따라 의미가 조금씩 다르니 그 쓰임을 구분하세요.

some	any
긍정문/긍정의 대답을 기대하는 의문문	의문문/부정문
((긍정문)) 약간(의), 몇몇(의)	((의문문)) 몇몇의, 약간의
	((부정문)) 조금도 ~하지 않는, 전혀[하나도] ~없는

[1~2] 우리말과 일치하도록 주어진 단어를 올바르게 배열하세요.

1
질문이 있나요?
(have / do / any / you / questions)

→ _____ ?

2
나는 오늘 숙제가 하나도 없다.
(homework / have / I / any / don't)

→ _____ today.

❹ 각각(의), 각자: each / 모든 ~: every

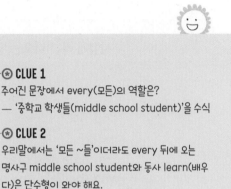

시험에 꼭⁺⁺나오는 빈출 문제

우리말과 일치하도록 주어진 단어를 이용하여
문장을 완성하시오.

☐ 모든 중학교 학생들은 영어를 배운다.

→ _____ (every)

⊛ **CLUE 1**
주어진 문장에서 every(모든)의 역할은?
— '중학교 학생들(middle school student)'을 수식

⊛ **CLUE 2**
우리말에서는 '모든 ~들'이더라도 every 뒤에 오는
명사구 middle school student와 동사 learn(배우
다)은 단수형이 와야 해요.

정답: Every middle school student learns English.

여러분 각각은 매우 특별합니다.
여러분 각각은 / ~입니다 / 매우 특별한.

→ **Each of you** / is / very special.
　　　　주어　　　　단수동사

각각의 팀에는 다섯 명의 선수가 있다.
각각의 팀에는 / 있다 / 다섯 명의 선수가.

→ **Each team** / has / five players.
　　each+단수명사　　단수동사

'각각(의), 각자'라는 의미는 each를 사용해서 나타낼 수 있는데,
대명사나 형용사로 쓰일 수 있으며 항상 단수 취급해요.

모든 국가는 각자의 고유한 문화가 있다.
모든 국가는 / 있다 / 각자의 고유한 문화가.

→ **Every country** / has / its own unique culture.
　　every+단수명사　　단수동사

every는 '모든'이라는 의미의 형용사로만 쓰이며, 「every+단수명사」는 항상 단수 취급합니다.

✓ **오답 주의**　every가 '모든 (사람, 것)'을 의미한다고 해서 명사와 동사를 복수형으로 쓰지 않도록 주의하세요.
Every students cheer her up. (✕) → **Every student cheers** her up. (○)
　　　　　　　　　　　　　　　　　　　　　　단수명사　　단수동사

Practice the Basics

[1~5] 우리말과 일치하도록 빈칸에 each와 every 중 알맞은 말을 쓰세요.

1 Nick은 마을의 모든 사람을 안다.
→ Nick knows _____ person in the town.

2 각각의 가족은 각자의 규칙을 가지고 있다.
→ _____ family has its rules.

3 그는 각각의 아이에게 신발을 사주었다.
→ He bought shoes for _____ of the children.

4 모든 버스가 사람들로 가득 찼었다.
→ _____ bus was full of people.

5 그 화가는 자신의 그림에 모든 색깔을 사용한다.
→ The painter uses _____ color in his paintings.

[6~9] 우리말과 일치하도록 주어진 단어를 올바르게 배열하세요.

6 그녀는 모든 과목에서 우수하다.
(in / subject / every / she / excellent / is)

→ _____.

7 우리는 각자 다른 습관이 있다.
(has / of / each / a different habit / us)

→ _____.

8 그는 바구니 안에 있는 모든 과일을 맛보았다.
(in the basket / he / fruit / tried / every)

→ _____.

9 그 방의 모든 책상은 깨끗했다.
(was / every / in the room / desk / clean)

→ _____.

[10~13] 우리말과 일치하도록 주어진 단어를 사용하여 문장을 완성하세요. (필요시 형태를 바꿀 것)

10 각각의 가게는 다른 물건을 판매한다.
(different, sell, items, store, each)

→ _____

11 그들 각각은 다른 꿈을 가지고 있다.
(them, have, of, different, each, dreams)

→ _____

12 모든 선생님이 Tommy를 좋아하신다.
(teacher, every, like)

→ _____

13 각각의 학생은 공책 한 권을 가져와야 한다.
(bring, each, student, a notebook, have to)

→ _____

14 다음 글을 읽고 어법상 **틀린** 것을 찾아 바르게 고쳐 쓰세요.

Mr. Willy is my history teacher. His class is never boring. Every student in my school like him.

_____ → _____

STAGE 1   자신 있게 **Go for it!** [1점]

배열 영작하기

[1~4] 우리말과 일치하도록 주어진 단어를 배열하여 문장을 완성하세요.

1
> 사과나무 위에 새가 한 마리 있니?
> (Is / a bird / the apple tree / there / on)

→ _____
_____ ?

2
> 각각의 학생은 수업을 위해 교과서가 필요하다.
> (for / needs / student / the class / a textbook / each)

→ _____
_____ .

3
> 내 여동생은 주스 세 병을 샀다.
> (bottles / little sister / juice / bought / of / three / my)

→ _____
_____ .

4
> 운동장에는 다섯 명의 남자아이들이 있다.
> (there / the playground / boys / are / five / in)

→ _____
_____ .

빈칸 영작하기

[5~8] 우리말과 일치하도록 주어진 단어를 사용하여 빈칸에 알맞은 말을 쓰세요. (필요시 형태를 바꿀 것)

5
> 어제는 몹시 흐렸다. (cloudy, very)

→ _____ _____ _____
_____ yesterday.

6
> Nancy는 밥 두 그릇을 먹었다. (bowl, rice)

→ Nancy ate _____ _____
_____ _____ .

7
> Ben의 집에는 모든 방에 텔레비전이 있다.
> (every, have, room)

→ _____ _____ _____
a television in Ben's house.

8
> 그는 지금 동전이 하나도 없다. (coins, have)

→ He _____ _____
_____ _____ now.

대화 완성하기

[9~13] 주어진 단어를 사용하여 각 대화를 완성하세요.

9
A: What did you buy at the supermarket?
B: _____ at the supermarket. (five, tomato, buy)

10
A: Where is a post office near our home?
B: _____
_____ .
(a post office, not, there)

11
A: It's really cold today. Do you want some tea?
B: Thanks. _____
_____ ?
(have, green tea, can, a cup of)

12
A: What time is it now, Jane?
B: _____ right now.
(ten, o'clock)

13
A: Are there many movie theaters in your town?
B: No, _____ . There is only one in my town. (there)

그림 보고 영작하기

[14~15] 다음 그림을 보고 주어진 단어를 사용하여 <보기>와 같이 문장을 완성하세요.

<보기>
There are three girls on the picnic mat. (girl)

14 (1) _____
under the tree. (dog)

(2) _____
on the bench. (child)

(3) _____
in the pond. (duck)

15 (1) _____
in the restaurant. (table)

(2) _____
in the restaurant. (people)

(3) _____
on the wall. (a painting)

[16~20] 빈칸에 들어갈 말을 <보기>에서 골라 알맞은 형태로 쓰세요. (단, 한 번씩만 사용할 것)

<보기>
| loaf | bowl | piece |
| glass | sheet | |

16 Peter bought five _____ bread at the bakery.

17 My sister drinks two _____ milk every day.

18 I had a _____ chicken salad for breakfast today.

19 The restaurant prepared a hundred _____ cake.

20 You need a pencil, an eraser and a _____ paper for the test.

21 우리말과 일치하도록 주어진 단어를 사용하여 다음의 대화를 완성하세요.

A: I'm so hungry. (1) 냉장고에 음식이 좀 있니?
B: Just a second. I'll check. Hmm...
(2) 피자 두 조각이랑 약간의 주스가 있어.
A: That's great! I can eat that!

(1) _____?
(food, in the fridge, any, there)

(2) _____
_____.
(pizza, some, there, juice)

[22~28] 다음 각 문장에서 어법상 틀린 부분을 찾아 고쳐 쓰세요.

22 Snails have over a thousand tooth.
_____ → _____

23 This book on the table is not my.
_____ → _____

24 I ate two piece of pizza in the afternoon.
_____ → _____

25 There is ten members in our music club.
_____ → _____

26 That is August 15th today.
_____ → _____

27 Every guests enjoyed the party at my house yesterday.
_____ → _____

28 A: Tom, do you have any pens?
B: Sorry, I don't have some.
_____ → _____

29 도표 보고 영작하기

이번 주 날씨를 보고 <보기>에서 적절한 단어를 골라 빈칸에 알맞은 표현을 쓰세요.

MON	TUE	WED	THU	FRI

<보기>
windy   sunny   cloudy   rainy

(1) It is Monday today.

_____ now.

(2) _____

on Tuesday.

(3) _____

on Wednesday.

(4) _____

on Thursday.

(5) _____

on Friday, too.

30 어법에 맞게 고쳐 쓰기

다음 글을 읽고 어법상 틀린 두 개를 찾아 바르게 고쳐 쓰세요.

My friends and I joined the art club at school. At ⓐ us club, we draw pictures of people, places, and things. We sometimes go to parks and draw trees, flowers, and ⓑ animals. It is a lot of fun! We show ⓒ our pictures to everyone at the school festival ⓓ every years. This is our favorite event of the year. Does it sound interesting to you? Then, please come to ⓔ our club and draw some pictures with us.

→ _____

→ _____

VOCA PREVIEW

영작의 기본!
어휘 미리보기

A 주어진 단어의 알맞은 뜻을 연결해 보세요.

1 wallet   •   ⓐ (개가) 짖다
2 ranger   •   ⓑ 지갑
3 clothes ◇   •   ⓒ 용감한
4 performance •   ⓓ 옷, 의복
5 brave   •   ⓔ 공연
6 bark   •   ⓕ 공원 관리인

B 우리말과 일치하는 단어를 고르세요.

1 그림자, 그늘   ☐ shadow   ☐ swallow
2 학기   ☐ schoolwork   ☐ semester
3 병, 단지, 항아리   ☐ pan   ☐ jar
4 어울리다, 일치하다   ☐ match   ☐ catch
5 명확하게   ☐ clearly   ☐ nearly
6 계곡   ☐ forest   ☐ valley
7 오토바이   ☐ motorcycle   ☐ bicycle

C 우리말 뜻을 보고 적절한 단어를 쓰세요.

1 실수하다   make a m_____
2 ~ 주변을 돌아다니다   walk a_____
3 일등을 하다   win f_____ p_____
4 산책하다   take a w_____
5 ~을 자랑스러워하다   be p_____ of
6 ~에 지각하다   be l_____ for

◇ 틀리면 아쉬운 SPELLING!

clothes [klouðz]
발음에 혼동하여 e나 s를 생략하지 않도록 주의해야 해요.
cloths (×) clothe (×)

CHAPTER

05

형용사, 부사, 비교

UNIT 01

형용사

❶ 명사를 꾸미거나 주어를 설명할 때

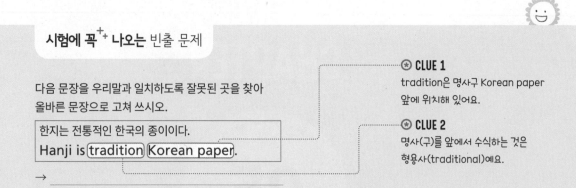

시험에 꼭⁺⁺ 나오는 빈출 문제

다음 문장을 우리말과 일치하도록 잘못된 곳을 찾아
올바른 문장으로 고쳐 쓰시오.

한지는 전통적인 한국의 종이이다.
Hanji is tradition Korean paper.

→ _____

⊛ **CLUE 1**
tradition은 명사구 Korean paper
앞에 위치해 있어요.

⊛ **CLUE 2**
명사(구)를 앞에서 수식하는 것은
형용사(traditional)예요.

정답: Hanji is traditional Korean paper.

좋은 책은 훌륭한 친구이다.
좋은 책은 / ~이다 / 훌륭한 친구.

→ A **good** book / is / a **great** friend.

나는 우리 부모님을 위해 특별한 무언가를 계획했다.
나는 / 계획했다 / 특별한 무언가를 / 우리 부모님을 위해.

→ I / planned / **something** special / for my parents.

형용사란 사람이나 사물, 동물의 생김새나 크기, 모양, 수량 등을 설명해 주는 말이에요.
형용사는 명사 앞에 쓰여서 그 명사에 대해 자세히 꾸며줄 수 있어요.
단, -thing, -body, -one으로 끝나는 대명사를 꾸밀 때는 형용사를 대명사 뒤에 써야 합니다.

한국의 여름은 습하다.
한국의 여름은 / ~하다 / 습한.
　　주어　　 be동사　 형용사

→ Korean summers / **are** / humid.

be동사를 사용하여 '주어가 (어떠)하다'라고 나타낼 때도 형용사를 써요.
이렇게 주어를 보충 설명해주는 형용사를 **보어**라고 합니다.

Practice the Basics

[1~4] 주어진 단어를 알맞은 위치에 넣어 문장을 다시 쓰세요.

1

> She buys bread every day. (fresh)

→ _____

2

> Jane should not drink anything. (cold)

→ _____

_____

3

> A pianist visited Seoul. (famous)

→ _____

4

> My parents gave a present to me. (special)

→ _____

_____

[5~8] 우리말과 일치하도록 주어진 단어를 올바르게 배열하세요.

5

> Robert는 키가 큰 누군가를 봤다.
> (tall / Robert / someone / saw)

→ _____.

6

> 그 아이들은 맛있는 햄버거를 먹었다.
> (delicious / the children / hamburgers / ate)

→ _____

_____.

7

> 우리의 새 학기는 3월에 시작한다.
> (starts / semester / in March / new / our)

→ _____.

8

> 귀여운 소년들이 예쁜 꽃을 들고 있다.
> (boys / are / pretty / cute / holding / flowers)

→ _____

_____.

9 다음 그림과 일치하도록 <보기>에서 알맞은 말을 골라 주어진 단어를 사용하여 문장을 완성하세요.

> <보기>
> tall   fat   strong   heavy

(1) Jiho is _____. (boy)

(2) Yuna is _____. (girl)

(3) Peter is _____. (boy)

(4) Jenny is carrying _____.
    (something)

❷ many, much, (a) few, (a) little을 써야 할 때

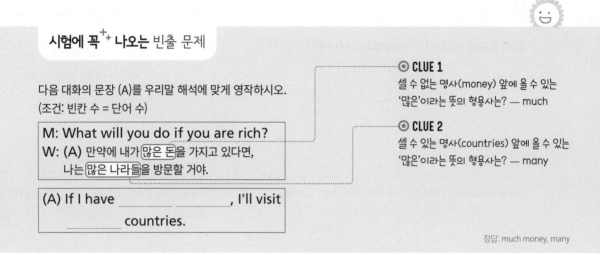

시험에 꼭⁺⁺ 나오는 빈출 문제

다음 대화의 문장 (A)를 우리말 해석에 맞게 영작하시오.
(조건: 빈칸 수 = 단어 수)

M: What will you do if you are rich?
W: (A) 만약에 내가 많은 돈을 가지고 있다면,
　　나는 많은 나라들을 방문할 거야.

(A) If I have ＿＿＿＿＿ ＿＿＿＿＿, I'll visit
　　＿＿＿＿＿ countries.

✪ **CLUE 1**
셀 수 없는 명사(money) 앞에 올 수 있는
'많은'이라는 뜻의 형용사는? — much

✪ **CLUE 2**
셀 수 있는 명사(countries) 앞에 올 수 있는
'많은'이라는 뜻의 형용사는? — many

정답: much money, many

도로에 많은 표지판이 있다.
있다 / 많은 표지판이 / 도로에.
many+셀 수 있는 명사의 복수형

→ There are / **many signs** / on the road.

사막에는 물이 많지 않다.
~가 있지 않다 / 많은 물이 / 사막에는.
much+셀 수 없는 명사

→ There isn't / **much water** / in the desert.

형용사 중에는 many, much 등과 같이 수나 양의 많고 적음을 나타내는 것들이 있어요.
그런데 이러한 형용사는 뒤에 오는 명사가 셀 수 있는 명사인지,
셀 수 없는 명사인지에 따라 달리 사용해야 합니다.

■ **수량을 나타내는 형용사**

	많은		조금 있는	거의 없는
셀 수 있는 명사의 복수형 앞	many friends	a lot of[lots of] friends/time	a few friends	few friends
셀 수 없는 명사 앞	much time		a little time	little time

✓ **오답 주의**
셀 수 있는 명사와 함께 쓰이는 many, a few, few 등은 뒤에 명사의 복수형이 와야 해요.
There are **many flower**(→ flowers) in the garden.

Practice the Basics

정답 및 해설 p.12

[1~3] 우리말과 일치하도록 주어진 단어를 올바르게 배열하세요.

1

여름에 비가 많이 오지 않았다.
(rain / didn't / much / we / have)

→ In summer _____

_____.

2

나는 내 남동생을 위해 음식을 조금 남겨두었다.
(my little brother / a little / for / I /
food / left)

→ _____

_____.

3

그녀는 가방에 많은 간식을 가지고 있다.
(in the bag / she / lots / has / of /
snacks)

→ _____.

[4~7] 우리말과 일치하도록 <보기>에서 알맞은 말을 골라 주어진 단어를 사용하여 문장을 완성하세요. (단, 한 번씩만 쓸 것)

<보기>
little   much   a few   many

4

그녀는 James에게 꽃 몇 송이를 사줄 것이다.
(will, flower, she, buy)

→ _____

for James.

5

서울에서 인천까지 많은 시간이 걸리지 않는다.
(doesn't, take, it, time)

→ _____

from Seoul to Incheon.

6

접시에 버터가 거의 없었다.
(in the dish, butter, there, was)

→ _____

7

그 서점은 많은 아동용 책을 판매한다.
(sells, children's book, the bookstore)

→ _____

_____

8

다음 그림을 보고 <보기>와 같이 주어진 단어를 사용하여 <조건>에 맞게 문장을 완성하세요.

(1)   (2)

<보기>
Put a little salt in the soup.
(salt)

<조건>
• many, few를 한 번씩 사용할 것
• 3 단어로 쓸 것

(1) There _____ in the jar.
(candy, be)

(2) _____ in the classroom.
(student, be)

UNIT 02 부사

❶ 동사, 형용사, 부사, 문장을 꾸며줄 때

시험에 꼭⁺⁺ 나오는 빈출 문제

주어진 단어를 활용하여 의미가 일치하는 문장을
바르게 완성하시오.

| 그들은 영원히 |행복하게 살았다|. (live) |

→ They _____ ever after.

⊛ **CLUE 1**
'행복하게'라는 말이 동사 live를
더 자세히 설명해줍니다.

⊛ **CLUE 2**
동사를 꾸미거나 설명할 때는
부사(happily)를 사용해서 나타내요.

정답: lived happily

Jim은 어려운 퀴즈들을 빠르게 풀었다.

Jim은 / 풀었다 / 어려운 퀴즈들을 / 빠르게.
　　　　동사　　　　　　　　　　부사

부사가 동사를 수식할 때는
특별히 정해진 위치가 없으나,
보통 동사의 뒤나 문장 끝에 오는 경우가 많아요.

→ Jim / *solved* / difficult quizzes / <u>quickly</u>.

Jim은 매우 어려운 퀴즈들을 풀었다.

Jim은 / 풀었다 / 매우 *어려운* 퀴즈들을.
　　　　　　　　부사　형용사

→ Jim / solved / **very** *difficult* quizzes.

명사를 꾸미거나 설명할 때 형용사를 쓰는 반면, 명사 외에 다른 어구들은 부사를 써서 더 자세히 나타낼 수 있어요.
문장에서 **동사나 형용사**를 꾸며줄 때 부사를 쓰는데, 형용사를 꾸밀 때는 부사를 형용사 바로 앞에 써야 합니다.

운 좋게도, 나는 그 시험을 아주 쉽게 통과했다.

운 좋게도, / 나는 / 통과했다 / 그 시험을 / 아주 쉽게.
　　부사　　　　　　　　　　　　　　부사　부사

→ **Luckily**, / I / passed / the test / **so** *easily*.

부사는 또한 **또 다른 부사**를 꾸며주기도 하고, **문장 전체**를 꾸며주기도 합니다.
부사가 또 다른 부사를 꾸밀 때는 그 부사 바로 앞에 쓰고, 문장 전체를 꾸밀 때는 보통 문장 맨 앞에 써요.

Practice the Basics

[1~5] 우리말과 일치하도록 주어진 단어를 올바르게 배열하세요.

1

내 개는 매우 크게 짖었다.
(loudly / my / so / barked / dog)

→ _____ .

2

너는 사람들 앞에서 명확하게 말해야 한다.
(should / speak / clearly / you)

→ _____

in front of people.

3

운 좋게도, 나는 빈 좌석을 쉽게 발견했다.
(an empty seat / luckily / easily / found)

→ _____ , I _____

_____ .

4

그 작가의 책은 나에게 아주 어렵다.
(book / difficult / the writer's / very / is)

→ _____

_____ for me.

5

우리는 그 공연을 정말 열심히 준비했다.
(the performance / hard / we / really / prepared for)

→ _____

_____ .

[6~9] 우리말과 일치하도록 주어진 단어를 사용하여 문장을 완성하세요. (필요시 형태를 바꿀 것)

6

그 커튼은 내 방과 완벽하게 어울린다.
(matches, the curtain, perfect)

→ _____

_____ with my room.

7

Paul은 내 질문에 아주 침착하게 대답했다.
(very, my, answered, question, calm)

→ _____

_____

8

기쁘게도, 나는 경기에서 우승했다.
(first place, won, I, in the race, happy)

→ _____

9

그는 기타를 아름답게 연주했다.
(beautiful, the guitar, he, played)

→ _____

10 우리말과 일치하도록 <조건>에 맞게 문장을 완성하세요.

<조건>
• 7 단어로 쓸 것
• solve, questions, very, easy를 사용할 것
• 필요시 단어를 바꿀 것

나는 그 문제들을 매우 쉽게 풀 수 있다.

→ _____

❷ 얼마나 자주 일어나는지를 나타낼 때

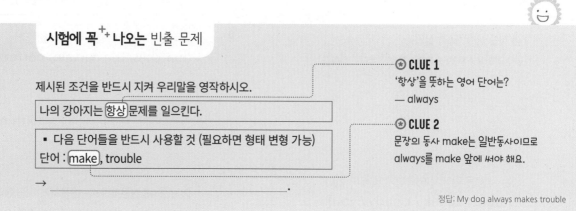

시험에 꼭⁺⁺ 나오는 빈출 문제

제시된 조건을 반드시 지켜 우리말을 영작하시오.

> 나의 강아지는 항상 문제를 일으킨다.

> • 다음 단어들을 반드시 사용할 것 (필요하면 형태 변형 가능)
> 단어 : make, trouble

→ _____ .

⊛ **CLUE 1**
'항상'을 뜻하는 영어 단어는?
— always

⊛ **CLUE 2**
문장의 동사 make는 일반동사이므로 always를 make 앞에 써야 해요.

정답: My dog always makes trouble

학교는 항상 오전 9시에 시작한다.
학교는 / 항상 시작한다 / 오전 9시에.

→ School / <u>always</u> starts / at 9 a.m.
빈도부사+일반동사

이 시간에는 교통이 대개 혼잡하다.
교통이 / 대개 혼잡하다 / 이 시간에는.

→ The traffic / is <u>usually</u> heavy / at this time.
be동사+빈도부사

always(항상), usually(대개)처럼 어떤 일이 얼마나 자주 일어나는지를 나타내는 부사를 **빈도부사**라고 합니다.
빈도부사는 문장에서 정해진 위치에 써야 하는데, 일반동사가 쓰인 문장에서는 **일반동사 앞**에,
be동사나 조동사가 쓰인 문장에서는 **be동사/조동사 뒤**에 써야 해요.

■ **빈도부사의 종류와 의미**

0% ──────────────────────────────────── 100%

never (전혀 ~않다) < **sometimes** (때때로, 가끔) < **often** (자주, 종종) < **usually** (대개, 보통) < **always** (항상, 늘)

✓ **오답 주의**

부정문에 쓰이는 don't[doesn't], didn't도 조동사의 일종이에요.
이를 일반동사로 착각하여 바로 앞에 빈도부사를 쓰지 않도록 주의하세요.
He **often** *doesn't* keep his promises. (×)
He *doesn't* **often** keep his promises. (○)

Practice the Basics

[1~4] 우리말과 일치하도록 주어진 단어를 올바르게 배열하세요.

1

나의 부모님은 나를 항상 자랑스러워하신다.
(always / my / proud / are / parents / of me)

→ _____ .

2

보라는 자신의 오빠와 가끔 영화를 본다.
(a movie / watches / sometimes)

→ Bora _____
with her brother.

3

John은 일요일에 보통 집에 있다.
(at home / usually / is)

→ John _____ on Sunday.

4

나는 아침 식사를 절대 거르지 않을 거다.
(will / breakfast / skip / never / I)

→ _____ .

[5~8] 우리말과 일치하도록 주어진 단어를 사용하여 문장을 완성하세요. (필요시 형태를 바꿀 것)

5

이 나라에서는 보통 비가 오지 않는다.
(rain, doesn't, it, usually)

→ _____
in this country.

6

우리는 선생님의 말씀을 항상 주의 깊게 듣는다.
(listen to, we, our teacher)

→ _____
carefully.

7

너는 하늘에서 별들을 종종 볼 수 있다.
(can, stars, you, see)

→ _____
in the sky.

8

내 친구들은 학교에 절대 지각하지 않는다.
(late, my friends, for school, are)

→ _____

9 다음 표를 보고 <보기>와 같이 <조건>에 맞게 문장을 완성하세요.

	always	usually	often	never
eat fruits		○		
(1) be busy	○			
(2) ride a bike				○
(3) play the violin			○	

<보기>
She usually eats fruits.

<조건>
현재시제 문장으로 완성할 것

(1) My dad _____ .
(2) Nick _____ .
(3) They _____ .

비교 표현

❶ 「비교급+than ~」을 써야 할 때

시험에 꼭⁺⁺ 나오는 빈출 문제

다음 우리말 문장을 주어진 단어의 비교급을 사용하여 완성하시오.

(1) Jack이 Tom보다 키가 더 크다. (tall)

→ Jack is _____ than Tom.

(2) 흰색 가방이 초록색 가방보다 더 무겁다. (heavy)

→ The white bag is _____ the green one.

⊛ **CLUE 1**

'키가 더 큰'이라는 의미를 나타내려면 형용사 tall을 비교급(taller)으로 써요.

⊛ **CLUE 2**

'더 무거운'이라는 의미를 나타내려면 형용사 heavy를 비교급(heavier)으로 써요. 비교급 뒤에 '~보다'에 해당하는 than도 빠뜨리지 않아야 해요.

정답: (1) taller (2) heavier than

오늘은 어제보다 더 춥다.

오늘은 / 더 춥다 / 어제보다.

→ Today / is **colder** / **than** yesterday.

소리는 빛보다 더 느리게 이동한다.

소리는 / 이동한다 / 더 느리게 / 빛보다.

→ Sound / travels / **more slowly** / **than** light.

'~보다 더 …한[하게]'이라는 의미를 나타낼 때는 형용사나 부사의 **비교급**을 사용합니다.
비교급은 두 대상을 비교하는 것이므로, **비교의 대상 앞에는** '~보다'라는 의미의 **than**을 써야 해요.
비교급을 만드는 방법은 주로 형용사나 부사 뒤에 **-er**이나 **-r**을 붙이는데,
그 밖의 규칙을 따르거나 불규칙한 형태로 변하는 것들은 반드시 암기해두어야 합니다.

■ 비교급 만드는 방법

대부분의 형용사/부사	+-er	tall – taller	fast – faster
e로 끝나는 형용사/부사	+-r	nice – nicer	wise – wiser
「자음+-y」로 끝나는 형용사/부사	y를 i로 고치고 +-er	happy – happier	busy – busier
「모음 1개+자음 1개」로 끝나는 형용사/부사	마지막 자음을 한 번 더 쓰고 +-er	hot – hotter	big – bigger
2음절 이상의 형용사/부사	more +	popular – more popular	
불규칙하게 변하는 형용사/부사	good/well – better many/much – more bad – worse little – less		

Practice the Basics

[1~3] 우리말과 일치하도록 주어진 단어를 올바르게 배열하세요. (필요시 형태를 바꿀 것)

1
> Gary는 Paul보다 더 빠르게 달린다.
> (Paul / runs / than / Gary / fast)

→ _____

_____.

2
> 나는 우리 언니보다 노래를 더 잘할 수 있다.
> (sing / can / good / my sister / I / than)

→ _____

_____.

3
> 어떤 나라에서는 물이 석유보다 더 비싸다.
> (is / expensive / oil / than / water)

→ In some countries, _____

_____.

[4~7] 우리말과 일치하도록 주어진 단어를 사용하여 문장을 완성하세요. (필요시 형태를 바꿀 것)

4
> 그 팀은 지난해보다 더 못했다.
> (did, last year, bad, the team)

→ _____

_____

5
> Susan은 지나보다 더 일찍 일어난다.
> (gets up, early, Jina)

→ _____

_____

6
> 그는 그녀보다 더 천천히 걷는다.
> (walks, her, he, slowly)

→ _____

_____

7
> 오토바이는 자전거보다 더 위험하다.
> (are, dangerous, motorcycles, bikes)

→ _____

_____

8 다음 표를 보고 <보기>와 같이 주어진 단어를 사용하여 문장을 완성하세요.

	Bag A	Bag B	Bag C
크기	Medium	Large	Small
무게	1kg	0.5kg	0.7kg
인기	★	★★★	★★★★

> <보기>
> Bag A is smaller than Bag B. (small)

(1) Bag C _____.
　　(heavy)

(2) Bag B _____.
　　_____ (popular)

(3) Bag A _____.
　　(big)

❷ 「the+최상급(+명사)+in[of] ~」을 써야 할 때

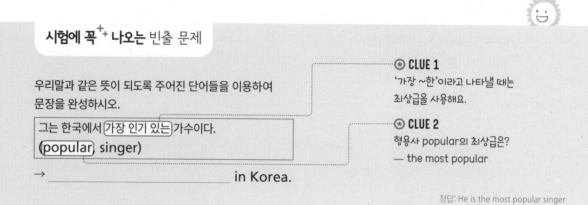

시험에 꼭⁺⁺ 나오는 빈출 문제

우리말과 같은 뜻이 되도록 주어진 단어들을 이용하여
문장을 완성하시오.

그는 한국에서 가장 인기 있는 가수이다.
(popular, singer)

→ _____ in Korea.

⊛ **CLUE 1**
'가장 ~한'이라고 나타낼 때는
최상급을 사용해요.

⊛ **CLUE 2**
형용사 popular의 최상급은?
— the most popular

정답: He is the most popular singer

영어는 모든 시험 중에서 가장 쉬웠다.
영어는 / 가장 쉬웠다 / 모든 시험 중에서.

→ **English / was the easiest / of all the exams.**

그는 그 팀에서 가장 훌륭한 선수이다.
그는 / 가장 훌륭한 선수이다 / 그 팀에서.

→ **He / is the best player / in the team.**

'~ 중에서 가장 …한[하게]'라는 의미를 나타낼 때는 형용사나 부사의 **최상급**을 사용합니다.
최상급은 셋 이상의 대상을 비교하는 것이므로,
'~ 중에서'라는 의미의 **범위를 나타내는 'in[of] ~'**가 따라오기도 해요.
최상급은 **형용사와 부사 앞에 the**를 써야 하며, 최상급을 만드는 방법은 주로 형용사나 부사 뒤에
-est나 **-st**를 붙이면 돼요. 그 밖의 규칙을 따르거나 불규칙적으로 변하는 것들은 반드시 암기해두세요.

■ 최상급 만드는 방법

대부분의 형용사/부사	+-est	tall – tall**est**	fast – fast**est**
e로 끝나는 형용사/부사	+-st	nice – nic**est**	wise – wis**est**
「자음+-y」로 끝나는 형용사/부사	y를 i로 고치고 +-est	happy – happ**iest**	busy – bus**iest**
「모음 1개+자음 1개」로 끝나는 형용사/부사	마지막 자음을 한 번 더 쓰고 +-est	hot – hot**test**	big – big**gest**
2음절 이상의 형용사/부사	most +	popular – **most popular**	
불규칙하게 변하는 형용사/부사	good/well – **best** bad – **worst**	many/much – **most** little – **least**	

✓ 오답 주의

최상급 뒤에 '~ 중에서'라는 의미로 장소나 특정 집단을 쓸 때는 주로 「in+단수 명사」를 쓰고,
기간을 나타내는 말이나 복수 명사와는 of를 써서 「of+기간」 또는 「of+복수 명사」를 써요.
in the world / in Korea / in the class / in my family
of my life / of us / of all the people[students]

Practice the Basics

정답 및 해설 p.12

[1~4] 우리말과 일치하도록 주어진 단어를 올바르게 배열하세요. (필요시 형태를 바꿀 것)

1

> 그 산은 우리나라에서 가장 아름답다.
> (in my country / is / the mountain / beautiful)

→ _____
_____ .

2

> Johnny는 우리 학교에서 춤을 가장 잘 춘다.
> (well / Johnny / in our school / dances)

→ _____
_____ .

3

> 보라는 우리 반에서 가장 긴 머리카락을 가지고 있다.
> (has / long / Bora / in my class / hair)

→ _____
_____ .

4

> 그것은 내 인생에서 가장 멋진 순간이었다.
> (wonderful / of my life / was / moment / it)

→ _____
_____ .

[5~9] 우리말과 일치하도록 주어진 단어를 사용하여 문장을 완성하세요. (필요시 형태를 바꿀 것)

5

> 나는 세상에서 가장 행복한 사람이다.
> (happy, am, in the world, I, person)

→ _____

6

> 이 식당은 우리 마을에서 가장 좋다.
> (nice, restaurant, is, this, in my town)

→ _____
_____

7

> 과학은 나에게 가장 어려운 과목이다.
> (is, subject, for me, science, difficult)

→ _____

8

> 오늘은 올해 중 가장 더운 날이었다.
> (was, of this year, hot, today, day)

→ _____
_____

9

> 기린은 그 동물원에서 가장 인기 있는 동물이다.
> (the giraffe, in the zoo, popular, is, animal)

→ _____
_____

10 다음 그림과 일치하도록 주어진 단어를 사용하여 문장을 완성하세요.

(1) _____
of the three. (runs, fast)

(2) _____
of the three. (slow, runs)

STAGE 1 자신 있게 Go for it! [1점]

빈칸 영작하기

[1~5] 우리말과 일치하도록 주어진 단어를 사용하여 빈칸에 알맞은 말을 쓰세요.

1

Nick은 용감한 소년이다. (boy, a, brave)

→ Nick is _____ _____

_____.

2

내 주머니 안에 동전이 몇 개 있다. (coin, few)

→ There are _____

_____ in my

pocket.

3

내 컴퓨터는 네 것보다 더 느리다. (slow)

→ My computer is _____

_____ yours.

4

Kate의 방은 항상 깨끗하다. (clean, always)

→ Kate's room _____

_____ _____.

5

오늘은 내 인생에서 최악의 날이었다.
(bad, day)

→ Today was _____

_____ of my

life.

배열 영작하기

[6~9] 우리말과 일치하도록 주어진 단어를 배열하여 문장을 완성하세요. (필요시 형태를 바꿀 것)

6

Jake는 보통 저녁 식사 후에 설거지를 한다.
(after / the dishes / wash / dinner / usually)

→ Jake _____

_____.

7

냉장고에 시원한 거라도 있니?
(cold / there / anything / is)

→ _____

in the refrigerator?

8

어떤 동물들은 인간보다 더 오래 살 수 있다.
(than / live / humans / can / long)

→ Some animals _____

_____.

9

지호는 반에서 가장 힘이 센 학생이다.
(class / student / in / is / strong)

→ Jiho _____.

보기에서 골라 쓰기

[10~14] 다음 대화의 빈칸에 들어갈 알맞은 말을 <보기>에서 골라 쓰세요. (단, 한 번씩만 쓸 것)

<보기>

many	much	few
little	a little	

10

A: Why is Ms. Kelly so angry?

B: _____ students did their homework.

11

A: John, let's study at my house together.

B: I'm sorry. I don't have _____ time. I should go home in an hour.

12

A: What did you eat for breakfast?

B: I ate _____ bread in the morning.

13

A: Did you do well on the test?

B: No, I made _____ mistakes on the test.

14

A: Where are you going?

B: I'm going to the supermarket. There's _____ water in the refrigerator.

그림 보고 영작하기

15 다음 그림을 보고 <조건>에 맞게 키를 비교하는 문장을 쓰세요.

Maria　Sandra　Nick

<조건>
- be동사와 현재시제를 사용할 것
- tall과 short 중 하나를 사용할 것

(1) Sandra _____ than Nick.

(2) Maria _____ than Nick.

(3) Maria _____ of the three.

(4) Sandra _____ of the three.

[16~23] 다음 각 문장에서 어법상 **틀린** 부분을 찾아 바르게 고쳐 쓰세요.

16 Sad, Tim lost his wallet at the park.

_____ → _____

17 Did you buy special something for Jenny?

_____ → _____

18 There were a lot of child in the theater.

_____ → _____

19 These clothes are expensive than those shoes.

_____ → _____

20 This is the most big church in Paris.

_____ → _____

21 The roads are quiet. There are not much people.

_____ → _____

22 This house is oldest in my village.

_____ → _____

23 My dad drives his car careful at night.

_____ → _____

[24~28] 괄호 안의 단어를 비교급과 최상급 중 알맞은 형태로 바꿔 문장 전체를 다시 쓰세요.

24 John is (young) member in our book club.

→ _____

_____

25 I got up (early) than my brother this morning.

→ _____

_____

26 She answered the question (quickly) than me.

→ _____

_____

27 Math was (difficult) test for me.

→ _____

_____

28 This computer is (cheap) than that one.

→ _____

_____

29 < 도표 보고 영작하기 >

다음 민수의 생활 습관을 나타낸 표를 보고 <보기>와 같이 문장을 완성하세요.

	always	often	sometimes	never
help his mom	○			
(1) play the piano			○	
(2) go swimming				○
(3) be with his family		○		

<보기>
Minsu always helps his mom.

(1) Minsu _____ .

(2) Minsu _____ .

(3) Minsu _____ .

30 < 문맥에 맞게 영작하기 >

다음은 Henry의 여행 기록입니다. many와 much 중 빈칸에 들어갈 알맞은 것을 쓰세요.

July 20, Friday
We arrived at Yosemite in the afternoon. We walked around Yosemite Valley and saw (1) _____ old trees and wild animals. We didn't have (2) _____ information about Yosemite. A park ranger told us, "There are (3) _____ bears here. They love the honey inside the trees." Tomorrow, we're going to go fishing. I can't wait!

July 21, Saturday
After breakfast, we went to Mirror Lake. John's father caught (4) _____ big fish. We had so (5) _____ fun all day. At night, John and I heard strange sounds. We looked outside and saw a big shadow. It wasn't a bear! It was John's father.

(1) _____

(2) _____

(3) _____

(4) _____

(5) _____

VOCA PREVIEW

영작의 기본!
어휘 미리보기

A 주어진 단어의 알맞은 뜻을 연결해 보세요.

1 prefer •   • ⓐ 일정, 스케줄
2 lazy •   • ⓑ 주문하다; 명령하다
3 order •   • ⓒ 게으른
4 weigh •   • ⓓ 더 좋아하다
5 schedule ◇ •   • ⓔ 날씨
6 trash •   • ⓕ 무게가 ~나가다
7 weather •   • ⓖ 쓰레기

B 우리말과 일치하는 단어를 고르세요.

1 재활용하다   ☐ recycle   ☐ reduce
2 교환하다   ☐ exchange   ☐ give
3 잠그다   ☐ open   ☐ lock
4 매운, 양념 맛이 강한 ☐ spicy   ☐ sweet
5 사촌   ☐ uncle   ☐ cousin
6 추측하다   ☐ guess   ☐ guest
7 계절   ☐ season   ☐ reason
8 초대하다   ☐ leave   ☐ invite

C 우리말 뜻을 보고 적절한 단어를 쓰세요.

1 사실을 말하다   tell the t_____
2 시험에 통과하다   p_____ the test
3 버리다   t_____ away
4 비밀을 지키다   k_____ a s_____
5 창가에   by the w_____
6 병원에 가다   see a d_____

◇ 틀리면 아쉬운 SPELLING!

schedule [skédʒuːl]
ch는 보통 [취]로 발음되지만, k처럼 [k] 소리 날 때가 있으므로 주의하세요.
그리고 철자 d에 유의해서 쓰세요.
skedule (×)   schejule (×)
➕ **school** [skuːl] 학교

CHAPTER

06

여러 가지 문장 종류

명령문, 제안문, 감탄문

❶ ~해라/~하지 마라: 명령문

시험에 꼭⁺⁺ 나오는 빈출 문제

괄호 안의 동사와 주어진 조건을 이용하여
교실에서 지켜야 할 규칙을 완성하시오.

<조건> [명령문]으로 문장을 완성할 것

(1) _____ late for class. (be)
(2) _____ to your teacher. (listen)

☺ **CLUE 1**
'~해라, ~하시오'라는 의미의 긍정 명령문은
동사원형으로 문장을 시작하고,
'~하지 마라'라는 의미의 부정 명령문은
「Don't[Do not]+동사원형」으로 문장을 시작해요.

☺ **CLUE 2**
지각은 하면 안 되는 규칙이므로
부정 명령문 Don't be, 선생님 말씀을 듣는 것은
지켜야 하는 규칙이므로 동사원형
Listen으로 써야 해요.

정답: (1) Don't be (2) Listen

창문을 열어라.

<u>열어라</u> / 창문을.
동사원형

→ **Open** / the window.

긍정 명령문은 상대방에게 무엇인가를 명령, 지시, 요청, 충고, 경고 등을 할 때 사용해요.
'~해라, ~하시오'로 해석되며, **동사원형**으로 문장을 시작해요.
길 찾기, 길 안내, 경고, 요리, 경기 등을 할 때 지시문이나 안내문으로 많이 쓰입니다.
이때 명령문의 앞이나 뒤에 please를 붙이면 좀 더 공손한 표현이 돼요.

도서관에서 뛰지 마라.

<u>뛰지 마라</u> / 도서관에서.
Don't+동사원형

→ **Don't run** / in the library.

'~하지 마라'라는 의미의 금지, 경고, 규칙을 말할 때는 부정 명령문 「Don't[Do not]+동사원형」으로 나타내요.

 명령문을 만들 때 be동사의 원형은 be임에 유의하세요.
Be quite, please.

Practice the Basics

정답 및 해설 p.14

[1~4] 우리말과 일치하도록 주어진 단어를 올바르게 배열하세요.

1

> 외출할 때 문을 잠가라. (the door / lock)

→ _____ when you go out.

2

> 복도에서 뛰지 마라.
> (run / don't / in the hallway)

→ _____.

3

> 건강을 위해 물을 많이 마셔라.
> (water / drink / a lot of)

→ _____ for your health.

4

> 시험에 대해서 너무 많이 걱정하지 마라.
> (worry / too much / don't)

→ _____ about the test.

[5~9] 우리말과 일치하도록 주어진 단어를 사용하여 명령문을 완성하세요. (필요시 형태를 바꿀 것)

5

> 너의 친구들에게 친절해라.
> (be, to, your friends, nice)

→ _____

6

> 지하철에서 크게 말하지 마라. (speak, loudly)

→ _____ in the subway.

7

> 더러운 손으로 너의 눈을 만지지 마라.
> (your eyes, touch)

→ _____ with dirty hands.

8

> 교과서 90페이지를 펴라.
> (your textbook, open)

→ _____ to page 90.

9

> 이곳에서 사진을 찍지 마라. (take, pictures)

→ _____ here.

10 다음 그림을 보고 주어진 단어를 사용하여 금지하는 내용의 부정 명령문을 완성하세요.

(1)  (2)

(1) _____ _____ on the wall. (draw)

(2) _____ _____ _____ in the classroom. (play, soccer)

❷ ~하는 게 어때?/~하자: 제안문

다음 대화에서 밑줄 친 우리말을 영작할 때, ( ) 안에
주어진 단어를 이용하여 문장을 완성하시오.

> A: It's very hot today.
> B: Yeah, it really is.
> A: 우리 오늘 오후에 수영하러 가는 것이 어때?
> (why / go / this afternoon)
> B Sounds great!

→ _____

⊛ CLUE 1
'~하는 게 어때?', '(우리) ~하자'라고 제안을
할 때는 Let's ~, Why don't you[we] ~?,
How about ~ing? 중 하나로 쓸 수 있어요.

⊛ CLUE 2
제안을 나타내는 표현 중 why가 들어가는 것은
「Why don't you[we]+동사원형 ~?」이에요.

정답: Why don't we go swimming this afternoon?

너는 집에 일찍 가는 게 어때?
너는 (~하는 게) 어때 / 집에 가는 게 / 일찍?

→ **Why don't you / go** home / **early?**
→ **How about / going** home / **early?**

집에 일찍 가자.
집에 가자 / 일찍.

→ **Let's go** home / **early.**

상대방에게 제안이나 권유를 할 때 다음과 같은 표현을 쓸 수 있어요.

■ 제안이나 권유를 나타내는 표현

Why don't you+동사원형 ~?	너는 ~하는 게 어때?
Why don't we+동사원형 ~?	우리 ~하는 게 어때?
Let's+동사원형 ~.	~하자 *Let's not+동사원형: ~하지 말자
How about -ing ~?	~하는 게 어때?

✓ 오답 주의

1 Let's나 Why don't you[we] 뒤에는 동사원형이 와요.
   Let's **exchange** our clothes.

2 How about 뒤에는 동사의 -ing형이 와요.
   How about **changing** your clothes?

Practice the Basics

정답 및 해설 p.14

[1~5] 우리말과 일치하도록 주어진 단어를 올바르게 배열하세요.

1

> 너는 병원에 가보는 게 어때?
> (don't / why / see a doctor / you)

→ _____ ?

2

> 같이 점심 먹자.
> (together / lunch / let's / have)

→ _____ .

3

> 저녁으로 외식하는 게 어때?
> (how / going out / about)

→ _____ for dinner?

4

> 너는 나에게 사실을 말하는 게 어때?
> (you / me / don't / tell / why)

→ _____ the truth?

5

> 함께 음악을 듣는 게 어때?
> (how / listening to / music / about)

→ _____

_____ together?

[6~9] 우리말과 일치하도록 주어진 단어를 사용하여 문장을 완성하세요. (필요시 형태를 바꿀 것)

6

> 우리 영화 보러 가는 건 어때?
> (a movie, why, go to, we)

→ _____

7

> 네 남동생과 놀아주는 것이 어때?
> (how, play, your brother, with, about)

→ _____

_____

8

> 너는 오늘 버스를 타는 게 어때?
> (why, you, take, today, a bus)

→ _____

9

> 이 상자들을 재활용하자.
> (recycle, let, these boxes)

→ _____

10 다음 밑줄 친 ⓐ의 의미가 되도록 <조건>에 맞게 영작하세요.

> A: We should walk to school for our health. ⓐ <u>우리 내일부터 시작하는 게 어때?</u>
> B: That sounds great.

> <조건>
> • from, tomorrow, why, start를 반드시 포함할 것
> • 필요한 경우 단어를 추가하거나 변형할 것

→ _____

UNIT 01

❸ 정말 ~하구나!: 감탄문

다음 대화를 읽고 밑줄 친 우리말을 영어 감탄문으로 쓰시오.

> A: Look at the picture.
> ① 이 신발들은 정말 예쁘구나!
> B: Yes. I think so. Look at another one.
> A: ② 정말 낡은 기타로구나!

① How _____ _____ _____ are! (3 단어)
② What _____ _____ _____ it is! (3 단어)

⊛ CLUE 1
우리말 '정말 ~하구나!'에서 형용사 '예쁜'을 강조하고 있으므로 How로 시작하는 감탄문으로 나타내요. 이때 어순은? — How+형용사+주어+동사!

⊛ CLUE 2
우리말 '정말 ~하구나!'에서 명사인 '기타'를 포함한 어구를 강조하고 있어요. 이때 사용하는 What 감탄문의 어순은?
— What+a/an+형용사+명사+주어+동사!

정답: ① pretty[beautiful] these shoes ② an old guitar

(그것은) 정말 좋은 생각이구나!
정말 좋은 생각이구나 / (그것은)!

→ **What** *a good idea* / (it is)!

햄버거가 정말 크구나!
정말 크구나 / 햄버거가!

→ **How** *big* / the hamburger is!

감탄문은 '정말 ~하구나!'라는 의미로 놀라움, 기쁨, 슬픔 등의 감정을 표현하는 문장이에요.
What이나 How로 시작하는데, What을 쓰느냐, How를 쓰느냐는 감정을 나타내는 부분에
명사가 있느냐 없느냐로 결정이 됩니다. 각 감탄문의 어순을 잘 알아두세요.

명사가 포함된 어구 강조	What+a/an+형용사+명사(+주어+동사)!
형용사나 부사 강조	How+형용사/부사(+주어+동사)!

*주어와 동사를 생략해도 의미가 통해요.

✓ 오답 주의

1 What으로 시작하는 감탄문에서 셀 수 있는 명사의 단수형이 쓰이면 형용사 앞에 반드시 a나 an을 붙여요.
명사가 복수형이거나 셀 수 없는 경우 a나 an을 붙이지 않습니다.
What **a cute baby** she is!　What **perfect weather** it is!

2 의문사가 있는 의문문과 「주어+동사」의 순서를 혼동하지 않도록 주의하세요.
How old **he is!** <감탄문>　How old **is he?** <의문문>

Practice the Basics

[1~5] 우리말과 일치하도록 주어진 단어를 올바르게 배열하세요.

1 기차가 정말 빠르게 달리는구나!
(fast / the train / runs / how)

→ _____ !

2 그는 정말 훌륭한 작가구나!
(is / writer / what / he / great / a)

→ _____ !

3 정말 달콤한 파이구나!
(sweet / this pie / is / how)

→ _____ !

4 그것은 정말 놀라운 이야기로구나!
(amazing / it / an / story / what / is)

→ _____ !

5 그는 정말 좋은 친구구나!
(is / good / a / he / what / friend)

→ _____ !

[6~9] <보기>와 같이 빈칸에 알맞은 말을 넣어 감탄문을 완성하세요.

<보기>
He was a very brave soldier.
→ What a brave soldier he was!

6 He is very lazy.

→ How _____ !

7 Henry is a very smart boy.

→ What _____ !

8 The puppy is very cute.

→ How _____ !

9 These shoes are very expensive.

→ How _____ !

10 다음 밑줄 친 ⓐ를 <조건>에 맞게 감탄문으로 바꿔 쓰세요.

A: Did you visit Halla Mountain?
B: Yes, I did. ⓐ It was so beautiful.
A: I think so. I want to visit there again!

<조건>
• How로 시작할 것
• 주어와 동사를 모두 쓸 것

→ _____

의문사 의문문

❶ what 의문문

빈칸에 두 단어를 써서 다음 대화를 완성하시오.

A: _____ Mrs. Parker play?
B: She plays the guitar.

☀ CLUE 1
물음표로 끝나는 의문문이네요. 3인칭 단수 주어 다음에
동사원형이 쓰였으니, 두 번째 빈칸에 알맞은
동사 형태는 does/did, 조동사 중 하나!
대답의 동사가 현재형 plays이므로 does가 와야 해요.

☀ CLUE 2
Yes, No로 대답하지 않는 의문사 의문문이에요.
the guitar는 의문사 '무엇, 누구, 어디, 왜, 어떻게' 중
'무엇'에 해당하므로 알맞은 의문사는 What!

정답: What does

A: 네가 가장 좋아하는 동물은 무엇이니?   B: 나는 고양이를 좋아해.
　　무엇이니 / 네가 가장 좋아하는 동물은?

→ A: **What is** / your favorite animal?   B: I like cats.

A: 너는 어제 무엇을 했니?   B: 나는 영화를 봤어.
　　무엇을 / 너는 했니 / 어제?

응답에서 '무엇'에
해당하는 말이에요.

→ A: **What** / **did** you *do* / yesterday?   B: I watched a movie.

what은 '무엇, 무엇이, 무엇을'이라는 의미로 주로 '사물'을 나타내요. what 의문문의 응답에서는
주어, 시제, 응답 내용에 따라 동사를 적절하게 써야 하며, 응답을 보고 알맞은 의문문을 만드는 문제들도
자주 출제되므로 what 의문문을 언제 사용하는지 잘 알아두어야 합니다.

■ what으로 시작하는 의문문의 형태

What+	be동사+	주어 ~?
	be동사+	주어+동사의 -ing형 ~?
	조동사+	주어+동사원형 ~?
	do/does/did+	주어+동사원형 ~?

what은 '무슨 ~, 어떤 ~'이라는 의미로, 명사 앞에서 형용사처럼 쓰이기도 해요.
A: **What kind** of food do you like? (너는 어떤 종류의 음식을 좋아하니?)
B: I like noodles. (나는 면을 좋아해.)

✓ 오답 주의　응답의 시제와 수에 유의하여 의문문에 do/does/did를 적절하게 써야 해요.
A: What _____ yesterday? (→ **did** you eat)
B: I **ate** pizza.

Practice the Basics

정답 및 해설 p.14

[1~5] 우리말과 일치하도록 주어진 단어를 올바르게 배열하세요.

1

나는 무엇을 가져와야 하니?
(what / bring / I / should)

→ _____ ?

2

그는 무엇을 가르치나요?
(he / does / teach / what)

→ _____ ?

3

지금이 몇 시인가요?
(time / now / it / what / is)

→ _____ ?

4

네 강아지의 이름은 뭐니?
(your puppy / what / the name / is / of)

→ _____ ?

5

Dana와 Jenny는 무슨 이야기를 하는 중이니?
(talking about / are / what / Dana and Jenny)

→ _____
_____ ?

[6~8] 주어진 단어를 사용하여 다음 대화의 질문을 완성하세요. (필요시 형태를 바꿀 것)

6

A: _____ _____ _____
_____ _____ _____ ?
(get up, time, Jay)
B: He gets up at 7 o'clock every morning.

7

A: _____ _____ _____
_____ for your birthday present? (want)
B: I want new shoes for my birthday present.

8

A: _____ _____ _____
_____ _____ _____
_____ _____ ?
(in your free time, do)
B: I usually play computer games.

9 주어진 단어를 사용하여 다음 대화의 질문을 완성하세요. (필요시 형태를 바꿀 것)

A: (1) _____
(what, do, last weekend)
B: I went skiing with my family.
A: Sounds interesting. I like winter sports, too.
B: (2) _____
_____
(your, favorite winter sport, what)
A: My favorite winter sport is snowboarding.

UNIT 02

❷ who/which/when/where/why 의문문

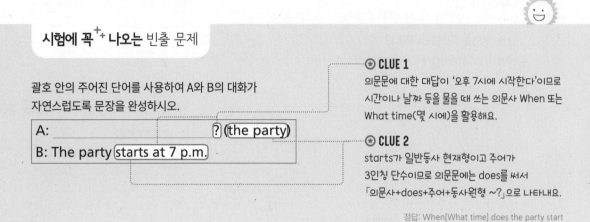

괄호 안의 주어진 단어를 사용하여 A와 B의 대화가
자연스럽도록 문장을 완성하시오.

A: _____ ? (the party)
B: The party starts at 7 p.m.

✪ CLUE 1
의문문에 대한 대답이 '오후 7시에 시작한다'이므로
시간이나 날짜 등을 물을 때 쓰는 의문사 When 또는
What time(몇 시에)을 활용해요.

✪ CLUE 2
starts가 일반동사 현재형이고 주어가
3인칭 단수이므로 의문문에는 does를 써서
「의문사+does+주어+동사원형 ~?」으로 나타내요.

정답: When[What time] does the party start

A: Emma는 어디에 사니?   B: 그녀는 시카고에 살아.
어디에 / Emma는 사니?

응답에서 '어디'에 해당하는 말이에요.

→ A: **Where / does** Emma *live*?   B: She lives in Chicago.

A: 너는 왜 그 가수를 좋아하니?   B: 그가 좋은 목소리를 가졌기 때문이야.
왜 / 너는 좋아하니 / 그 가수를?

→ A: **Why / do** you *like* / the singer?

B: **Because he has a good voice.**

why 의문문에는 because를 이용해서 답할 수 있어요.

다음과 같이 여러 의문사를 사용해서 의문문을 만들 수 있어요.
의문사가 있는 의문문의 어순은 앞에서 배운 what 의문문의 어순과 같아요.

■ 여러 의문사의 의미와 쓰임

who	누구, 누가, 누구를	사람에 대해 물을 때
which	어느 것[쪽], 어느	두 가지 이상의 정해진 것들 중 어느 하나를 선택하도록 물을 때 *which+명사: 어느 ~
when	언제	시간이나 날짜 등을 물을 때
where	어디에, 어디서	위치나 장소 등을 물을 때
why	왜	이유나 원인에 대해 물을 때

A: **Which color** do you prefer, blue or yellow? (너는 어떤 색을 더 좋아하니, 파란색 아니면 노란색?)
B: I prefer yellow. (나는 노란색을 더 좋아해.)

Practice the Basics

정답 및 해설 p.15

[1~5] 우리말과 일치하도록 주어진 단어를 올바르게 배열하세요.

1

> 저 키 큰 소년은 누구니?
> (that / who / tall / is / boy)

→ _____ ?

2

> 너는 언제 Tom을 만났니?
> (meet / did / Tom / you / when)

→ _____ ?

3

> Brody 씨는 어디 출신인가요?
> (is / Mr. Brody / where / from)

→ _____ ?

4

> 너는 어떤 가수를 좋아하니?
> (singer / like / do / which / you)

→ _____ ?

5

> 너는 왜 그렇게 일찍 일어났니?
> (why / you / did / wake up)

→ _____ so early?

[6~9] 주어진 단어를 사용하여 다음 대화의 질문을 완성하세요. (필요시 형태를 바꿀 것)

6

A: _____ _____ _____ _____ to the park last night?
(you, go)
B: Because I wanted to ride a bike.

7

A: _____ _____ _____ _____ ? (Robert, work)
B: He works at the school.

8

A: _____ _____ _____ ? (your cousin)
B: He is the boy over there.

9

A: _____ _____ _____ _____, red or blue?
(yours, T-shirt)
B: Mine is the red one.

10 다음 대화의 대답을 <조건>에 맞게 완성하세요.

<조건>
• 주어와 동사가 반드시 들어갈 것
• 괄호 안의 장소를 쓸 것
• 6 단어로 쓸 것

A: Where did you go last Saturday?
B: _____
(my grandma's house)

시험에 꼭⁺⁺ 나오는 빈출 문제

다음 상황에 적절한 표현을 괄호 안의 주어진 단어를
사용하여 문장을 완성하시오.

> A: How do you go to school?
> B: I usually go to school by bus.
> A: Really? _____
> _____? (long, take)
> B: It takes about twenty minutes.

✪ CLUE 1
B가 시간이 얼마나 걸리는지 대답한 것으로
보아 A의 질문에는 '얼마나 오래'라는 의미의
How long을 쓸 수 있어요.

✪ CLUE 2
'시간'을 표현할 때 쓰는 비인칭 주어 it을
주어로 하며, 일반동사 현재형 takes가 쓰였으므로
How long does it take?로 쓰면 돼요.

정답: How long does it take

A: 너는 학교에 어떻게 가니?   B: 나는 버스를 타고 학교에 가.
어떻게 / 너는 가니 / 학교에?   나는 학교에 가 / 버스를 타고.

응답에서 '어떻게(수단, 방법)'에
해당하는 말이에요.

→ A: **How** / **do** you **go** / to school?   B: I go to school / <u>by bus.</u>

how는 '어떻게, 어떤'의 의미로 수단, 방법, 상태 등을 물을 때 사용해요.
A: **How** was the movie? (그 영화는 어땠니?)   B: It was great. (아주 좋았어.)

A: **How** can I get to the bookstore? (서점에는 어떻게 갈 수 있나요?)
B: Go straight two blocks. (곧장 두 블록을 가세요.)

A: 벽에 얼마나 많은 사진들이 있나요?   B: 세 개가 있어요.
얼마나 많은 사진들이 / 있나요 / 벽에?

→ A: **How many** *pictures* / are there / on the wall?
    B: There are three.

how 뒤에 형용사나 부사가 쓰여 '얼마나 ~한[하게]'의 의미로도 쓰여요.

■ 자주 쓰이는 「How+형용사/부사」 표현

How many	얼마나 많은 (수의) ~?	How tall	얼마나 키가 큰/높은 ~?
How much	얼마나 많은/많이 ~?	How often	얼마나 자주 ~?
How long	얼마나 긴/오래 ~?	How far	얼마나 먼 ~?

✓ 오답 주의
How many 뒤에는 항상 복수명사가 오는 것에 주의하세요.
How many **students** are there in the classroom?

Practice the Basics

[1~4] 우리말과 일치하도록 주어진 단어를 올바르게 배열하세요.

1

너는 기분이 어떠니?
(feel / you / how / do)

→ _____?

2

박물관에는 어떻게 갈 수 있나요?
(the museum / can / get to / how / I)

→ _____?

3

너는 얼마나 많은 책을 읽었니?
(books / how / you / read / did / many)

→ _____?

4

거북이는 얼마나 오래 사니?
(turtles / how / live / long / do)

→ _____?

[5~8] 주어진 단어를 사용하여 다음 대화의 질문을 완성하세요. (필요시 형태를 바꿀 것)

5

A: _____?
　　(you, tall)
B: I'm 160cm.

6

A: _____
　　to get there by subway?
　　(take, long, it, how)
B: It takes 20 minutes.

7

A: _____
　　_____?
　　(many, an octopus, have, how, legs)
B: It has 8 legs.

8

A: _____
　　your grandmother?
　　(often, call, how, you)
B: I call her once a week.

9 다음 표를 보고 <조건>에 맞게 두 사람의 대화를 완성하세요.

Kate's schedule

MON	TUE	WED	THU	FRI	SAT	SUN
piano lesson		piano lesson		piano lesson		

<조건>
• 주어진 단어를 사용할 것
• 7 단어로 쓸 것

A: Look at Kate's schedule. She practices the piano hard.
B: _____
　 _____
　 (times, she, have, many, lessons)
A: She has lessons 3 times a week.

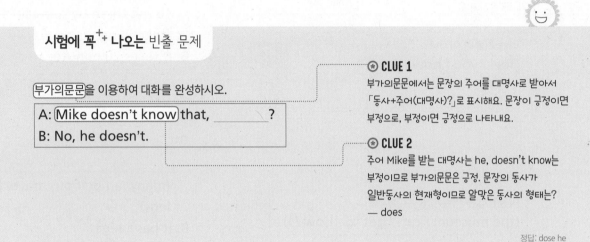

UNIT 03 부가의문문

❶ 부가의문문

시험에 꼭⁺⁺ 나오는 빈출 문제

부가의문문을 이용하여 대화를 완성하시오.

A: Mike doesn't know that, _____?
B: No, he doesn't.

☀ CLUE 1
부가의문문에서는 문장의 주어를 대명사로 받아서 「동사+주어(대명사)?」로 표시해요. 문장이 긍정이면 부정으로, 부정이면 긍정으로 나타내요.

☀ CLUE 2
주어 Mike를 받는 대명사는 he, doesn't know는 부정이므로 부가의문문은 긍정. 문장의 동사가 일반동사의 현재형이므로 알맞은 동사의 형태는?
— does

정답: dose he

너는 그 남자아이를 알고 있어, 그렇지 않니?

너는 / 알고 있어 / 그 남자아이를, / 그렇지 않니?

→ You / know / the boy, / **don't you**?

부가의문문은 평서문 뒤에 「**동사+주어?**」를 덧붙이는 간단한 의문문이에요.
'그렇지?' 또는 '그렇지 않니?'라는 의미로 상대방에게 어떤 사실을 확인하거나 동의를 구할 때 쓰여요.

■ 부가의문문의 형태와 만드는 방법

긍정문 뒤	부정의 부가의문문: 동사와 not의 축약형+주어?
부정문 뒤	긍정의 부가의문문: 동사+주어?
동사	be동사 → **be동사**, 조동사 → **조동사**, 일반동사 → 주어의 수와 시제에 맞춰 **do/does/did**
주어	알맞은 **인칭대명사**로 바꿔 써요.

긍정, 부정에 상관없이 명령문의 부가의문문은 will you?를, 제안문의 부가의문문은 shall we?를 써요.
Let's go to the movies, **shall we**? (영화관에 갈까?)

부가의문문의 대답은 물어보는 내용과 상관없이 대답이 긍정이면 Yes, 부정이면 No로 답해요.
A: You aren't hungry, **are you**? (너 배고프지 않지, 그렇지?)
B: **Yes**, I am. (아니, 배고파) / **No**, I'm not. (응, 배고프지 않아.)

✓ 오답 주의

1 문장의 주어를 부가의문문에서 대명사로 바꿀 때, 주어의 수에 주의하세요.
주어가 단수 사물이거나 날짜, 시간 등이면 it으로 씁니다.
Mike and Julie said the right answer, **didn't** they ?
Today is Wednesday, **isn't** it ?

2 문장의 동사가 일반동사일 때, 주어의 수와 시제에 주의하여 do/does/did를 알맞게 써야 해요.
He went to the museum, **didn't** he?

Practice the Basics

정답 및 해설 p.15

[1~6] 우리말과 일치하도록 빈칸에 알맞은 말을 넣어 부가의문문을 완성하세요.

1

너 배고프구나, 그렇지 않니?

→ You are hungry, _____?

2

그 똑똑한 여자아이는 시험에 통과했어, 그렇지 않니?

→ The smart girl passed the test, _____?

3

너희 삼촌은 중국어를 말할 수 있어, 그렇지 않니?

→ Your uncle can speak Chinese, _____?

4

그녀는 오늘 학교에 오지 않았어, 그렇지?

→ She didn't come to school today, _____?

5

Smith 씨는 여기 근처에서 살지 않아, 그렇지?

→ Mr. Smith doesn't live near here, _____?

6

Mike와 Jane은 사촌이야, 그렇지 않니?

→ Mike and Jane are cousins, _____?

[7~10] 우리말과 일치하도록 주어진 단어를 사용하여 부가의문문이 있는 문장을 완성하세요.

7

그는 남동생이 있어, 그렇지 않니? (have)

→ He _____ a little brother, _____ _____?

8

James는 이미 집에 갔어, 그렇지 않니? (go, he)

→ James _____ home already, _____ _____?

9

수진이는 매운 음식을 좋아하지 않아, 그렇지? (like, she)

→ Sujin _____ _____ spicy food, _____ _____?

10

피자를 시켜 먹자, 그럴 거지? (order)

→ Let's _____ a pizza, _____ _____?

11 부가의문문을 사용해서 다음 대화의 빈칸을 완성하세요.

(1) A: The paintings were really beautiful, _____?
B: Yes, I think so.

(2) A: Kate wasn't tired, _____?
B: No, she felt fine.

STAGE 1 자신 있게 Go for it! [1점]

배열 영작하기

[1~5] 우리말과 일치하도록 주어진 단어를 배열하여 문장을 완성하세요.

1

우리가 그를 파티에 초대하는 게 어때?
(invite / why / we / him / don't)

→ _____ to the
party?

2

길에 쓰레기를 버리지 마세요.
(throw away / not / trash / do)

→ _____ on the
street.

3

너는 언제 여기 올 거야?
(will / come / when / you)

→ _____ here?

4

그는 정말 사랑스러운 소년이로구나!
(a / what / he / lovely / boy / is)

→ _____ !

5

너는 어떤 계절을 가장 좋아하니?
(like / you / season / do / what)

→ _____ the most?

주어진 단어로 영작하기

[6~10] 우리말과 일치하도록 주어진 단어를 사용하여 문장을 완성하세요. (필요시 형태를 바꿀 것)

6

눈이 오는 날에는 밖에 나가지 말자.
(go out, let's)

→ _____ on a snowy day.

7

창가에 앉는 게 어때?
(how, sit, by the window)

→ _____ ?

8

그는 비밀을 지킬 수 있어, 그렇지 않니?
(can, a secret, keep)

→ He _____, _____ ?

9

식사 전에 네 손을 씻어라.
(wash, before meals, your hands)

→ _____ .

10

너는 어젯밤에 얼마나 오래 잤니? (long, sleep)

→ _____ last night?

[11~14] 다음 <보기>의 대화를 읽고 주어진 단어를 활용하여 이어지는 각 대화를 완성하세요.

<보기>
Daniel: Let's play a game. You need to guess an animal.
Janice: Okay, I like this game. I'll ask questions about the animal.

11
Janice: _____? (tall)
Daniel: It is about 2 meters tall.

12
Janice: _____?
(weigh, much)
Daniel: It weighs about 200kg.

13
Janice: _____? (eat)
Daniel: It eats other animals.

14
Janice: _____?
(nickname, have, what)
Daniel: People call it "the king of the jungle."
Janice: I got it! It's a lion!
Daniel: You are right.

[15~22] 다음 각 문장의 밑줄 친 부분을 어법상 바르게 고쳐 쓰세요.

15 Please <u>careful</u> with my glasses.
→ _____

16 This is my pencil, <u>wasn't</u> it?
→ _____

17 What <u>great day</u> it is!
→ _____

18 It's sunny today. Why <u>do we</u> go to the park?
→ _____

19 <u>How</u> a cold day today is!
→ _____

20 A: <u>How</u> is your favorite movie?
B: My favorite movie is *Maze Runner*.
→ _____

21 A: <u>When</u> was at the party yesterday?
B: There were David, Jason, and Kevin.
→ _____

22 A: How many <u>book</u> do you have now?
B: I have two.
→ _____

23 조건에 맞게 영작하기

다음 설문지를 보고 건강한 생활을 위한 조언을 <조건>에 맞게 쓰세요.

<조건>
- (1)은 첫 번째 질문에 대한 긍정 명령문으로, (2)는 두 번째 질문에 대한 부정 명령문으로 쓸 것
- 주어진 단어를 활용할 것

1. 당신은 매일 아침을 먹습니까?
   ☐ 예   ☑ 아니요
2. 당신은 야식을 얼마나 자주 먹습니까?
   ☐ 1주일에 2~3회   ☑ 1주일에 4~5회
   ☐ 거의 먹지 않는다.

(1) _____ _____ _____

_____. (have, every day)

(2) _____ _____ _____

_____ at night. (eat, food, late)

24 그림 보고 영작하기

다음 그림을 참고하여 A에게 제안하는 문장을 <조건>에 맞게 <u>두 가지</u>로 쓰세요.

A: I'm very tired.
B: _____
A: OK. I will.

<조건>
- (1)에는 why, (2)에는 how를 사용할 것
- go, bed, early를 반드시 사용할 것
- 필요시 주어진 단어를 변형할 것

(1) _____

(2) _____

25 그림 보고 영작하기

다음 지도를 보고 버스정류장에 잘 찾아갈 수 있도록 <조건에> 맞게 대화를 완성하세요.

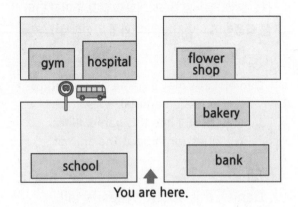

You are here.

<조건>
- can, straight, block, go, turn을 반드시 사용할 것
- (2)는 명령문으로 쓸 것

A: Excuse me. (1) _____

_____ _____ get to the

bus stop?
B: (2) _____ _____

_____ _____ and

_____ _____ at

the corner.
A: Thanks a lot.
B: You're welcome.

[26~29] 다음 각 장소에 따른 지시문을 (A)와 (B)에서 알맞은 표현을 골라 영작하세요.

영화관	· 다른 사람의 의자를 발로 차지 마시오. · 휴대전화의 전원을 끄시오.
도서관	· 건물 안에서 조용히 하시오. · 음식을 가져오지 마시오.
학교	· 교실에서 뛰지 마시오. · 학교에 제시간에 도착하시오.
콘서트	· 사진을 찍지 마시오. · 시끄럽게 이야기하지 마시오.

(A)

arrive	kick	bring	be
take	turn off	talk	run

(B)

at school on time	your cell phones
food	loudly
in the classroom	others' seats
pictures	quiet in the building

\<movie theater\>

26　· _____

　　· _____

\<library\>

27　· _____

　　· _____

\<school\>

28　· _____

　　· _____

\<concert\>

29　· _____

　　· _____

30　

다음 중 어법상 틀린 두 개를 찾아 바르게 고쳐 쓰세요.

> Today, our teacher told us about a field trip. ⓐ How great news! Henry asked him a question. ⓑ "Where will we go?" He said, "We'll go to Gyeongju." Then I asked a question too. ⓒ "What far is it from here?" He answered, "It takes 2 hours by bus." I think we can visit a lot of interesting places in Gyeongju, ⓓ can't we? I'm so excited.
>
> *field trip: 현장 학습

→ _____

→ _____

VOCA PREVIEW 영작의 기본! 어휘 미리보기

A 주어진 단어의 알맞은 뜻을 연결해 보세요.

1 strange • ⓐ 소음
2 necklace • ⓑ 이상한
3 question ◇ • ⓒ 목걸이
4 empty • ⓓ 비어있는
5 name • ⓔ 마을
6 village • ⓕ 질문
7 noise • ⓖ 이름 짓다; 이름

B 우리말과 일치하는 단어를 고르세요.

1 ~처럼 들리다 ☐ hear ☐ sound
2 초대 ☐ invitation ☐ information
3 차분한 ☐ noisy ☐ calm
4 편안한 ☐ complicate ☐ comfortable
5 어린 시절 ☐ childhood ☐ children
6 빌려주다 ☐ borrow ☐ lend

C 우리말 뜻을 보고 적절한 단어를 쓰세요.

1 사실을 말하다 t_____ the t_____
2 파일을 보내다 s_____ a file
3 휴식을 취하다 t_____ a rest
4 부탁을 하다 a_____ a favor

◇ 틀리면 아쉬운 SPELLING!

question [kwéstʃən]

u를 빠뜨리고 쓰거나 t를 빠뜨리지 않도록 주의하세요.
qestion (x) quesion (x)

CHAPTER

문장의 여러 형식

SVC

❶ 주어+동사+주격보어

시험에 꼭⁺⁺ 나오는 빈출 문제

Chuchu: I have a new master. She's very kind.
(A) 그녀의 손은 아주 따뜻하게 느껴진다.

위 글의 밑줄 친 (A)의 우리말을 feel 을 사용하여
5 단어로 영작하시오.

→ _____

★ CLUE 1
동사 feel 뒤에는 명사나 형용사가 올 수
있어요. 명사가 오면 '~을 느끼다'라는
뜻이고, 형용사가 오면 '~하게 느끼다'라는
의미지요.

★ CLUE 2
주어 Her hands의 상태(따뜻한)를
설명해 주는 말은? — 형용사 warm!

정답: Her hands feel so[very] warm.

그는 학생이다.

<u>그는</u> / <u>~이다</u> / <u>학생.</u>
주어　동사　보어(명사)

→ He / *is* / a student.

문장에서 be동사가 '~이다'의 의미인 경우, 뒤에 주어를 보충 설명해주는 **명사**나 **형용사**가 오는데 이를 **주격보어**
라고 합니다. 주격보어가 없으면 불완전한 문장이 되지요.
동사 become, get 등이 '~이 되다'의 의미로 쓰인 경우에도 뒤에 보어가 와요.

그녀는 행복해 보인다.

<u>그녀는</u> / <u>~해 보인다</u> / <u>행복하게.</u>
주어　　동사　　　보어(형용사)

→ She / *looks* / happy.

아래와 같이 감각을 표현하는 동사인 look, sound, taste, feel, smell 뒤에는 **형용사 보어**가 쓰입니다.

■ 감각동사+형용사 보어

look beautiful	아름다워 **보이다**	**sound** nice	멋지게 **들리다**
taste sweet	달콤한 **맛이 나다**	**feel** tired	피곤하게 **느끼다**
smell good	좋은 **냄새가 나다**		

오답 주의　감각을 표현하는 동사가 '~하게'의 의미를 가지는 경우 우리말 해석으로는 뒤에 부사가 올 것 같지만
형용사가 와야 해요. 부사를 쓰지 않도록 주의하세요.
She *looked* happy. (○)　She *looked* **happily**. (×)

Practice the Basics

정답 및 해설 p.16

[1~4] 우리말과 일치하도록 주어진 단어를 올바르게 배열하세요.

1

그 우유는 이상한 냄새가 난다.
(strange / smells / the milk)

→ _____ .

2

나의 형은 오늘 아침에 화가 난 것처럼 보였다.
(my brother / looked / angry)

→ _____

this morning.

3

이 피자는 맛이 정말 좋다.
(good / tastes / very / this pizza)

→ _____ .

4

그 바지는 Kevin에게 작아 보인다.
(small / look / the pants)

→ _____ on Kevin.

[5~9] 우리말과 일치하도록 주어진 단어를 사용하여 문장을 완성하세요. (필요시 형태를 바꿀 것)

5

너의 아이디어는 좋게 들린다.
(sound, good, your idea)

→ _____

6

그 배우는 매우 유명해졌다.
(become, so, famous, the actor)

→ _____

7

Nate는 시험에 대해 걱정하는 것처럼 보였다.
(worried, look)

→ _____

about the test.

8

Marina는 매우 졸리게 느꼈다.
(feel, sleepy, very)

→ _____

9

그 영화는 지루해졌다.
(become, the movie, boring)

→ _____

10 <A>와 <B>에서 알맞은 단어를 하나씩 골라 그림 (1), (2)를 설명하는 문장을 각각 완성하세요.

(1)　　　　　　(2)

<A>			
feel	taste	sound	smell

<B>			
sad	sick	soft	sweet

<조건>
• 필요시 동사의 형태를 바꿀 것
• 현재시제를 사용할 것
• 단어는 한 번씩만 사용할 것

(1) The sweater _____ .

(2) The flowers _____ .

UNIT 02

SVOO

① 주어+동사+간접목적어+직접목적어

시험에 꼭⁺⁺ 나오는 빈출 문제

주어진 단어를 활용하여 다음 문장을 완성하시오.

그녀는 우리에게 그녀의 사진을 보여 주었다.
(show)

→ She _____ _____ her photo.

⊛ CLUE 1
동사 show는 주어진 우리말 '보여 주었다'에 맞게
과거형 showed로 써요. show는 「주어+동사+목적어」
또는 「주어+동사+간접목적어(~에게)+
직접목적어(~을)」의 구조로 쓸 수 있어요.

⊛ CLUE 2
문장에 '그녀의 사진을'에 해당하는 직접목적어
her photo가 있으므로 동사 바로 뒤에는 '~에게'에
해당하는 간접목적어가 와야 해요. — 목적격 대명사 us

정답: showed us

나는 언니에게 책 한 권을 주었다.

나는 / 주었다 / 나의 언니에게 / 책 한 권을.
주어   동사   간접목적어   직접목적어

→ **I / gave / my sister / a book.**

목적어는 우리말 '~을, ~를, ~에게'에 해당하며, 동사 뒤에 와서 동사가 나타내는 동작의 대상이 됩니다.
어떤 동사들은 목적어를 두 개 취하는 경우도 있는데, 「주어+동사+**간접목적어(~에게)+직접목적어(~을)**」의
어순으로 쓰여요. 이런 문장을 4형식이라고 합니다.
목적어를 두 개 가지는 다음 동사들을 꼭 외워두고, 어순에 주의하세요.

give A B	A에게 B를 주다	bring A B	A에게 B를 가져다주다
send A B	A에게 B를 보내다	buy A B	A에게 B를 사 주다
show A B	A에게 B를 보여 주다	make A B	A에게 B를 만들어 주다
teach A B	A에게 B를 가르치다	get A B	A에게 B를 얻어 주다
tell A B	A에게 B를 말하다	ask A B	A에게 B를 묻다
write A B	A에게 B를 써 주다	cook A B	A에게 B를 요리해 주다

 오답 주의

1   간접목적어와 직접목적어의 순서를 뒤바꿔 쓰지 않도록 주의하세요.
    She bought <u>some ice cream</u> <u>her sister</u>. (×) → She bought <u>her sister</u> <u>some ice cream</u>. (○)

2   간접목적어의 형태에 주의하세요.
    I want to buy ~~to him~~(→ him) a nice present.
    Amy sent ~~she~~(→ her) some flowers.

Practice the Basics

[1~5] 우리말과 일치하도록 주어진 단어를 올바르게 배열하세요.

1

나의 아빠는 나에게 물 한 컵을 주셨다.
(gave / a cup of water / me)

→ My father _____.

2

Mary는 자신의 여동생에게 간식을 좀 사 주었다.
(some snacks / bought / her sister)

→ Mary _____

_____.

3

Susan은 자신의 친구에게 목걸이를 만들어 주었다.
(a necklace / made / her friend)

→ Susan _____.

4

나의 삼촌은 학생들에게 역사를 가르치신다.
(students / history / teaches)

→ My uncle _____.

5

Jay는 나에게 그 공을 패스했다.
(passed / the ball / me)

→ Jay _____.

[6~9] 우리말과 일치하도록 주어진 단어를 사용하여 문장을 완성하세요. (필요시 형태를 바꿀 것)

6

Serena는 오늘 아침 나에게 전화를 했다.
(give, a call)

→ _____ this morning.

7

Erica는 자신의 남동생에게 모형 비행기를 만들어 주었다.
(make, a model airplane,
her brother)

→ Erica _____.

8

엄마는 나의 가족에게 파스타를 만들어 주셨다.
(cook, pasta, mom, my family)

→ _____

9

나는 내 친구들에게 초대장을 보냈다.
(send, invitation cards, my friends)

→ _____

10 다음 그림을 보고 <조건>에 맞게 문장을 완성하세요.

(1) (2)

<조건>
• <보기>의 단어를 활용하여 5 단어로 쓸 것
• 동사 give를 사용하고 과거시제를 사용할 것
• 누구에게 무엇을 주었는지 포함할 것

<보기>

| a flower | a cookie |
| her friend | her grandmother |

(1) Betty _____.
(2) Betty _____.

UNIT 02

❷ 주어+동사+직접목적어+전치사+간접목적어

시험에 꼭⁺⁺ 나오는 빈출 문제

괄호 속의 주어진 단어들을 활용하여 A에 대한
알맞은 답을 쓰시오.

A: What (did) Jina do on Parents' Day?

→ Jina _____ .
(주어 포함 (7 단어))
((make) / her mom / a cake)

☺ CLUE 1
과거의 일을 묻고 있으므로 동사 make의
과거형 made를 써요. make는 여러 가지 문장 형식에
쓰일 수 있으므로 주의해야 합니다.

☺ CLUE 2
문맥상 '그녀의 어머니에게 케이크를 만들어드렸다'라는
의미가 가장 적절해요. Jina made her mom a cake.는
6단어이므로 전치사가 포함된 3형식 문장으로 써야겠네요.
— Jina made a cake **for** her mom.

정답: made a cake for her mom

나는 책 한 권을 언니에게 주었다.
나는 / 주었다 / 나의 언니에게 / 책 한 권을.

→ I / gave / **my sister** / **a book**.

→ I / gave / **a book** / to **my sister**.

문장에서 목적어 두 개(간접목적어, 직접목적어)가 올 경우, '누구에게'에 해당하는 간접목적어는 **to** 또는 **for**를
이용해서 직접목적어 뒤에 올 수도 있어요.
「주어+동사+목적어+전치사구」로 쓰면 목적어가 하나인 3형식 문장이 됩니다.
전치사구는 문장 필수 성분에 들어가지 않기 때문이에요.
동사의 종류에 따라 전치사가 달라지므로 각각의 동사들과 전치사의 쓰임을 잘 알아두어야 합니다.
대부분의 동사는 전치사 to를 쓰므로, for를 쓰는 몇 개의 동사 위주로 암기하면 됩니다.

■ 간접목적어를 뒤로 보낼 때 to/for를 쓰는 동사

to	give, send, show, tell, teach, write, lend, pass, read 등
for	buy, make, cook 등

 동사 ask는 간접목적어를 뒤로 보낼 때 전치사 of를 써요.
그러나 ask a question, ask a favor(부탁을 하다)와 같은 표현에 한해 쓰이며, 목적어 2개인 형태가 더 자주 쓰입니다.
She **asked** me a few questions. → She **asked** a few questions *of* me.

Practice the Basics

[1~4] 주어진 문장과 같은 의미가 되도록 문장을 바꿔 쓰세요.

1
I wrote Lisa a letter.

→ _____

2
Jerry told us a funny story.

→ _____

3
Cindy showed me her puppy.

→ _____

4
My dad bought me the computer.

→ _____

_____

[5~9] 우리말과 일치하도록 주어진 단어와 전치사를 사용하여 문장을 완성하세요. (필요시 형태를 바꿀 것)

5
나는 이메일을 선생님께 보냈다.
(send, my teacher, an email)

→ _____

6
이모가 중국 음식을 나에게 요리해주셨다.
(cook, Chinese food, my aunt)

→ _____

7
그 경찰은 몇 가지 질문을 Tom에게 물었다.
(ask, the policeman, some questions)

→ _____

8
Ben은 자신의 카메라를 Wendy에게 빌려주었다.
(lend, his camera)

→ _____

9
Nicky는 그 인형을 자신의 사촌 동생에게 주었다.
(give, her cousin, the doll)

→ _____

_____

10
다음 표의 내용을 보고, <조건>에 맞게 Cathy의 일기를 완성하세요.

me → Vicky	a pencil case
Vicky → me	a diary

<조건>
• 주어진 단어를 사용할 것
• 전치사를 사용할 것

December 24th
Today was Christmas Eve. My friend Vicky and I gave special presents to each other.
(1) I _____.
(give)
(2) Vicky _____

_____. (buy) We loved our gifts. We were very happy.

UNIT 03

SVOC

❶ 주어+동사+목적어+목적격보어

시험에 꼭⁺⁺ 나오는 빈출 문제

주어진 단어들을 모두 사용해 재배열하여 문장을 완성하시오.

색들은 우리의 세상을 매우 멋지게 만든다.
(world / wonderful / make / colors / our / so)

→ _____ .

✸ **CLUE 1**
make는 여러 가지 문장 형식에 쓰일 수 있으므로 뒤에 어떤 말이 오는지 잘 확인해야 해요.

✸ **CLUE 2**
목적어 '우리의 세상(our world)'의 성질이나 상태를 설명해주는 말인 '매우 멋지게(so wonderful)'가 쓰였으므로 「make+목적어+목적격보어」의 구조로 써야 해요.

정답: Colors make our world so wonderful

그는 항상 나를 행복하게 한다.
그는 / 항상 / ~하게 만든다 / 나를 / 행복하게.
　주어　　　　　동사　　　목적어　목적격보어(형용사)

→ **He / always / makes / me / happy.**

나는 내 강아지를 Tori라고 부른다.
나는 / 부른다 / 내 강아지를 / 토리라고.
주어　　동사　　　목적어　　목적격보어(명사)

→ **I / call / my puppy / Tori.**

주어와 동사, 목적어만으로 문장의 의미가 어색한 경우가 있어요.
이때는 **목적어를 보충 설명해주는 말인 형용사나 명사** 같은 말이 필요해요.
즉, It made us happy.처럼 목적어 뒤에 **목적격보어**인 형용사 happy가 오게 됩니다.
「주어+동사+목적어+목적격보어」로 이루어진 문장을 5형식 문장이라고 해요.

make+목적어+명사	~을 …로 만들다	**think**+목적어+명사	~을 …라고 생각하다
call+목적어+명사	~을 …라고 부르다	**find**+목적어+명사	~가 …라는 것을 알게 되다
name+목적어+명사	~을 …라고 이름 짓다	**keep**+목적어+명사	~을 …하게 하다
make+목적어+형용사	~을 …하게 만들다	**find**+목적어+형용사	~가 …라는 것을 알게 되다
keep+목적어+형용사	~을 …한 상태로 유지하다	**leave**+목적어+형용사	~을 …하게 두다

 오답 주의

아래 문장처럼 '그녀가 나를 행복하게 만든다'를 영작할 때 우리말 '행복하게'는 happily로 쓸 것 같지만, 목적격보어 자리에 부사는 올 수 없어요.
She makes me **happily**. (×) → She makes me **happy**. (○)

Practice the Basics

[1~5] 우리말과 일치하도록 주어진 단어를 올바르게 배열하세요.

1

Alice는 Daniel이 친절한 소년이라고 생각한다.
(thinks / a kind boy / Daniel)

→ Alice _____ .

2

그 시험은 나를 초조하게 했다.
(nervous / the test / made / me)

→ _____ .

3

나는 그 박스가 비어 있다는 것을 알게 되었다.
(empty / the box / found)

→ I _____ .

4

그 음악은 사람들을 차분하게 만들었다.
(calm / the music / people / made)

→ _____ .

5

나는 그가 훌륭한 작가라고 생각한다.
(think / I / a great writer / him)

→ _____ .

[6~9] 우리말과 일치하도록 주어진 단어를 사용하여 문장을 완성하세요. (필요시 형태를 바꿀 것)

6

아빠가 내 여동생을 Julia라고 이름 지으셨다.
(name, my dad, my sister)

→ _____

7

조깅은 우리를 건강하게 한다.
(keep, healthy, jogging)

→ _____

8

긴 여행은 나를 피곤하게 만들었다.
(the long trip, tired, make)

→ _____

9

너는 그 이야기가 흥미롭다는 것을 알게 될 것이다.
(find, interesting, will, the story)

→ _____

_____

10 주어진 단어를 사용하여 다음 대화를 완성하세요.

A: Did you hear about the new student?
B: Yes, I did. (1) _____
_____ .
  (make, excited, the news)
A: Me, too. Do you know her name?
B: Yeah, (2) we _____
  (call, Mina, can)
A: I see.

자신 있게 Go for it! [1점]

배열 영작하기

[1~5] 우리말과 일치하도록 주어진 단어를 배열하여 문장을 완성하세요.

1

나는 그 마을이 아름다운 것을 알았다.
(the village / I / beautiful / found)

→ _____ .

2

엄마가 예쁜 스웨터를 나에게 만들어 주셨다.
(a pretty sweater / Mom / me / made / for)

→ _____

_____ .

3

그 수프는 짠맛이 났다.
(tasted / the soup / salty)

→ _____ .

4

Lily가 나에게 그 파일을 보냈다.
(the file / sent / Lily / me)

→ _____ .

5

Eric은 경찰에게 사실을 말했다.
(told / Eric / the police / the truth / to)

→ _____ .

빈칸 영작하기

[6~10] 우리말과 일치하도록 주어진 단어를 사용하여 빈칸에 알맞은 말을 쓰세요. (필요시 형태를 바꿀 것)

6

Ron의 목소리가 졸리게 들렸다.
(sound, sleepy, Ron's voice)

→ _____ _____ _____

_____ .

7

나는 Bill에게 돈을 좀 빌려주었다.
(lend, some money, I)

→ _____ _____ _____

_____ _____ .

8

이 당근 케이크는 매우 달콤한 냄새가 난다.
(this carrot cake, very, smell, sweet)

→ _____ _____ _____

_____ _____ _____ .

9

Brad는 쉬운 질문을 나에게 물었다.
(ask, an easy question, me)

→ _____ _____ _____

_____ _____ _____ .

10

내가 너에게 디저트 좀 가져다줄게.
(get, will, some dessert, you, I)

→ _____ _____ _____

_____ _____ _____ .

대화 완성하기

[11~16] 주어진 단어를 사용하여 대화를 완성하세요.

11

A: What did Jason teach you?

B: _____ _____ _____

_____ _____ _____ .

(teach, he, some new words, me)

12

A: This sandwich is very delicious!

B: Thank you. _____ _____

_____ _____ _____

_____ . (my, mom, it, make, me)

13

A: What's that sound?

B: I don't know. _____ _____

_____ _____ _____ .

(make, uncomfortable, the noise, me)

14

A: When will you send me the MP3 file?

B: _____ _____ _____

_____ right now. (send, it, will, you)

15

A: How was the science class?

B: _____ _____ _____ during the class. (bored, feel, I)

16

A: What do you think about my idea?

B: _____ _____ _____ . (wonderful, sound, your idea)

틀린 어법 고치기

[17~26] 다음 각 문장에서 어법상 **틀린** 부분을 찾아 바르게 고쳐 쓰세요.

17   I'll write to Jim a postcard tonight.

_____ → _____

18   Tony made his teacher angrily.

_____ → _____

19   I'll show my childhood picture you.

_____ → _____

20   The new jacket kept me warmly.

_____ → _____

21   Fred gave a beautiful flower of Mary.

_____ → _____

22   I felt sleep after lunch time.

_____ → _____

23   I'll not tell my secret for you.

_____ → _____

24   Nate's words sounded strangely.

_____ → _____

25   My dad called me for a baby.

_____ → _____

26   Andrew passed the note of Chris.

_____ → _____

다음 글을 읽고 <조건>에 맞게 빈칸에 알맞은 말을 쓰세요.

Today was my birthday. In the evening, my family had a birthday party for me at home. My mom made me a strawberry cake. My dad gave me a book. I loved it. My brother wrote a birthday card to me. We had a wonderful night. My family always makes me happy.

<조건>
• 주어로 대명사를 사용할 것
• (1), (2)는 전치사를 사용하고, (3), (4)는 사용하지 말 것

(1) What did your mom make for you?

→ _____

_____

(2) What did your dad give you?

→ _____

(3) What did your brother write to you?

→ _____

(4) How did you feel?

→ _____

[28~31] 밑줄 친 우리말과 일치하도록 <보기>에서 알맞은 말을 골라 주어진 단어를 사용하여 문장을 완성하세요. (필요시 형태를 바꿀 것)

<보기>
bring   make   look   find

28

Children are running on the grass. 그들은 매우 행복해 보인다.

→ _____.

(happy, so)

29

There is a new park in my town. For resting, 사람들은 그 새로운 공원이 좋은 장소라는 것을 알았다.

→ For resting, _____

_____.

(a good place, people, the new park)

30

We are taking a rest under the tree. 그늘이 우리를 편안하게 해준다.

→ _____.

(comfortable, the shade, we)

31

I left my lunch box at home today. Fortunately, 내 남동생이 나에게 도시락을 가져다주었다.

→ Fortunately, _____

_____.

(a lunch box, my brother, me, to)

32 도표 보고 영작하기

로봇에 관한 다음 메모를 보고 <조건>에 맞게 문장을 완성하세요.

로봇 이름	로봇이 하는 일
Brown	1. 내가 슬플 때 나에게 따뜻한 포옹을 해 준다.
	2. 우리 집을 깨끗하게 해 준다.
	3. 우리 가족에게 요리를 해 준다.
	4. 우리의 삶을 쉽게 만든다.

<조건>
• 주어진 단어를 사용할 것
• 전치사를 사용하지 말 것

(1) I'm introducing my new robot friend.

_____. (name, it, I)

(2) Brown is a robot, but it cares about our feelings. When I feel bad, _____

_____.

(give, a warm hug)

(3) Brown _____

_____. (keep, clean, our house)

(4) Brown _____

_____. (cook, meals, my family)

(5) Brown _____

_____. (make, easy, our lives)

33 어법에 맞게 고쳐 쓰기

다음 밑줄 친 부분 중 어법상 틀린 두 개를 골라 바르게 고쳐 쓰세요.

Mike: Jane, can I ask a favor ⓐ for you?
Jane: What is it, Mike?
Mike: Can you lend that book ⓑ to me? I need that book for my homework.
Jane: I'm sorry, I need it for my homework, too. I feel ⓒ badly.
Mike: Oh, I see. It's okay.
Jane: ⓓ Tell Jenny your problem. She has this book, too.
Mike: OK. I will.

→ _____

→ _____

VOCA PREVIEW
영작의 기본!
어휘 미리보기

A 주어진 단어의 알맞은 뜻을 연결해 보세요.

1 regularly •   ⓐ 받다
2 choose ⬦ •   ⓑ 약속하다
3 receive •   ⓒ 운동장
4 promise •   ⓓ 고르다, 선택하다
5 playground •   ⓔ 규칙적으로

B 우리말과 일치하는 단어를 고르세요.

1 건강에 좋은; 건강한   □ health   □ healthy
2 요리사   □ cook   □ cooking
3 들어 올리다   □ rise   □ raise
4 초대하다   □ invite   □ visit
5 언어   □ foreign   □ language

C 우리말 뜻을 보고 적절한 단어를 쓰세요.

1 문제를 풀다   s_____ the q_____
2 살을 빼다   lose w_____
3 파티를 열다   t_____ a p_____
4 집으로 돌아가다   c_____ b_____ h_____
5 해외여행을 하다   travel a_____
6 비행기를 타다   t_____ an a_____

⬦ 틀리면 아쉬운 SPELLING!

choose [tʃuːz]
모음 [u]와 자음 [z]로 발음되는 스펠링을 주의하세요.
chuse (×)   chooz (×)
➊ loose [luːs] 풀린, 느슨한   goose [guːs] 거위

CHAPTER

08

to부정사

부사적 쓰임

❶ ~하기 위해, ~하려고(목적) / ~해서(감정의 원인)

시험에 꼭⁺⁺ 나오는 빈출 문제

to부정사를 이용하여 다음 물음에 완전한 문장으로 답하시오.

Q : Why do you use the computer?
나는 영어공부를 하려고 컴퓨터를 사용해.
A : → _____ .

☺ **CLUE 1**
to부정사를 주어진 우리말 중 어느 부분에
써야 할지 살펴보세요.

☺ **CLUE 2**
'~을 하려고'와 같은 행동의 목적을
덧붙이는 역할을 to부정사로 쓸 수 있어요.
— to study English

정답: I use the computer to study English

나는 질문을 하기 위해 Linda에게 전화했다.
나는 Linda에게 전화했다 / 질문을 하기 위해.
　　　　　　　　　　　　　행동의 목적

→ **I called Linda / to ask questions**.
　　완전한 문장　　　　　부사구 to-v(행동의 목적)

→ **To ask questions, / I called Linda**.
　부사구 to-v(행동의 목적)　　　　完전한 문장

to부정사(to-v)는 to 뒤에 동사원형을 붙여 쓴 것이에요. 문장에서 주어의 수, 인칭에 따라 문장의 동사 시제나
형태가 변하더라도 「to+동사원형」의 형태는 변하지 않아요.
문장에서 어떤 동작이나 행동의 **목적(~하기 위해, ~하려고)**을 나타낼 때 to부정사를 많이 사용해요.
이때 완전한 문장의 맨 앞이나 뒤에 to부정사구를 붙여 의미를 추가하는 식으로 쓰기 때문에
부사적 역할이라고 합니다.

나는 너를 만나서 매우 기쁘다.
나는 *매우 기쁘다* / 너를 만나서.
　　　　　　　　감정의 원인

→ **I'm *very happy* / to meet you**.
　　완전한 문장　　　부사구 to-v(감정의 원인)

to부정사는 감정을 나타내는 형용사(happy, pleased, glad, sad, excited 등) 뒤에 쓰여
그 감정을 느끼는 원인을 표현할 수도 있어요.
즉, '**~해서(원인) …한 감정을 느낀다**'라는 의미는 「**감정 형용사+to부정사**」의 형태로 씁니다.

Practice the Basics

[1~4] 우리말과 일치하도록 주어진 단어를 올바르게 배열하세요.

1

> 그녀는 그녀의 휴대폰을 잃어버려서 속상하다.
> (to / cell phone / upset / her / lose)

→ She is _____.

2

> 나는 질문하려고 내 손을 들었다.
> (ask / hand / my / to / a question / raised)

→ I _____.

3

> 그 학생들은 좋은 점수를 받게 되어 기뻤다.
> (happy / scores / to / good / get)

→ The students were _____

_____.

4

> 민호는 햄버거를 먹기 위해 그의 손을 씻었다.
> (to / hands / a hamburger / eat / his / washed)

→ Minho _____

_____.

[5~8] 우리말과 일치하도록 주어진 단어를 사용하여 빈칸을 완성하세요. (필요시 형태를 바꿀 것)

5

> 집으로 돌아오기 위해 Harry는 지하철을 탔다.
> (home, come back)

→ _____, Harry took the subway.

6

> 그 소녀는 뮤지컬을 보게 되어서 기뻤다.
> (see, glad, a musical, be, the girl)

→ _____

7

> 그는 배드민턴을 치려고 운동장으로 갔다.
> (badminton, to play, the playground, go)

→ He _____

_____.

8

> 그들은 그 소식을 들어서 매우 슬펐다.
> (very sad, be, the news, hear)

→ _____

9 다음은 학생들이 도서관에 간 목적을 나타낸 표입니다. 표의 내용과 일치하도록 알맞은 말을 <보기>에서 골라 문장을 완성하세요.

학생	도서관에 간 목적
Sam	영어 공부를 하려고
Jack	책을 한 권 빌리기 위해
Tim	숙제를 하려고

<보기>

study	do	borrow
his homework	English	a book

<조건>
• to부정사 형태를 사용할 것
• <보기>의 단어를 한 번씩만 사용할 것

(1) Jack went to the library _____

_____.

(2) Sam went to the library _____

_____.

(3) Tim went to the library _____

_____.

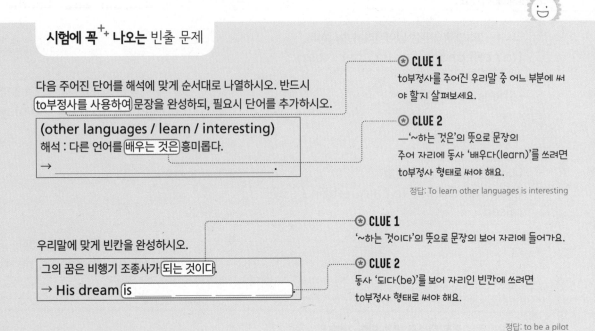

UNIT 02 명사적 쓰임

❶ ~하는 것은(주어) / ~하는 것이다(보어)

시험에 꼭⁺⁺ 나오는 빈출 문제

다음 주어진 단어를 해석에 맞게 순서대로 나열하시오. 반드시
to부정사를 사용하여 문장을 완성하되, 필요시 단어를 추가하시오.

(other languages / learn / interesting)
해석 : 다른 언어를 배우는 것은 흥미롭다.
→ _____ .

☀ **CLUE 1**
to부정사를 주어진 우리말 중 어느 부분에 써
야 할지 살펴보세요.

☀ **CLUE 2**
—'~하는 것은'의 뜻으로 문장의
주어 자리에 동사 '배우다(learn)'를 쓰려면
to부정사 형태로 써야 해요.

정답: To learn other languages is interesting

우리말에 맞게 빈칸을 완성하시오.

그의 꿈은 비행기 조종사가 되는 것이다.
→ His dream is _____

☀ **CLUE 1**
'~하는 것이다'의 뜻으로 문장의 보어 자리에 들어가요.

☀ **CLUE 2**
동사 '되다(be)'를 보어 자리인 빈칸에 쓰려면
to부정사 형태로 써야 해요.

정답: to be a pilot

자전거를 타는 것은 재미있다.

자전거를 타는 것은 / ~하다 / 재미있는.
　　주어　　　　동사　　보어
→ **To ride a bicycle** / is / fun.
　　to-v(~하는 것은)

to부정사는 동사를 명사처럼 활용해 '~하는 것, ~하기' 등의 의미를 표현할 수도 있어요.
주어 자리에 to부정사를 쓰면 '**~하는 것은, ~하기는**'이라는 의미가 돼요.

내 직업은 영어를 가르치는 것이다.

내 직업은 / ~이다 / 영어를 가르치는 것.
　주어　　동사　　　보어
→ **My job** / is / **to teach English**.
　　　　　　　　　to-v(~하는 것이다)

to부정사를 be동사 뒤 보어 자리에 쓰면 '**~하는 것(이다), ~하기(이다)**'의 의미로,
주어가 무엇인지를 보충 설명할 수 있어요.

⊘ 오답 주의

문장에서 to부정사 주어는 단수 취급하여 뒤에 이어지는 동사는 항상 단수형을 씁니다.
To swim in the sea **are**(→ **is**) not easy.
　　주어

Practice the Basics

정답 및 해설 p.19

[1~5] 우리말과 일치하도록 주어진 단어를 올바르게 배열하세요.

1

수영하러 가는 것은 정말 신난다.
(swimming / go / really / is / to / exciting)

→ _____ .

2

내 소원은 행복하게 사는 것이다.
(live / to / happily)

→ My wish is _____ .

3

규칙적으로 운동하는 것이 중요하다.
(exercise / important / regularly / to / is)

→ _____ .

4

우리의 계획은 Peter를 위해 파티를 여는 것이다.
(throw / for Peter / to / a party)

→ Our plan is _____
_____ .

5

채소를 먹는 것은 너의 건강에 좋다.
(is / eat / to / vegetables / good)

→ _____
for your health.

[6~9] 우리말과 일치하도록 주어진 단어를 사용하여 문장을 완성하세요. (단, to부정사를 반드시 사용할 것)

6

하루 종일 집에 머무르는 것은 지루하다.
(stay, all day, at home)

→ _____ is boring.

7

그의 직업은 아이들을 돌보는 것이다.
(children, take care of, his job, be)

→ _____ .

8

노래를 부르는 것은 나의 취미이다.
(sing, a song)

→ _____ is my hobby.

9

내 여동생의 꿈은 요리사가 되는 것이다.
(be, a cook, my sister's dream, become)

→ _____
_____ .

10 다음 대화를 읽고 우리말과 일치하도록 <조건>에 맞게 영작하세요.

A: Jimin, what do you do in your free time?
B: I usually go to the park. 내 취미는 자전거를 타는 거야.

<조건>
• to부정사 형태를 사용할 것
• hobby, ride a bike를 사용할 것

→ _____

UNIT
02

❷ ~하는 것을(목적어)

시험에 꼭⁺⁺ 나오는 빈출 문제

다음 우리말의 의미에 맞도록 영어로 문장을 완성하시오.

나는 노인들을 위해 음악을 연주하기를 희망해.

→ I hope (   )(   )(   )(   )(   )(   ).

⊛ **CLUE 1**
목적어 자리에 동사(play)를 쓸 수 없으므로 형태를 바꿔야 해요.

⊛ **CLUE 2**
hope는 to부정사를 목적어로 취하는 동사!
— I hope to play ~

정답: to play music for elderly people

나는 책을 읽기를 원한다.

나는 / *원한다* / 책을 읽기를.
주어   동사   목적어

→ I / ***want*** / **to read** books.

동사 뒤 목적어 자리에 '**~하는 것을, ~하기를**'의 의미를 표현할 때 to부정사를 쓸 수 있어요.
이때 동명사(v-ing) 형태도 목적어 자리에 올 수 있는데 (☞ Ch 09 동명사)
to부정사와 동명사 중 어느 것을 쓰는지는 **동사에 따라 결정**이 돼요.
그러므로 to부정사를 목적어로 쓰는 동사들을 잘 알아둬야 합니다.

■ **to부정사를 목적어로 쓰는 동사들**

want to-v	~하는 것을 원하다, ~하고 싶다	**plan** to-v	~하는 것을 계획하다
hope[wish] to-v	~하는 것을 바라다, ~하고 싶다	**need** to-v	~할 필요가 있다
decide to-v	~하기로 결정[결심]하다	**like[love]** to-v	~하는 것을 (아주) 좋아하다
choose to-v	~하기로 선택하다	**learn** to-v	~하는 것을 배우다
promise to-v	~하기로 약속하다		

 오답 주의   like, love, hate, start, begin 등은 목적어로 to부정사/동명사가 모두 가능한 동사예요.
He loves **to visit[visiting]** bookstores.
Sue began **to talk[talking]**.

Practice the Basics

[1~5] 우리말과 일치하도록 주어진 단어를 올바르게 배열하세요.

1
| 나는 내 가족과 함께 시간을 보내는 것을 좋아한다. |
| (with / time / like / spend / to / family / my) |

→ I _____

_____ .

2
| Jimmy는 새 신발을 사기로 결정했다. |
| (buy / decided / new / to / shoes) |

→ Jimmy _____ .

3
| 그는 너와 저녁 식사하기를 원한다. |
| (have / to / you / wants / dinner / with) |

→ He _____

_____ .

4
| 나의 형은 여기에 7시까지 온다고 약속했다. |
| (come / my / here / brother / to / promised) |

→ _____

by 7 o'clock.

5
| 그 학생들은 오늘 그들의 숙제를 끝낼 필요가 있다. |
| (their / homework / need / finish / to / the students) |

→ _____

_____ today.

[6~9] 우리말과 일치하도록 주어진 단어를 사용하여 문장을 완성하세요.

6
| 나는 무대 위에서 노래하기를 바란다. |
| (hope, sing, I) |

→ _____ on the stage.

7
| 우리는 이번 주말에 역사박물관에 방문할 계획이다. |
| (plan, a history museum, we, visit) |

→ _____

this weekend.

8
| John과 나는 함께 요가 수업을 듣기로 선택했다. |
| (choose, a yoga class, I, and, take) |

→ _____

together.

9
| Rachel은 그녀의 엄마에게서 빵을 굽는 것을 배웠다. |
| (learn, bread, bake, her mother, from) |

→ _____

_____

10 다음 대화를 읽고 우리말과 일치하도록 <조건>에 맞게 영작하세요.

| A: Mom, can I eat these cookies now? |
| B: Yes, you can. But 너는 먼저 너의 손을 씻어야 해. |

| <조건> |
| • 7 단어로 쓸 것 |
| • need, hands, wash, first를 사용할 것 |

→ _____ .

형용사적 쓰임

① ~하는: (대)명사+to부정사

시험에 꼭⁺⁺ 나오는 빈출 문제

주어진 우리말을 영작하시오.

Jisu는 오래된 신문을 재활용하는 다른 방법들을 안다.

→ _____ .

⊛ CLUE 1
'다른 방법들'의 영어 표현은? — other ways

⊛ CLUE 2
동사 recycle을 to부정사로 바꿔 명사(구) 뒤에서
수식하는 의미(~하는 명사(구))로 쓸 수 있어요.
— other ways to recycle

정답: Jisu knows other ways to recycle old newspapers

영어를 배우는 좋은 방법들을 제게 말해주세요.
제게 말해주세요 / *좋은 방법들을* / 영어를 배우는.

→ **Tell me /** *good ways* **/ to learn English.**

동사(~하다)가 명사나 대명사를 수식해서 '**~하는[~할] 무엇**'의 의미를 표현할 때는
동사를 to부정사 형태로 바꿔 (대)명사 뒤에 써야 해요. 즉, 「**(대)명사+to부정사(구)**」의 형태로 나타내요.
something, anyone, nobody 등과 같이 -thing, -one, -body로 끝나는 대명사는
to부정사가 뒤에서 수식하는 형태로 자주 써요.

I need *something* **to drink**. (나는 **마실 것이** 필요하다.)

He has *nothing* **to eat** now. (그는 지금 **먹을 것이** 아무것도 없다.)

✓ 오답 주의

1 일반적으로 형용사는 (대)명사를 앞에서 수식하지만, to부정사는 (대)명사를 뒤에서 수식하도록 써야 함을 꼭 기억하세요.
There are **to visit** *many places*. (×)
There are *many places* **to visit**. (○)

2 -thing, -one, -body로 끝나는 대명사 뒤에서 형용사가 수식하는 경우에는 형용사 뒤에 to부정사를 써요.
I need *something cold* **to drink**.

Practice the Basics

정답 및 해설 p.19

[1~5] 우리말과 일치하도록 주어진 단어를 올바르게 배열하세요.

1
> 그는 사용할 컴퓨터를 샀다.
> (a computer / bought / use / to / he)

→ _____ .

2
> 우리는 우리를 도와줄 누군가를 필요로 한다.
> (someone / need / help / us / we / to)

→ _____ .

3
> 나는 입을 코트가 없다.
> (to / don't / a coat / wear / have / I)

→ _____ .

4
> 우리 선생님은 먹을 과일을 가져오셨다.
> (to / teacher / fruits / eat / my / brought)

→ _____ .

5
> 뉴욕의 브로드웨이에는 감상할 많은 뮤지컬들이 있다.
> (to / are / there / many musicals / watch)

→ _____

at Broadway in New York.

[6~9] 우리말과 일치하도록 주어진 단어를 사용하여 문장을 완성하세요. (필요시 형태를 바꿀 것)

6
> 나는 휴식을 취할 시간이 필요하다.
> (take a rest, time, I, need)

→ _____

7
> Alex는 이 문제를 풀 방법을 알고 있다.
> (know, this question, a way, solve)

→ _____

_____

8
> 나의 부모님은 운전할 차 한 대를 사셨다.
> (parents, buy, drive, a car, my)

→ _____

9
> 수미는 친구들에게 보낼 몇 장의 편지를 썼다.
> (Sumi, write, send, some letters)

→ _____

_____ to her friends.

10 다음 글을 읽고 우리말과 일치하도록 <조건>에 맞게 영작하세요.

> Kelly went to the library after school. 많은 읽을 책들이 있었다. She chose to read *Charlie and the Chocolate Factory*. It was very interesting.

> <조건>
> • 6 단어로 쓸 것
> • there, books, read를 사용할 것

→ _____

STAGE 1　　자신 있게 Go for it!　[1점]

빈칸 영작하기

[1~5] 우리말과 일치하도록 주어진 단어를 사용하여 빈칸에 알맞은 말을 쓰세요.

1
나는 새 모자를 하나 사고 싶다.
(a new cap, buy)

→ I want _____ _____

_____ _____ _____ .

2
Becky의 꿈은 영국에서 사는 것이다.
(live, in England)

→ Becky's dream is _____

_____ _____ .

3
그는 액션 영화를 보기로 결정했다.
(an action movie, watch)

→ He decided _____ _____

_____ _____ .

4
James는 그 시험을 끝마친 첫 번째 학생이었다.
(finish, the exam)

→ James was the first student

_____ _____

_____ .

5
우리는 놀이공원에 가서 행복했다.
(go, the amusement park, to)

→ We were happy _____

_____ _____

_____ .

배열 영작하기

[6~10] 우리말과 일치하도록 주어진 단어를 배열하여 문장을 완성하세요.

6
친구들과 노는 것은 즐겁다.
(fun / with / friends / play / is / to)

→ _____ .

7
너는 건강에 좋은 음식을 먹을 필요가 있다.
(healthy / eat / need / food / you / to)

→ _____ .

8
마실 따뜻한 것이 있나요?
(something / have / you / drink / do / to / hot)

→ _____

_____ ?

9
Jack은 다음 달에 중국어를 배울 계획이다.
(next / plans / Jack / month / to / Chinese / learn)

→ _____

_____ .

10
나는 살을 빼기 위해서 등산을 한다.
(I / weight / mountains / to / climb / lose)

→ _____

_____ .

단어 수 대로 영작하기

[11~15] 우리말과 일치하도록 주어진 단어 수에 맞게 문장을 완성하세요.

11 나는 수업 시간 동안 안경을 쓸 필요가 있다. (3단어)

→ I need _____

during class.

12 수미는 그녀의 책 한 권을 잃어버려서 슬펐다. (4단어)

→ Sumi was sad _____.

13 우리는 그 문을 열 열쇠가 없다. (4단어)

→ We don't have a key _____

_____.

14 나는 내 친구를 만나기 위해 밖에 나갔다. (4단어)

→ I went out _____.

15 우리 오빠는 배우가 되기를 원한다. (4단어)

→ My older brother wishes _____

_____.

질문에 대답하기

[16~17] 다음 대화를 읽고 to부정사를 사용하여 각 질문에 대한 대답을 완성하세요.

16 A: Kate, where were you this morning?
B: I was in the library.
A: Why?
B: I had to study for the exam.

Q: Why did Kate go to the library?
A: She went to the library _____

_____.

17 A: Why are you late, Jinho?
B: I went to the supermarket on my way.
A: Why?
B: I needed to buy some eggs.

Q: Why was Jinho late?
A: He went to the supermarket _____

_____.

[18~24] 다음 각 문장에서 어법상 <u>틀린</u> 부분을 찾아 고쳐 쓰세요.

18 Linda hopes to travels Asia next year.

_____ → _____

19 We chose visit an apple farm in our town.

_____ → _____

20 My little sister was sad to broke her toy.

_____ → _____

21 The boy learned use a washing machine.

_____ → _____

22 To solve this question were difficult.

_____ → _____

23 She promised stayed at home after school today.

_____ → _____

24 Do you have a pencil lend me?

_____ → _____

[25~26] 우리말과 일치하도록 괄호 안에 주어진 조건에 맞게 영작하세요.

25

> Today, I'll talk about my future goal. (1) <u>나는 아픈 사람들을 돕길 원한다.</u> One day, I read about Nightingale, and she became my role model. So, (2) <u>나는 간호사가 되기로 결심했다.</u>

(1) _____
(want, people을 사용할 것)

(2) _____
(decide를 사용할 것)

26

> My name is Junho, and I'm 13 years old. (1) <u>수영하는 것은 내 취미이다.</u> Today, I'll go swimming with my friend, Minsu. (2) <u>민수는 바다에서 수영하는 것을 좋아한다.</u> So, we often go to the sea together.

(1) _____
(to부정사 주어로 시작하도록 쓸 것)

(2) _____
(동사 like와 to부정사를 쓸 것)

27 〈도표 보고 영작하기〉

다음은 Jina의 생일 파티를 위한 메모입니다. <보기>에서 알맞은 말을 골라 to부정사를 사용하여 글을 완성하세요.

Plan for Jina's Birthday Party	
Jina's favorite food	cheesecake
things to buy	a rose
friends to invite	five

<보기>

buy	happy	invite
like	receive	eat

Jina is my best friend, and tomorrow is her birthday. My friends and I will hold a birthday party.

Jina (1) _____ cheesecake. So, we decided to make one. In the afternoon, I went to the flower shop (2) _____ a rose. Jina will be (3) _____ it. And we made invitations. There are five friends (4) _____ to the party.

28 〈조건에 맞게 영작하기〉

Nate가 여행 후 쓴 글을 보고 <조건>에 맞게 문장을 완성하세요.

I went to New York with my family last summer. We went to the airport and took an airplane. I traveled abroad for the first time, and I was very excited. I visited a lot of galleries and museums. New Yorkers speak too fast, and I couldn't understand well. Everything was a challenge. But it was an exciting challenge. I really want to visit the city again next year.

<조건>

주어진 표현을 한 번씩 사용하고, 필요시 형태를 바꿀 것

travel abroad	take an airplane
hope	visit

(1) _____, we went to the airport.

(2) I was very excited _____.

(3) There are a lot of galleries and museums _____ in New York.

(4) I _____ visit the city again next year.

VOCA PREVIEW | 영작의 기본!
어휘 미리보기

A 주어진 단어의 알맞은 뜻을 연결해 보세요.

1 believe ⚠ •   ⓐ 감사하는
2 exciting •   ⓑ 꺼리다, 싫어하다
3 consider •   ⓒ 믿다
4 mind •   ⓓ 기념하다; 축하하다
5 avoid •   ⓔ 신나는
6 celebrate •   ⓕ 피하다
7 thankful •   ⓖ 고려하다

B 우리말과 일치하는 단어를 고르세요.

1 잠그다   ☐ lock   ☐ rock
2 (문제 등을) 풀다   ☐ solve   ☐ involve
3 실험   ☐ experience   ☐ experiment
4 유명한   ☐ popular   ☐ famous
5 모으다, 수집하다   ☐ collect   ☐ select
6 환경   ☐ environment   ☐ envelope
7 망가뜨리다   ☐ brake   ☐ break
8 보호하다   ☐ protect   ☐ provide

C 우리말 뜻을 보고 적절한 단어를 쓰세요.

1 줄을 서서 기다리다   w_____ in l_____
2 제시간에   o_____ time
3 숙제를 제출하다   t_____ in h_____
4 봉사 활동을 하다   d_____ volunteer work
5 ~을 자랑스러워하다   be p_____ of

⚠ 틀리면 아쉬운 SPELLING!

believe [bilí:v]
b 뒤에 오는 e를 i로 쓰거나, l 뒤에 오는 ie 스펠링 중 하나를 빠뜨리고 쓰기 쉬워요.
belive (×)   bilieve (×)

CHAPTER

동명사

명사로 쓰이는 동명사

❶ 동명사(-ing)를 주어나 보어 자리에 쓸 때

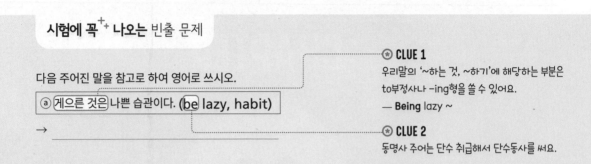

시험에 꼭⁺⁺ 나오는 빈출 문제

다음 주어진 말을 참고하여 영어로 쓰시오.

ⓐ 게으른 것은 나쁜 습관이다. (be lazy, habit)

→ _____

✱ CLUE 1
우리말의 '~하는 것, ~하기'에 해당하는 부분은
to부정사나 –ing형을 쓸 수 있어요.
— **Being** lazy ~

✱ CLUE 2
동명사 주어는 단수 취급해서 단수동사를 써요.

정답: Being lazy is a bad habit.

잘 자는 것은 건강에 좋다.
잘 자는 것은 / 좋다 / 건강에.
<u>주어</u>

→ **Sleeping well** / is good / for health.

그의 직업은 학생들을 가르치는 것이다.
그의 직업은 / ~이다 / 학생들을 가르치는 것.
<u>주어</u> <u>동사</u> <u>보어</u>

→ His job / is / **teaching students**.

동명사란 동사원형 뒤에 -ing를 붙여 명사처럼 쓰는 것을 말해요.
동사의 -ing형은 진행형의 -ing형을 만드는 방법과 같고 to부정사와 마찬가지로 뒤에 여러 어구가 오기도 해요.

동명사는 문장에서 '**~하는 것은, ~하기는**'이라는 의미로 **주어** 자리에 쓰이거나, '**~하는 것(이다), ~하기(이다)**'의
의미로 **보어** 자리에 쓰일 수 있어요. 동명사 주어는 항상 단수 취급하는 것에 유의합니다.

또한, 동명사의 부정은 동명사 앞에 not이나 never 등의 부정어를 붙이면 됩니다.
Not planning for the future is a bad habit. (미래를 계획하지 않는 것은 나쁜 습관이다.)

Practice the Basics

정답 및 해설 p.20

[1~5] 우리말과 일치하도록 주어진 단어를 올바르게 배열하세요.

1

> 기차로 여행을 하는 것은 매우 신난다.
> (by train / is / taking a trip)

→ _____ very exciting.

2

> 숙제를 함께 하지 말자는 것은 William의 생각이다.
> (is / homework / not / together / doing)

→ _____

William's idea.

3

> 손톱을 물어뜯는 것은 좋은 습관이 아니다
> (is / your nails / biting)

→ _____ not a good

habit.

4

> 외국어를 배우는 것은 쉽지 않다.
> (is / foreign languages / learning)

→ _____ not

easy.

5

> Brad의 꿈은 우주비행사가 되는 것이다.
> (an astronaut / is / being)

→ Brad's dream _____ .

[6~10] 우리말과 일치하도록 주어진 단어를 사용하여 문장을 완성하세요. (필요시 형태를 바꿀 것)

6

> 나의 목표는 전 세계를 여행하는 것이다.
> (be, all over the world, travel, my goal)

→ _____

_____

7

> 줄을 서서 기다리는 것이 필요하다.
> (necessary, in line, wait, be)

→ _____

8

> 제시간에 오는 것은 중요하다.
> (important, on time, be)

→ _____

9

> 눈사람을 만드는 것은 매우 재미있었다.
> (build, fun, be, a snowman, very)

→ _____

10

> 너 자신을 믿는 것은 가장 중요한 것 중 하나이다.
> (believe in, one of, important, the most, things)

→ _____

_____

11 다음 글을 읽고 질문에 대한 대답을 <조건>에 맞게 쓰세요.

> Mona is a middle school student. She likes to play the piano in her free time. It's her hobby. She also likes to take a walk with her puppy. Today, Mona made a goal for next month. She will start to learn Spanish.

<조건>
• 각 문장에 동명사를 꼭 사용할 것
• 각 문장의 첫 단어는 Her로 시작할 것
• 5~6 단어로 쓸 것

(1) What is Mona's hobby?

→ _____

(2) What is her goal for next month?

→ _____

UNIT 01

❷ 동명사(-ing)를 동사의 목적어로 쓸 때

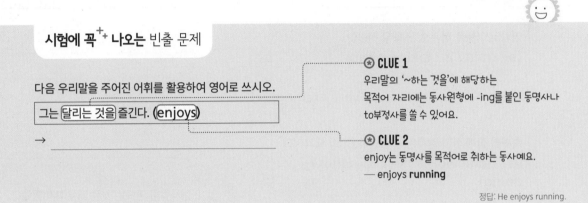

시험에 꼭⁺⁺ 나오는 빈출 문제

다음 우리말을 주어진 어휘를 활용하여 영어로 쓰시오.

그는 달리는 것을 즐긴다. (enjoys)

→ _____

⊛ CLUE 1
우리말의 '~하는 것을'에 해당하는
목적어 자리에는 동사원형에 -ing를 붙인 동명사나
to부정사를 쓸 수 있어요.

⊛ CLUE 2
enjoy는 동명사를 목적어로 취하는 동사예요.
— enjoys **running**

정답: He enjoys running.

그들은 과학 실험하는 것을 끝냈다.

<u>그들은</u> / <u>끝냈다</u> / <u>과학 실험하는 것을.</u>
  주어   동사   목적어

→ **They** / **finished** / **doing** a science experiment.

동명사도 to부정사와 마찬가지로 동사 뒤 목적어 자리에 쓰여 '~하는 것을, ~하기를'이라는 의미를 나타냅니다.
다음 동사들은 동명사를 목적어로 취하는 동사들이며, to부정사를 목적어로 쓰는 동사들과 구별하여
꼭 알아두어야 합니다.

■ 동명사를 목적어로 취하는 동사들

enjoy -ing	~하는 것을 즐기다	consider -ing	~하는 것을 고려하다
finish -ing	~하는 것을 끝내다	avoid -ing	~하는 것을 피하다
suggest -ing	~하는 것을 제안하다	give up -ing	~하는 것을 포기하다
keep -ing	~하는 것을 계속하다	mind -ing	~하는 것을 꺼리다
practice -ing	~하는 것을 연습하다	stop -ing	~하는 것을 멈추다

*to부정사/동명사 목적어가 모두 가능한 동사: like, love, hate, start, begin 등

Practice the Basics

정답 및 해설 p.20

[1~4] 우리말과 일치하도록 주어진 단어를 올바르게 배열하세요.

1

James는 전화로 말하는 것을 계속했다.
(talking / kept / on the phone)

→ James _____ .

2

Anna는 자신의 시계를 찾는 것을 포기했다.
(finding / gave up / her watch)

→ Anna _____ .

3

우리는 해변에서 모래성을 짓는 것을 끝냈다.
(finished / a sandcastle / building)

→ We _____
at the beach.

4

Erica는 교통이 혼잡할 때 버스를 타는 것을 피한다.
(a bus / avoids / taking)

→ Erica _____
in heavy traffic.

[5~9] 우리말과 일치하도록 주어진 단어를 사용하여 문장을 완성하세요. (필요시 형태를 바꿀 것)

5

Chris는 치과에 가는 것을 피했다.
(the dentist, Chris, to, avoid, go)

→ _____

6

나는 매일 영어를 말하는 것을 연습한다.
(practice, English, I, speak)

→ _____
every day.

7

당신은 에어컨을 켜는 것을 꺼리시나요?
(mind, the air conditioner, turn on)

→ Do you _____

_____ ?

8

Jim과 Sue는 결혼하는 것을 고려했다.
(get married, consider)

→ Jim and Sue _____

_____ .

9

Julia는 자신의 시계를 쳐다보는 것을 멈췄다.
(her watch, stop, look at)

→ Julia _____

_____ .

10 다음 표를 보고 <조건>에 맞게 두 사람의 대화를 완성하세요.

	Dad	Brother	Sister
hike	○		
ride a bike			○
sing songs		○	

<조건>
• 주어는 대명사로 시작할 것
• 질문에 있는 동사를 사용할 것

A: What does your brother enjoy in his free time?
B: (1) _____
A : What does your sister practice?
B: (2) _____

UNIT 01

❸ 의미에 따라 동명사나 to부정사를 목적어로 쓸 때

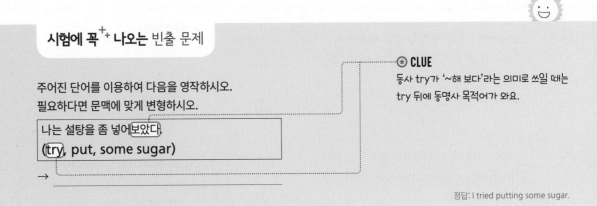

나는 작년에 그녀를 만난 것을 기억한다.

<u>나는</u> / <u>기억한다</u> / <u>그녀를 만난 것을</u> / 작년에.
　주어　　　동사　　　　목적어

→ **I** / **remember** / **meeting** her / **last year.**

나는 내일 그녀를 만날 것을 기억할 것이다.

<u>나는</u> / <u>기억할 것이다</u> / <u>그녀를 만날 것을</u> / 내일.
　주어　　　동사　　　　목적어

→ **I** / will **remember** / **to meet** her / **tomorrow.**

remember, forget, try 등의 동사는 목적어 자리에 to부정사가 오는 경우와 동명사가 오는 경우
각각 의미하는 바가 달라져요. 대개 **동명사 목적어는 과거/현재의 행동**을 나타내고, **to부정사 목적어는
미래에 할 행동**을 의미하므로 문맥상 to부정사 또는 동명사 중 알맞은 형태로 써야 합니다.

remember+동명사 remember+to부정사	~했던 것을 기억하다(과거) ~할 것을 기억하다(미래)
forget+동명사 forget+to부정사	~했던 것을 잊어버리다(과거) ~할 것을 잊어버리다(미래)
try+동명사 try+to부정사	시험 삼아 ~해 보다 ~하려고 노력하다

 오답 주의　　문장에서 remember와 forget 뒤에 동명사를 쓸지 to부정사를 쓸지는 우리말 의미를 잘 생각해 봐야 해요.
이들 동사가 과거로 쓰인 경우에는 특히 주의해야 합니다.

그는 문 잠그는 것을 잊어버렸다. → He **forgot locking** the door. (✕)
　　　　　　　　　　　　　→ He **forgot to lock** the door. (○)

Practice the Basics

[1~5] 우리말과 일치하도록 주어진 단어를 올바르게 배열하세요.

1

> 네 이름을 보고서에 쓰는 것을 잊지 마라.
> (to write / don't / your name / forget)

→ _____

_____ on your report.

2

> 나는 지난주에 숙제를 제출한 것을 기억한다.
> (my homework / turning in / remember)

→ I _____

_____ last week.

3

> 너는 지난여름에 캠프를 갔던 것을 기억하니?
> (you / do / going to camp / remember)

→ _____

_____ last summer?

4

> Fred는 미술 시간을 위해 물감을 가져오는 것을 잊어버렸다.
> (to bring / paints / forgot)

→ Fred _____
for the art class.

5

> Harry는 자전거 타는 것을 혼자 시도해보았다.
> (a bike / tried / alone / riding)

→ Harry _____

_____ .

[6~8] 우리말과 일치하도록 주어진 단어를 사용하여 문장을 완성하세요. (필요시 형태를 바꿀 것)

6

> Alice는 그 과학 문제를 풀려고 노력했다.
> (solve, try, the science question)

→ _____

_____

7

> 나의 할머니는 그 이야기를 말씀하셨던 것을 잊어버리셨다.
> (forget, my grandmother, the story, tell)

→ _____

_____

8

> 나는 시험 삼아 그 사진을 인쇄했다.
> (the picture, try, print)

→ _____

9 밑줄 친 우리말과 일치하도록 주어진 단어를 사용하여 <조건>에 맞게 아래의 이메일을 완성하세요.

> <조건>
> • 7 단어로 쓸 것
> • 필요시 단어의 형태를 변형할 것

To: Mike@helptogether.com
Title: I want to join the volunteer club.

Hi, Mike.
My name is Jane. I can cook very well. 나는 항상 어르신들을 돕기 위해 노력해.
(try, the elderly, always)

I'll wait for your reply.
Jane

→ _____

UNIT 02

자주 쓰이는 동명사 표현

❶ 전치사 + 동명사

시험에 꼭⁺⁺ 나오는 빈출 문제

다음의 대화를 보고 밑줄 친 부분을 영작하시오.
(good을 사용하시오.)

> Sujin: You play the violin so beautifully!
> Brian: Thanks. Well, can you play the violin, Sujin?
> Sujin: No, I can't. But 나는 피아노 치는 것을 잘해.

✪ CLUE 1
우리말의 '치는 것을'은 '치다'라는 동사를 명사처럼 나타낸 것이에요. 이렇게 쓰일 수 있는 것은?
— 동명사, to부정사!

✪ CLUE 2
'~을 잘하다'라는 의미이면서 good이 들어가는 표현은?
— be good at! 전치사 at 뒤에 목적어로 쓰일 수 있는 것은 to부정사가 아니라 동명사예요.

정답: I am[I'm] good at playing the piano

그는 우리에게 질문을 함으로써 시작했다.
그는 / 시작했다 / 우리에게 질문을 함으로써.

→ **He / started / by asking us a question.**

at, by, about, for, without 등과 같은 전치사 뒤에 동사를 쓸 경우에는 동명사의 형태로 씁니다.
「전치사+명사」가 기본 형태이지만 동명사도 명사의 역할을 하므로 전치사 뒤에 동명사가 올 수 있어요.

나는 오늘 점심 식사로 햄버거를 먹고 싶어.
나는 / 먹고 싶어 / 햄버거를 / 오늘 점심 식사로.

→ **I / feel like eating / a hamburger / for lunch today.**

또한, 동명사가 숙어처럼 사용되는 자주 쓰이는 유용한 표현들을 잘 기억해두세요.

■ 동명사를 포함한 주요 표현

go -ing	~하러 가다	feel like -ing	~하고 싶다
be good at -ing	~을 잘하다	thank you for -ing	~해줘서 고맙다
be interested in -ing	~에 관심[흥미]이 있다	be sorry for -ing	~해서 미안하다
How about -ing ~?	~하는 게 어때?	look forward to -ing	~하기를 고대하다

✅ 오답 주의   look forward to -ing의 경우 to 다음에 동사원형을 쓰지 않도록 유의하세요.
I'm looking forward to see(→ seeing) you soon.

Practice the Basics

[1~5] 우리말과 일치하도록 주어진 단어를 올바르게 배열하세요.

1
> Charlie는 초콜릿 아이스크림을 먹고 싶었다.
> (having / chocolate ice cream / like / felt)

→ Charlie _____

_____ .

2
> Maria는 지난 주말에 스키를 타러 갔다.
> (skiing / last weekend / went)

→ Maria _____ .

3
> 학교 축제에 함께 가는 게 어때?
> (about / going / how)

→ _____ to our

school festival together?

4
> 박쥐는 어둠 속에서 보는 것을 잘한다.
> (seeing / good / are / at)

→ Bats _____ in the

dark.

5
> 나에게 책을 빌려줘서 고맙다.
> (for / you / thank / lending)

→ _____ me a

book.

[6~10] 우리말과 일치하도록 주어진 단어를 사용하여 빈칸을 완성하세요. (필요시 형태를 바꿀 것)

6
> 방과 후에 축구하는 게 어때?
> (how, play, soccer)

→ _____

after school?

7
> 우리는 송편을 먹음으로써 추석을 기념한다.
> (have, we, celebrate, Chuseok, by)

→ _____

_____ Songpyeon.

8
> 나는 Jay의 안경을 망가뜨려서 미안했다.
> (I, for, break, sorry)

→ _____

Jay's eyeglasses.

9
> Andy는 세계의 역사를 공부하는 것에 흥미가 있다.
> (in, study, interested)

→ Andy _____

world history.

10
> Minji는 학교 축제에서 노래하는 것을 고대한다.
> (look, forward, sing)

→ Minji _____

at the school festival.

11 다음 글을 읽고 주어진 단어를 사용하여 Bella가 잘하는 것을 빈칸에 쓰세요.

> I am Bella. I don't sing well, but I can play basketball very well. My team always wins at the basketball contest. My team members love me. I am special.

→ She _____ .

(good, play)

STAGE 1 　자신 있게 Go for it! [1점]

배열 영작하기

[1~4] 우리말과 일치하도록 주어진 단어를 올바르게 배열하세요.

1
> 내 취미는 다른 나라의 동전들을 수집하는 것이다.
> (is / coins / hobby / collecting / my)

→ ＿＿＿＿＿＿＿＿＿＿＿＿＿＿＿ from different countries.

2
> 나는 Monica에게 문자 보내는 것을 잊어버렸다.
> (to send / I / a text message / forgot)

→ ＿＿＿＿＿＿＿＿＿＿＿＿＿＿＿
to Monica.

3
> Kevin은 그 오래된 컴퓨터를 사용하는 것을 멈췄다.
> (stopped / the old computer / using / Kevin)

→ ＿＿＿＿＿＿＿＿＿＿＿＿＿＿＿.

4
> Rachel은 강아지를 키우는 것을 고려하고 있다.
> (having / Rachel / a puppy / is considering)

→ ＿＿＿＿＿＿＿＿＿＿＿＿＿＿＿
＿＿＿＿＿＿＿＿＿＿＿＿＿＿＿.

주어진 단어로 영작하기

[5~9] 우리말과 일치하도록 주어진 단어를 사용하여 문장을 완성하세요. (필요시 형태를 바꿀 것)

5
> 사람들은 환경을 보호하려고 노력한다.
> (the environment, try, protect)

→ People ＿＿＿＿＿＿＿＿＿＿＿.

6
> 나는 그 유명한 식당에 가는 것을 고대한다.
> (look forward to, go, to)

→ ＿＿＿＿＿＿＿＿＿＿＿＿＿ the
famous restaurant.

7
> 나의 엄마는 요즘 차를 운전하는 것을 연습하신다.
> (practice, my mom, a car, drive)

→ ＿＿＿＿＿＿＿＿＿＿＿＿＿
these days.

8
> Cindy는 문을 잠갔던 것을 기억한다.
> (lock, remember, the door)

→ ＿＿＿＿＿＿＿＿＿＿＿＿＿.

9
> 나에게 그 정보를 알려줘서 고맙다.
> (thank, tell, for, me)

→ ＿＿＿＿＿＿＿＿＿＿＿＿＿ the
information.

틀린 어법 고치기

[10~19] 다음 각 문장에서 어법상 <u>틀린</u> 부분을 찾아 바르게 고쳐 쓰세요.

10 Do you mind to take a walk later?

_____ → _____

11 I'm sorry for joining not you.

_____ → _____

12 Monica doesn't feel like go to the party.

_____ → _____

13 I'm sorry for waste your time.

_____ → _____

14 My brother kept to ask questions about nature.

_____ → _____

15 My cousin enjoys to take a trip to other countries.

_____ → _____

16 Jim avoided break school rules.

_____ → _____

17 Jessica finished to bake an apple pie.

_____ → _____

18 I entered the library by to show my student ID card.

_____ → _____

19 Sue gave up to put the puzzle together.

_____ → _____

대화 완성하기

[20~23] 다음 표를 보고 주어진 단어를 사용하여 대화를 완성하세요.

	Alex	Marina	Tim	Judy
play soccer	○			
learn Spanish				○
write poems		○		
cook dinner			○	

20

A: What does Alex do?

B: Alex _____ .
    (keep)

21

A: What does Marina like?

B: Marina _____ .
    (enjoy)

22

A: What is Tim thinking?

B: _____
    for his family. (consider)

23

A: What did Judy give up?

B: Judy _____ .
    (give up)

[24~27] Eric의 고민에 대해 주어진 단어를 사용하여 조언하는 문장을 완성하세요.

> Eric: Look, I'm in trouble! I have so many pimples! What should I do?
> Advice: _____.

<조건>
• 주어진 단어를 사용할 것
• 긍정명령문과 부정명령문을 사용할 것

24

_____.

(remember, your face, wash)

25

Try to _____

_____.

(touch, avoid, dirty hands, with, your face)

26

_____

_____.

(forget, not, drink, water, a lot of)

27

_____.

(doctor, see, try)

28

다음은 Serena가 자신의 친구에게 보내는 편지입니다. 글을 읽고 <조건>에 맞게 빈칸을 완성하세요.

<조건>
• 주어진 단어와 동명사를 사용할 것
• 줄임말을 쓰지 말 것

> Dear Leo,
>
> Hello, Leo. Long time no chat! How is your new school? Are you making a lot of new friends? These days, (1) 나는 강아지를 키우는 것을 고려하고 있어. I have wanted to have a puppy since I was a kid. My parents disliked having a pet. (2) However, 나는 그분들을 설득하는 것을 계속했어. And they finally allowed me to have a puppy! I'll send a picture of the dog when I bring him home. By the way, when can you visit our city? (3) 나는 너를 곧 만날 것을 고대하고 있어. Let me know.
>
> Take care,
> Serena

(1) _____.
   (a puppy, consider, get, be)

(2) However, _____

_____.

   (persuade, keep)

(3) _____

_____

   (look forward to, be, meet, soon)

29 〈 도표 보고 영작하기 〉

다음 표를 보고 Matilda를 소개하는 글을 <조건>에 맞게 완성하세요.

즐기는 것	공원에서 산책하는 것
피하는 것	학교에 지각하는 것
연습하는 것	바이올린을 연주하는 것
잘하는 것	춤추는 것
기억하는 것	학교 축제에 나와 함께 갈 것

<조건>
• 주어진 단어를 사용할 것
• 문장의 주어로 대명사를 사용할 것

I'm introducing my friend, Matilda. She's from the United States.

(1) _____
   at the park. (take a walk, enjoy)

(2) _____ .
   (avoid, late to school)

(3) _____ .
   (practice)

(4) _____ .
   (good, dance)

(5) _____
   _____ with me.
   (go)

30 〈 어법에 맞게 고쳐 쓰기 〉

다음 밑줄 친 부분 중 어법상 틀린 두 개를 골라 바르게 고쳐 쓰세요.

My brother wanted to have a special vacation last summer. He ⓐ enjoys to help other people. So he ⓑ started doing volunteer work at the hospital. He ⓒ loves making people happy. He told interesting stories to sick people. They felt thankful to him. When he ⓓ finished to volunteer, he was very proud of himself.

→ _____

→ _____

VOCA PREVIEW
영작의 기본!
어휘 미리보기

A 주어진 단어의 알맞은 뜻을 연결해 보세요.

1	stadium	•	ⓐ 성공하다
2	stir	•	ⓑ 믿다, 신뢰하다
3	succeed ⚠	•	ⓒ 경기장
4	headache	•	ⓓ 두통
5	trust	•	ⓔ 휘젓다, 섞다
6	yard	•	ⓕ 마당, 뜰

B 우리말과 일치하는 단어를 고르세요.

1	긴장한, 초조한	☐ nervous	☐ honest
2	매달다, 걸다	☐ bang	☐ hang
3	취소하다	☐ cancel	☐ cancer
4	문, 정문	☐ gate	☐ mate
5	경기	☐ catch	☐ match
6	누워 있다, 눕다	☐ lay	☐ lie
7	휘젓다, 휘저어 섞다	☐ bite	☐ beat
8	밀가루	☐ flour	☐ flower

C 우리말 뜻을 보고 적절한 단어를 쓰세요.

1	축제를 열다	h_____ a festival
2	~을 돌보다	take c_____ of
3	폭우	h_____ r_____
4	출장	b_____ trip
5	약을 먹다	t_____ medicine
6	기차를 놓치다	m_____ the t_____

⚠ 틀리면 아쉬운 SPELLING!

succeed [səksíːd]
두 개의 자음 c의 발음이 각각 [k]와 [s]로 다르게 나는 단어예요.
자음 c와 그 뒤에 모음 e를 두 개 연달아 쓴다는 점에 주의하세요.
susseed (×)   suceed (×)   succed (×)
➕ proceed [prousíːd] 진행하다

CHAPTER

전치사와 접속사

전치사

❶ 장소, 위치, 방향을 나타내는 전치사

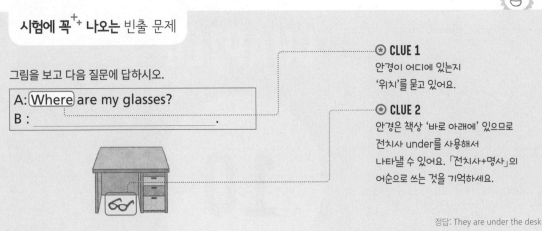

시험에 꼭⁺⁺ 나오는 빈출 문제

그림을 보고 다음 질문에 답하시오.

A: Where are my glasses?
B : _____ .

☀ **CLUE 1**
안경이 어디에 있는지
'위치'를 묻고 있어요.

☀ **CLUE 2**
안경은 책상 '바로 아래에' 있으므로
전치사 under를 사용해서
나타낼 수 있어요. 「전치사+명사」의
어순으로 쓰는 것을 기억하세요.

정답: They are under the desk

내 고양이는 소파 위에서 자고 있다.

<u>내 고양이는</u> / <u>자고 있다</u> / <u>소파 위에서</u>.
　주어　　　　동사　　　　부사구

→ **My cat** / **is sleeping** / <u>**on the sofa**</u>.
　　　　　　　　　　　　전치사 + 명사

위 예문처럼 전치사를 사용하여 on the sofa라는 부사구를 쓰면 고양이가 어디에서 자고 있는지
더 구체적으로 나타낼 수 있어요. 이렇게 전치사는 명사나 대명사 앞에 쓰여서
부사처럼 장소나 시간 등과 같은 더 자세한 정보를 전달할 수 있습니다.
장소의 크기나 어떤 모양으로 위치하는지에 따라 알맞은 전치사를 사용해야 해요.

■ 장소, 위치, 방향을 나타내는 주요 전치사

at(~에)+비교적 좁은 장소나 지점	**at** the bus stop, **at** the corner
on(~ 위에, ~에)+접촉해 있는 장소나 표면	**on** the table, **on** the wall
in(~에, ~ 안에)+비교적 넓은 장소나 공간의 내부	**in** Korea, **in** the room

over(~ (바로) 위에[위로], ~ 너머로)	**over** the hill	under(~ (바로) 아래에)	**under** the tree
in front of(~ 앞에)	**in front of** my house	behind(~ 뒤에)	**behind** my house
beside[by, next to](~ 옆[곁]에)	**beside** my house	between(~ 사이에)	**between** two trees
around(~ 주위에)	**around** the park	across(~을 가로질러)	**across** the street
into(~ 안으로)	**into** the room	out of(~ 밖으로)	**out of** the room

✓ **오답 주의**　전치사 뒤에 오는 대명사는 목적격의 형태로 써야 해요.

An old woman was sitting *behind* me.

Practice the Basics

정답 및 해설 p.22

[1~4] 우리말과 일치하도록 주어진 단어를 올바르게 배열하세요.

1. 새들이 하늘에서 노래하고 있다.
(the sky / are / singing / in)

→ The birds _____ .

2. 지구는 태양 주위를 돈다.
(the Sun / around / goes / the Earth)

→ _____ .

3. 벽에 많은 사진이 있었다.
(many / on / were / the wall / pictures)

→ There _____

_____ .

4. 나는 내 지갑을 버스 정류장에서 찾았다.
(the bus stop / found / my wallet / at)

→ I _____

_____ .

[5~8] 우리말과 일치하도록 주어진 단어를 사용하여 문장을 완성하세요. (필요시 형태를 바꿀 것)

5. 나비 한 마리가 내 방 안으로 날아 들어왔다.
(my room, a butterfly, flew)

→ _____

6. 내가 정문에서 너를 기다릴게.
(you, the main gate, wait for, I'll)

→ _____

_____

7. 나의 반에는 서른 명의 학생들이 있다.
(my classroom, thirty students, are)

→ There _____

_____ .

8. 우리 집 뒤에는 커다란 뜰이 있다.
(a big yard, our house, is)

→ There _____

_____ .

9. 다음 그림을 보고 <조건>에 맞게 문장을 완성하세요.

<조건>
• be동사 현재형만 사용할 것
• <보기>의 단어들을 한 번씩만 쓸 것

<보기>
in	between	on
two chairs	the vase	the table

(1) A table _____ .
(2) A vase _____ .
(3) Some flowers _____ .

UNIT 01

❷ 시간을 나타내는 전치사

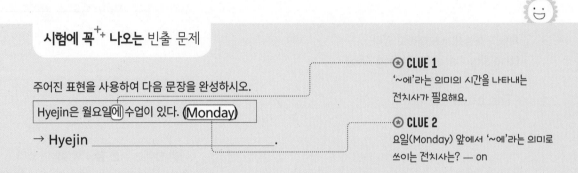

주어진 표현을 사용하여 다음 문장을 완성하시오.

Hyejin은 월요일에 수업이 있다. (Monday)

→ Hyejin _____.

◉ CLUE 1
'~에'라는 의미의 시간을 나타내는
전치사가 필요해요.

◉ CLUE 2
요일(Monday) 앞에서 '~에'라는 의미로
쓰이는 전치사는? — on

정답: has classes on Monday

기차는 12시 30분에 떠난다.

기차는 / 떠난다 / 12시 30분에.
　주어　　동사　　부사구

→ **The train / leaves / at** twelve thirty.

어떤 일이 언제 일어나고 얼마나 지속되는지를 나타낼 때, 시간을 나타내는 전치사를 사용할 수 있어요.
시간의 범위나 기간, 전후 관계에 따라 알맞은 전치사를 사용해야 합니다.

■ 시간을 나타내는 주요 전치사

at(~에)+시각, 하루 중[주중]의 특정한 때 on(~에)+요일, 날짜, 특별한 날 in(~에)+하루를 이루는 부분, 월, 연도, 계절, 긴 기간	**at** five, **at** noon, **at** lunchtime **on** Monday, **on** May 5th, **on** my birthday **in** the morning, **in** May, **in** winter, **in** 2010
before(~ 전에) / after(~ 후에) by(~까지)+'일회성'의 동작이나 상태가 완료되는 기한 until(~까지 (쭉))+'계속'되던 동작이나 상태가 끝난 시점 for(~ 동안)+숫자를 포함한 구체적인 기간 during(~ 동안)+특정한 때	**before** breakfast / **after** breakfast to finish **by** tomorrow to rain **until** tomorrow **for** an hour **during** the vacation

✓ **오답 주의**   on은 요일이나 특별한 날 앞에서 '~마다'라는 의미로 쓰이기도 해요. 이때 명사는 복수형을 씁니다.
on Sundays (일요일마다), **on** weekends (주말마다)

Practice the Basics

정답 및 해설 p.22

[1~4] 우리말과 일치하도록 주어진 단어를 올바르게 배열하세요.

1
> 나는 화요일에 테니스를 쳤다.
> (on / played / Tuesday / tennis / I)

→ _____ .

2
> 그 콘서트는 10시 30분에 끝났다.
> (ended / at / the concert / 10:30)

→ _____ .

3
> 호주 사람들은 여름에 크리스마스를 즐긴다.
> (Christmas / in / the Australians / enjoy / summer)

→ _____

_____ .

4
> 그녀는 휴가 동안 그녀의 고향을 방문했다.
> (hometown / she / during / visited / her / the vacation)

→ _____

_____ .

[5~9] 우리말과 일치하도록 주어진 단어를 사용하여 문장을 완성하세요. (필요시 형태를 바꿀 것)

5
> 우리 가족은 토요일마다 영화를 본다.
> (Saturday, a movie, watches)

→ My family _____

_____ .

6
> 민호는 7월에 부산으로 이사했다.
> (July, moved, to Busan)

→ Minho _____ .

7
> Susan은 저녁 식사 전에 나에게 전화를 했다.
> (dinner, called, me)

→ Susan _____ .

8
> 우리는 추석날 밤에 보름달을 즐겼다.
> (night, enjoyed, the full moon, we)

→ _____

_____ on Chuseok.

9
> 우리는 수요일까지 우리의 숙제를 끝내야 한다.
> (finish, our homework, have to, Wednesday)

→ We _____

_____ .

10 우리말과 일치하도록 <조건>에 맞게 문장을 완성하세요.

> <조건>
> • 전치사 2개를 추가할 것
> • 7 단어로 쓸 것
> • gets up, seven, always를 사용할 것
>
> Greg은 항상 아침 7시에 일어난다.

→ _____

_____ the morning.

접속사

❶ 그리고: and, 그러나: but, 또는: or

시험에 꼭⁺⁺ 나오는 빈출 문제

밑줄 친 부분 ⓐ를 영어로 쓰시오.
(9 단어 / put, and를 사용하여 과거형 문장을 쓸 것.)

A few days later, Ms. Park ⓐ 벤치를 두 개
사서 그것들을 정원에 두었다.

→ _____.

◉ **CLUE 1**
우리말에서 and가 연결하는 어구는?
— '벤치를 두 개 사다(buy two benches)'와 '그것들을 정원에 두다 (put them in the garden)'

◉ **CLUE 2**
and로 연결되는 두 어구의 성격이 같도록 동사의 과거형으로 써야 해요.

정답: bought two benches and put them in the garden

줄넘기를 하는 것과 자전거를 타는 것은 건강에 좋다.
줄넘기를 하는 것 과 자전거를 타는 것은 / 좋다 / 건강에.

→ Jumping rope and riding a bike / are good / for health.
　　　동명사구　　　　　　　　동명사구

미안하지만, 나는 약속이 있다.
미안하다, // 하지만 나는 / 있다 / 약속이.

→ I'm sorry, // but I / have / an appointment.
　　　절　　　　　　　　　　　　　　절

나는 아침에 사과나 시리얼을 먹는다.
나는 / 먹는다 / 사과 나 시리얼을 / 아침에.

→ I / eat / an apple or cereal / in the morning.
　　　　　　　명사　　　　명사

단어와 단어, 구와 구, 절과 절을 연결해주고 싶을 때는 **and(~과[와], 그리고), but(그러나, 하지만),
or(또는, 아니면)**와 같은 접속사를 사용할 수 있어요.
이때 접속사는 형용사와 형용사, 동사와 동사, 부정사와 부정사 등 **문법적인 성격이 같은 것끼리 연결**해야 해요.
특히, 동사를 연결할 때는 동사의 수와 시제를 일치시켜야 합니다.

오답 주의　접속사 and, but, or로 to부정사를 연결할 때, 뒤에 오는 to는 종종 생략해요.
I love **to meet** her and (to) have fun.

Practice the Basics

[1~4] 우리말과 일치하도록 주어진 단어를 올바르게 배열하세요.

1

Harry와 나는 가장 친한 친구이다.
(and / best friends / Harry / are / I)

→ _____ .

2

Dave는 많이 연습했지만, 성공하지 못했다.
(succeed / didn't / but / he)

→ Dave practiced a lot, _____

_____ .

3

내 친구들은 등산하고 점심을 먹을 계획이다.
(the mountain / lunch / climb / and / plan / have / to)

→ My friends _____

_____ .

4

나는 늦게 일어났지만, 제시간에 학교에 도착했다.
(at school / I / arrived / but / on time)

→ I got up late, _____

_____ .

[5~8] 우리말과 일치하도록 주어진 단어를 사용하여 문장을 완성하세요. (필요시 형태를 바꿀 것)

5

그 이야기는 재밌었지만 너무 길었다.
(interesting, was, too, long, the story)

→ _____

_____ .

6

너는 축구하는 것을 좋아하니, TV 보는 것을 좋아하니? (watch, soccer, TV)

→ Do you like playing _____

_____ ?

7

나의 누나는 어제 공원에 가서 자전거를 탔다.
(go, ride, to the park, my sister, a bike)

→ _____

_____ yesterday.

8

Andy와 나는 이번 여름에 일본이나 홍콩을 방문할 것이다.
(Japan, Hong Kong, I, visit, will)

→ _____

this summer.

9 다음 그림을 보고 <조건>에 맞게 문장을 완성하세요.

<조건>
• 6 단어로 쓸 것
• have, an umbrella, I, but을 사용할 것

→ It rained heavily after school, _____

_____ .

UNIT 02

❷ 시간, 이유, 조건 등을 나타내는 접속사

시험에 꼭⁺⁺ 나오는 빈출 문제

우리말과 같은 뜻이 되도록 괄호 안의 단어를 사용하여
영어 문장을 만드시오. 더 필요한 단어는 추가하시오.

이 그림을 볼 때 어떤 기분이 드나요?

→ _____, how do you feel?
(look)

☀ CLUE 1
'~할 때'라는 의미의 시간을 나타내는 접속사는
when이에요. 접속사이므로 when 뒤에는
「주어(you)+동사」의 어순으로 써야 해요.

☀ CLUE 2
문장의 동사에 현재형 do가 쓰였고, when이
이끄는 절의 동사가 '볼 때'이므로 동사는
현재시제 look으로 나타내요. '~을 보다'라고
쓸 때는 look at으로 씁니다.

정답: When you look at this painting

나는 영화를 볼 때, 팝콘을 먹는다.
나는 볼 때 / 영화를, // 나는 먹는다 / 팝콘을.
　　　　부사절 (시간)

접속사가 이끄는 절을 문장 앞에 쓸 때,
부사절 뒤에 콤마(,)를 붙여요.

→ **When** I watch / movies, // I eat / popcorn.
　접속사　주어　동사

나는 아침에 늦게 일어났기 때문에 아침 식사를 걸렀다.
나는 걸렀다 / 아침 식사를 // 나는 일어났기 때문에 / 늦게.
　　　　　　　　　　부사절 (이유)

→ I skipped / breakfast // **because** I got up / late.
　　　　　　　　　　접속사　주어　동사

'~할 때, ~하기 때문에' 등 시간이나 이유 등을 나타내는 접속사는 문장 앞이나 뒤에 쓰여,
주어와 동사를 포함한 절을 연결합니다. 이러한 절은 문장에서 부사와 같은 역할을 하므로 부사절이라 불러요.
시간을 나타낼 때는 **when(~할 때), before(~하기 전에), after(~한 후에), while(~하는 동안)** 등을 쓰고,
이유·원인을 나타낼 때는 **because(~하기 때문에)**, 조건을 나타낼 때는 **if(만약 ~하다면)**를 쓸 수 있습니다.

✓ 오답 주의
1 because는 접속사이므로, 뒤에 「주어+동사」 형태의 절을 써요.
반면, because of는 전치사이므로 뒤에 명사(구)나 대명사를 씁니다.
I like her **because she is kind**. (나는 그녀가 친절하기 때문에 그녀가 좋다.)
I like her **because of her kindness**. (나는 그녀의 친절함 때문에 그녀가 좋다.)

2 시간이나 조건을 나타내는 부사절은 미래를 나타내더라도 현재시제를 씁니다.
When[If] I ~~will get~~(→ get) home, I'll call you.

Practice the Basics

[1~5] 우리말과 일치하도록 주어진 단어를 올바르게 배열하세요.

1

내가 집에서 공부하는 동안 시끄럽게 하지 마라.
(am / studying / I / while / at home)

→ Don't make noise _____

_____ .

2

내일 날씨가 화창하면 우리는 바다에 갈 것이다.
(it / if / sunny / is / tomorrow)

→ _____ ,

we'll go to the sea.

3

자기 전에 이 약을 먹어라.
(go to bed / before / you)

→ Take this medicine _____

_____ .

4

내가 박물관에 갔을 때 사람이 거의 없었다.
(I / to the museum / when / went)

→ There were few people _____

_____ .

5

우리 아버지는 신문을 읽으신 후에 아침을 드셨다.
(a newspaper / after / my father / read)

→ _____ ,

he had breakfast.

[6~8] 우리말과 일치하도록 주어진 단어와 when, if, because 중 하나를 사용하여 문장을 완성하세요. (필요시 형태를 바꿀 것)

6

만약 네가 답을 알고 있다면 손을 들어라.
(the answer, know, you)

→ _____ ,

raise your hand.

7

그는 이탈리아로 갈 때 그의 삼촌을 방문할 것이다.
(go, he, Italy, to)

→ He will visit his uncle _____

_____ .

8

Julia는 자신의 휴대폰을 잃어버렸기 때문에 그에게 전화할 수 없었다. (lost, cell phone, her)

→ _____ ,

she couldn't call him.

9 다음 그림을 보고 <보기>에서 알맞은 접속사를 골라 <조건>에 맞게 문장을 완성하세요.

<조건>
• 과거시제로 쓸 것
• happy, my team, win the game을 사용할 것

<보기>
because of   before   because   if

→ I _____

_____ .

UNIT 02

❸ 접속사 that+주어+동사 ~: ~가 …하다는 것

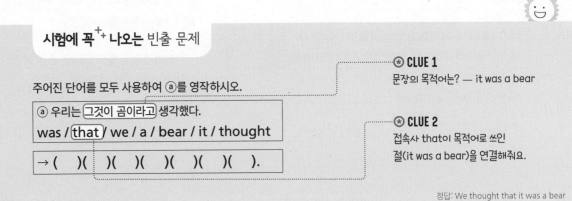

나는 그가 현명하다고 생각한다.

나는 생각한다 // 그가 현명하다고.
주어 　동사 　목적어(명사절)

→ I think // that he is wise.

문장의 목적어 자리에 주어와 동사를 포함한 절의 형태가 올 때는 **접속사 that**을 써서 연결할 수 있습니다.
이때 접속사 that이 이끄는 절이 명사와 같은 역할을 하므로 **명사절**이라고 불러요.
that이 이끄는 절이 동사 뒤에서 목적어로 쓰일 때 접속사 that은 생략할 수 있는데,
목적어로 that이 이끄는 명사절이 자주 쓰이는 동사들을 잘 알아두세요.

■ that절을 목적어로 취하는 동사

I think that ~	나는 ~하다고 생각하다	I know that ~	나는 ~하다는 것을 알고 있다
I believe that ~	나는 ~하다고 믿다	I say that ~	나는 ~하다고 말하다
I hope that ~	나는 ~하길 바라다	I remember that ~	나는 ~하다는 것을 기억하다

Practice the Basics

정답 및 해설 p.23

[1~5] 우리말과 일치하도록 주어진 단어를 올바르게 배열하세요.

1

우리는 그것이 정답이라고 생각했다.
(it / that / the answer / was / thought)

→ We _____.

2

나는 Victor가 나를 도와줄 것이라고 믿는다.
(that / me / Victor / will / believe / help)

→ I _____.

3

우리 부모님은 내가 좋은 학생이 되길 바라신다.
(a good student / become / I / that / student / hope)

→ My parents _____

_____.

4

그녀는 Tim이 매우 정직하다는 것을 알고 있다.
(honest / is / that / knows / very / Tim)

→ She _____.

5

나의 선생님은 우리가 내일 교실을 청소해야 한다고 말씀하셨다.
(my teacher / must / the classroom / said / we / clean)

→ _____

_____ tomorrow.

[6~8] 우리말과 일치하도록 주어진 단어를 사용하여 문장을 완성하세요. (필요시 형태를 바꿀 것)

6

나는 그가 오래전에 가수였던 것을 기억한다.
(he, I, remember, was, a singer)

→ _____

a long time ago.

7

사람들은 우리 마을에서 그 식당이 최고라고 생각한다.
(the restaurant, think, people, is, the best)

→ _____

_____ in our town.

8

Emily는 그 뮤지컬이 재밌었다고 말했다.
(said, interesting, the musical, was)

→ _____

_____.

9 다음 그림을 보고 <조건>에 맞게 문장을 완성하세요.

<조건>
• 7 단어로 쓸 것
• saw, a man, a UFO, says를 사용할 것

→ The newspaper _____

_____.

STAGE 1 자신 있게 Go for it! [1점]

배열 영작하기

[1~4] 우리말과 일치하도록 주어진 단어를 배열하여 문장을 완성하세요.

1

내일 비가 온다면 우리는 경기를 취소할 것이다.
(it / if / tomorrow / rains)

→ _____,
we will cancel the game.

2

나는 Mike가 여동생이 있다는 것을 기억한다.
(a younger sister / that / has / Mike / remember)

→ I _____
_____.

3

아빠가 호텔에 도착하실 때 너에게 전화하실 거야.
(the hotel / arrives / he / when / at)

→ Dad will call you _____
_____.

4

Kate는 졸렸지만, 숙제를 마쳤다.
(finished / she / her homework / but)

→ Kate was sleepy, _____
_____.

빈칸 영작하기

[5~9] 우리말과 일치하도록 주어진 단어를 사용하여 빈칸에 알맞은 말을 쓰세요. (필요시 형태를 바꿀 것)

5

그 마을은 7월과 8월에 여름 축제를 연다.
(July, August)

→ The town holds summer festivals
_____ _____ _____
_____.

6

내일은 춥거나 비가 올 것이다. (cold, rainy)

→ Tomorrow will be _____
_____ _____.

7

그녀는 장갑을 책상 위에 올려 두었다. (the desk)

→ She put her gloves _____
_____ _____.

8

나는 늦게 일어났기 때문에 기차를 놓쳤다.
(late, wake up)

→ I missed the train _____
_____ _____
_____.

9

우리는 우리 선생님이 아주 친절하다고 생각한다.
(think)

→ We _____ _____ our
teacher is very kind.

[10~16] 빈칸에 들어갈 말을 <보기>에서 골라 쓰세요. (단, 한 번씩만 사용할 것)

<보기>
for	by	in
during	until	

10　My family moved to Busan _____ 2016.

11　Fred felt nervous _____ the English test.

12　I've had a headache _____ two days. I should go to the doctor.

13　My dad won't come home _____ tomorrow. He's on a business trip now.

14　You should return the books to the library _____ next Friday.

<보기>
because	when

15　_____ it rains, I usually play computer games with my brother.

16　I don't like that restaurant _____ it's too noisy.

[17~18] 다음 그림을 보고 알맞은 전치사와 주어진 단어를 사용하여 문장을 완성하세요.

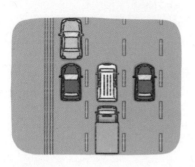

17　(1) A yellow car is driving _____

　　　_____.

　　　(a red car)

　　(2) A white car is driving _____

　　　_____.

　　　(the two red cars)

　　(3) A green truck is driving _____

　　　_____.

　　　(the white car)

18　(1) A girl _____

　　　_____. (lying, the bed, is)

　　(2) A table _____

　　　_____. (the bed, is)

　　(3) A dog _____

　　　_____. (sitting, the table, is)

　　(4) A box _____

　　　_____. (is, the dog)

[19~23] 우리말과 일치하도록 <보기 A>와 <보기 B>에서 각각 알맞은 말을 골라 문장을 완성하세요. (단, <보기 A>는 중복해서 사용 가능)

<보기 A>
| when | because | before |

<보기 B>
wait for the bus   go to bed
miss the subway   have a cold
sleep well

19

나는 감기에 걸릴 때 물을 많이 마신다.

→ I drink a lot of water _____

_____.

20

나는 어젯밤에 잠을 잘 자지 못해서 매우 피곤하다.

→ I feel so tired _____

_____ last night.

21

그녀는 버스를 기다릴 때 음악을 듣는다.

→ _____,

she listens to music.

22

Andrew는 자기 전에 항상 샤워를 한다.

→ Andrew always takes a shower _____

_____.

23

나는 지하철을 놓쳤기 때문에, 제시간에 도착할 수 없었다.

→ _____,

I couldn't arrive on time.

[24~31] 다음 각 문장에서 어법상 **틀린** 부분을 찾아 바르게 고쳐 쓰세요.

24 While I will be out, you should take care of Susan.

_____ → _____

25 There'll be a baseball match at Friday.

_____ → _____

26 I trust Jenny because of she is honest.

_____ → _____

27 Singing and dance are my hobbies.

_____ → _____

28 We believe if our soccer team is the best.

_____ → _____

29 The heavy rain will last during a week.

_____ → _____

30 She hung the calender in the wall.

_____ → _____

31 I met my friend and go to a movie a week ago.

_____ → _____

32 도표 보고 영작하기

다음 컵케이크 만드는 방법을 보고 빈칸에 들어갈 알맞은 접속사를 <보기>에서 골라 글을 완성하세요.

How to Make Cupcakes
1. Put the butter and sugar in a bowl and beat them.
2. Add flour, eggs, baking powder and salt, and stir well.
3. Put the mix into the baking cups.
4. Bake the cupcakes in the oven for ten minutes.
5. Wait for another ten minutes until the cupcakes get cool. Now enjoy your cupcakes!

<보기>			
before	because	if	after

(1) _____ you like sweets, how about making cupcakes?
First, you put the butter and sugar in a bowl and beat them! And then stir well
(2) _____ you add flour, eggs, baking powder, and salt in the bowl.
When you bake the mix, you need some baking cups. (3) _____ you enjoy your cupcakes, you have to wait for ten minutes (4) _____ they will be too hot.

33 도표 보고 영작하기

다음 글을 읽고 <조건>에 맞게 문장을 완성하세요.

> My best friend, Suho, wants to be a soccer player. When he was ten years old, he watched a soccer game at the stadium. Since then, he has dreamed of becoming a soccer player. After school, he always practices hard. So, I _____ in the future.

<조건>
• believe를 반드시 사용할 것
• 8 단어로 쓸 것
• will, be, the best player를 사용할 것

→ I _____
_____ in the future.

동사 변화형 ──────────────

1
Appendix

❶ A-B-B형

현재형	과거형	과거분사형(p.p.)	현재분사형(-ing)
bleed (피를 흘리다)	bled	bled	bleeding
bring (가져오다)	brought	brought	bringing
build (짓다)	built	built	building
buy (사다)	bought	bought	buying
catch (잡다) *3인칭 단수: catches	caught	caught	catching
feel (느끼다)	felt	felt	feeling
fight (싸우다)	fought	fought	fighting
flee (도망치다)	fled	fled	fleeing
get (얻다)	got	got/gotten	getting
have (가지다) *3인칭 단수: has	had	had	having
hang (걸다)	hung	hung	hanging
hear (듣다)	heard	heard	hearing
hold (잡다, 쥐다)	held	held	holding
keep (유지하다)	kept	kept	keeping
kneel (무릎을 꿇다)	knelt	knelt	kneeling
lay (눕히다, 놓다)	laid	laid	laying
lead (인도하다)	led	led	leading
leave (떠나다)	left	left	leaving
lose (잃다)	lost	lost	losing
lend (빌려주다)	lent	lent	lending
make (만들다)	made	made	making
mean (의미하다)	meant	meant	meaning
meet (만나다)	met	met	meeting
pay (지불하다)	paid	paid	paying
say (말하다)	said	said	saying

seek (찾다)	sought	sought	seeking
sell (팔다)	sold	sold	selling
send (보내다)	sent	sent	sending
sleep (잠자다)	slept	slept	sleeping
smell (냄새 맡다)	smelled/smelt	smelled/smelt	smelling
shine (빛나다)	shone	shone	shining
shoot (쏘다)	shot	shot	shooting
sit (앉다)	sat	sat	sitting
spend (소비하다)	spent	spent	spending
spill (엎지르다)	spilt	spilt	spilling
sweep (청소하다)	swept	swept	sweeping
teach (가르치다) *3인칭 단수: teaches	taught	taught	teaching
tell (말하다)	told	told	telling
think (생각하다)	thought	thought	thinking
wake (잠이 깨다)	woke	woke	waking
win (이기다)	won	won	winning

❷ A-B-C형

현재형	과거형	과거분사형(p.p.)	현재분사형(-ing)
begin (시작하다)	began	begun	beginning
bite (물다)	bit	bitten	biting
blow (불다)	blew	blown	blowing
break (깨뜨리다)	broke	broken	breaking
choose (고르다)	chose	chosen	choosing
do (하다) *3인칭 단수: does	did	done	doing
draw (그리다)	drew	drawn	drawing
drink (마시다)	drank	drunk	drinking

동사 변화형

drive (운전하다)	drove	driven	driving
eat (먹다)	ate	eaten	eating
fall (떨어지다)	fell	fallen	falling
fly (날다) *3인칭 단수: flies	flew	flown	flying
forget (잊다)	forgot	forgotten	forgetting
freeze (얼다)	froze	frozen	freezing
get (얻다)	got	gotten/got	getting
give (주다)	gave	given	giving
go (가다) *3인칭 단수: goes	went	gone	going
grow (자라다)	grew	grown	growing
hide (숨다)	hid	hidden	hiding
know (알다)	knew	known	knowing
lie (눕다)	lay	lain	lying
ride (타다)	rode	ridden	riding
ring (울리다)	rang	rung	ringing
rise (오르다)	rose	risen	rising
see (보다)	saw	seen	seeing
shake (흔들다)	shook	shaken	shaking
show (보여주다)	showed	shown/showed	showing
speak (말하다)	spoke	spoken	speaking
sing (노래하다)	sang	sung	singing
steal (훔치다)	stole	stolen	stealing
swell (부풀다)	swelled	swollen/swelled	swelling
swim (수영하다)	swam	swum	swimming
take (잡다)	took	taken	taking
throw (던지다)	threw	thrown	throwing
wear (입다)	wore	worn	wearing
write (쓰다)	wrote	written	writing

❸ A-A-A형

현재형	과거형	과거분사형(p.p.)	현재분사형(-ing)
beat (치다)	beat	beat	beating
cost (비용이 들다)	cost	cost	costing
cut (베다)	cut	cut	cutting
hit (치다, 때리다)	hit	hit	hitting
hurt (다치다)	hurt	hurt	hurting
let (~하게 하다)	let	let	letting
put (놓다)	put	put	putting
set (놓다)	set	set	setting
shut (닫다)	shut	shut	shutting
read[riːd] (읽다)	read[red]	read[red]	reading

❹ A-B-A형

현재형	과거형	과거분사형(p.p.)	현재분사형(-ing)
become (되다)	became	become	becoming
come (오다)	came	come	coming
run (달리다)	ran	run	running

틀리기 쉬운 스펠링

2
Appendix

A
achieve (성취하다)

across (가로질러)

address (주소)

advice (충고, 조언)

aisle (통로, 복도)

apartment (아파트)

appearance (겉모습, 외모)

appointment (약속)

argument (말다툼, 주장)

B
battle (싸움)

beautiful (아름다운)

beauty (아름다움; 미인)

beginning (시작)

behavior (행동)

believe (믿다)

bottle ((액체를 담는) 병)

break (깨다, 부수다)

business (사업)

C
calendar (달력)

campaign (캠페인)

challenge (도전)

choose (선택하다)

climb (오르다)

clothes (옷, 의복)

competition (경쟁)

cough (기침(하다))

D
describe (묘사하다)

design (설계하다)

destroy (파괴하다)

difference (차이)

difficult (어려운)

disappear (사라지다)

disease (질병)

E
easily (쉽게)

effect (영향, 효과)

eighth (여덟 번째(의))

either ((둘 중) 어느 하나)

enable (~을 할 수 있게 하다)

encourage (격려하다)

enough (충분히)

environment (환경)

especially (특히)

excellent (훌륭한)

expect (기대하다)

experience (경험(하다))

experiment (실험)

explain (설명하다)

F
familiar (익숙한)

February (2월)

finally (마침내)

foreign (외국의)

forty (사십)

forward (앞으로)

fourth (네 번째(의))

friend (친구)

G
government (정부)

giant (거대한; 거인)

grammar (문법)

guard (경비원)

gym (체육관)

H
happily (행복하게)

height (높이)

I
ignorance (무지, 무식)

introduce (소개하다)

island (섬)

J
judge (판단하다; 판사)

K
knife (칼)

knowledge (지식)

L
lamb (새끼 양)

language (언어)

later (나중에)

laugh (웃다; 웃음)

library (도서관)

little (작은)

loose (느슨한, 헐거운)

lose (잃어버리다; 지다)

lovely (사랑스러운)

M

money (돈)

muscle (근육)

mysterious (신비한)

N

naturally (자연스럽게)

necessary (필요한, 필수의)

neighbor/neighbour (이웃)

niece (조카딸)

O

official (공식적인)

opinion (의견)

opportunity (기회)

ordinary (보통의)

P

particular (특정한)

performance (공연)

piece (조각)

possibility (가능성)

possible (가능한)

prefer (선호하다)

proceed (진행하다)

pronounce (발음하다)

pronunciation (발음)

Q

question (질문)

R

realize (깨닫다)

really (정말로)

receipt (영수증)

receive (받다)

recognize (알아보다)

recommend (추천하다)

remember (기억하다)

repetition (반복, 되풀이)

restaurant (레스토랑)

S

scared (무서워하는)

schedule (일정)

sense (감각)

sentence (문장)

separate (분리하다; 분리된)

sign (기호)

similar (비슷한, 유사한)

succeed (성공하다)

success (성공)

surprise (놀라게 하다)

T

temperature (온도)

therefore (그러므로)

thumb (엄지손가락)

tomorrow (내일)

tongue (혀)

tough (힘든, 어려운)

U

unique (독특한)

until (~까지)

V

village (마을)

volume (음량)

W

weather (날씨)

Wednesday (수요일)

weird (기이한, 이상한)

whether (~인지 (아닌지))

Y

young (젊은, 어린)

memo

memo

READING RELAY 한 권으로
영어를 공부하며 국·수·사·과까지 5과목 정복!
리딩릴레이 시리즈

① 각 챕터마다 주요 교과목으로 지문 구성!
우리말 지문으로 배경지식을 읽고, 관련된 영문 지문으로 독해력 키우기

중2 사회 교과서 中 해수면 상승과 관련 지문	리딩릴레이 Master 2권 해수면 상승 지문
② 기후 변화는 인간 생활에 어떤 영향을 미칠까? **빙하 감소와 해수면 상승** 지구 온난화의 영향으로 지표면의 온도가 올라가면서 빙하의 면적이 줄어들고 있다. 남극과 그린란드, 알프스산맥, 히말라야산맥, 안데스산맥 등의 빙하가 급격하게 녹고 있다. 이렇게 녹은 물은 강물을 이루어 바다로 향한다. 그 결과 방글라데시와 같이 해안 저지대에 있는 나라는 수시로 범람 및 침수 피해를 겪고 있으며, 몰디브를 비롯한 투발루, 나우루 등 많은 섬나라는 국토가 점차 바닷물에 잠겨 지구에서 사라질 위기에 놓여 있다.	According to researchers, the Mald[...] won't look the same as it does now. A[...] the Maldives is the [...] [...]ands in the Maldives are [...] [...]likely to be sunk under the ocean and [...] researchers.

배경지식 연계 → **타과목 연계 목차** →

Chapter 01 초콜릿 음료	중학 역사1 신항로 개척과 대서양 무역의 확[...] 고등 세계사 - 문명의 성립과 통일 제[...]
[...]pter 02 [...]면 안 되는 나라	중학 국어 세상의 안과 밖 고등 통합사회 - 세계의 다양한 문화
Chapter 03 적도와 가까운 도시 Quito	중학 사회1 자연으로 떠나는 여행 고등 세계지리 - 세계의 다양한 자연[...]

② 학년별로 국/영문의 비중을 다르게!
지시문 & 선택지 기준

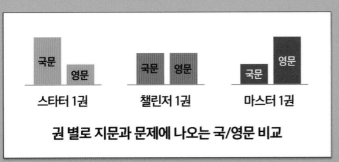

권 별로 지문과 문제에 나오는 국/영문 비교

③ 교육부 지정 필수 어휘 수록!

교육부 지정 중학 필수 어휘

genius	명 1. **천재** 2. 천부의 재능
slip	동 1. **미끄러지다** 2. 빠져나가다
compose	동 1. **구성하다**, ~의 일부를 이루다 2. 3. 작곡하다
	형 (현재) 살아 있는

CEDU BOOK 쎄듀

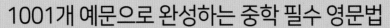
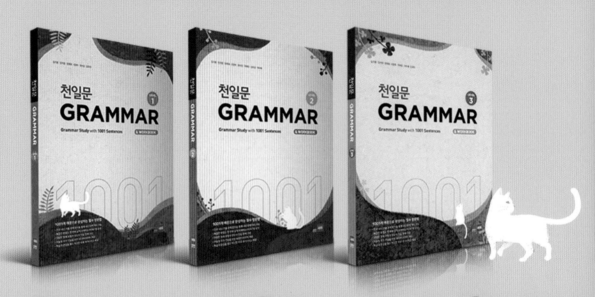

문법에서 막히지 않는 서술형

거침없이 라이팅

거침없이 Writing

LEVEL 1

WORKBOOK

CEDU BOOK 쎄듀

CHAPTER 01 be동사와 일반동사

STAGE 1 자신 있게 Go for it! [1점]

배열 영작하기

[1~5] 우리말과 일치하도록 주어진 단어를 올바르게 배열하세요.

1 Mary는 내 반 친구가 아니다.
(my classmate / not / is)

→ Mary _____ .

2 Nate는 점심을 먹고 소파에서 잤다.
(slept / on the sofa)

→ Nate _____
after lunch.

3 그들은 너와 함께 점심을 먹니?
(they / have / do / lunch / with you)

→ _____ ?

4 나는 주말마다 내 개를 씻긴다.
(my dog / wash / I)

→ _____ every
weekend.

5 그녀는 오케스트라에서 피아니스트였니?
(a pianist / she / was)

→ _____ in
the orchestra?

빈칸 영작하기

[6~10] 우리말과 일치하도록 주어진 단어를 사용하여 빈칸에 알맞은 말을 쓰세요. (필요시 형태를 바꿀 것)

6 내 남동생과 나는 심한 감기로 아팠다.
(be, sick)

→ My brother and I _____ _____
with bad colds.

7 Susan은 거실에 있니? (be)

→ _____ _____ in the living
room?

8 우리 아빠는 오늘 아침 9시에 집을 나가셨다.
(leave, home)

→ My dad _____ _____ at
9 a.m. in the morning.

9 우리는 방과 후에 자전거를 타지 않았다. (ride)

→ We _____ _____ bikes after
school.

10 Jim은 누나와 함께 학교에 간다.
(go to school)

→ Jim _____ _____ _____
with his sister.

대화 완성하기

[11~16] 주어진 단어를 사용하여 대화를 완성하세요.

11
A: Lily, is your favorite dessert cheesecake?
B: _____, _____ _____.
(no) My favorite dessert is pudding.

12
A: What is Junho's hobby?
B: His hobby is tennis. He _____ _____ _____ _____.
(play tennis, every day)

13
A: _____ _____ _____ _____ movies? (your friends, like)
B: Yes, they do. They like horror movies.

14
A: Did you finish your homework?
B: _____, _____ _____.
(yes) Can I go out and play now?

15
A: _____ _____ _____ yesterday? (busy, you)
B: Yes, I had a lot of homework.

16
A: Who is the woman next to Eric?
B: She _____ _____ _____ _____. (our new teacher)
Her name is Sophie.

그림 보고 영작하기

[17~19] 다음은 어제 Dan의 하루를 나타낸 그림입니다. 그림의 상황과 일치하도록 <보기>에서 알맞은 말을 골라 빈칸에 알맞은 형태로 쓰세요.

<보기>
study math 　 take a bus 　 watch TV

17
Dan _____ to school yesterday morning.

18
Dan _____ at school.

19
Dan _____.
He read a book.

[20~25] 각 문장을 괄호 안의 지시에 맞게 바꿔 쓰세요.

20 History is my favorite subject. (부정문)

→ _____

21 Mr. Kim was a firefighter. (의문문)

→ _____

_____

22 Jane has two dogs and a cat. (의문문)

→ _____

_____

23 I eat breakfast at eight thirty. (부정문)

→ _____

_____

24 She opened the window. (의문문)

→ _____

_____

25 We went to the jazz concert. (부정문)

→ _____

_____

[26~32] 다음 각 문장에서 어법상 틀린 부분을 찾아 바르게 고쳐 쓰세요.

26 Does study Tom at the library?

_____ → _____

27 I see my friend at the park last night.

_____ → _____

28 My parents doesn't drive a car.

_____ → _____

29 He spended a week in London.

_____ → _____

30 Do your grandmother live in Seoul?

_____ → _____

31 Tina and Amy is at the amusement park now.

_____ → _____

32 She did not exercises for a month.

_____ → _____

33 도표 보고 영작하기

이번 주 일정표를 보고, <보기>와 같이 문장을 완성하세요.

Monday	visit the art museum
Tuesday	make a cake for Mom
Wednesday	swim in the pool
Thursday (now)	be in the movie theater

<보기>
I visited the art museum on Monday.

(1) _____
　　on Tuesday.

(2) _____
　　on Wednesday.

(3) _____
　　now.

34 어법에 맞게 고쳐 쓰기

다음 중 어법상 <u>틀린</u> 문장 <u>두 개</u>를 찾아 바르게 고쳐 쓰세요.

ⓐ James isn't a junior high school student.
ⓑ My brother and I am baseball players at school.
ⓒ She did not keep a diary last year.
ⓓ I am very sleepy and don't go to the gym yesterday.
ⓔ Do you play computer games?

→ _____

_____

→ _____

_____

STAGE 1 자신 있게 Go for it! [1점]

주어진 단어로 영작하기

[1~4] 우리말과 일치하도록 주어진 단어를 사용하여 빈칸에 알맞은 말을 쓰세요.

1
나는 나의 역사 보고서를 완성하고 있다.
(complete)

→ I _____ _____ my
history report.

2
Amy는 지금 공부를 하고 있지 않다. (study)

→ Amy _____ _____
_____ now.

3
그들은 방과 후에 자전거를 탈 예정이다. (ride)

→ They _____ _____
_____ _____ bikes
after school.

4
미나는 토요일에 엄마를 위해 설거지를 할 것이다.
(do the dishes)

→ Mina _____ _____
_____ _____ for her
mom on Saturday.

배열 영작하기

[5~8] 우리말과 일치하도록 주어진 단어를 배열하여 문장을 완성하세요. (필요시 형태를 바꿀 것)

5
Jake는 지금 그림을 그리고 있니?
(draw / be / Jake / a picture)

→ _____ now?

6
우리 형과 나는 오늘 밤에 TV를 보지 않을 것이다.
(not / TV / will / watch)

→ My brother and I _____
_____ tonight.

7
너는 이번 여름 방학에 해외여행을 갈 예정이니?
(you / to / travel / be / abroad /
going)

→ _____
_____ this summer vacation?

8
그들은 함께 그들의 친구네 집을 방문할까?
(friend's house / will / their / visit /
they)

→ _____
_____ together?

질문에 대답하기

[9~13] 주어진 단어를 사용하여 각 질문에 대한 대답을 완성하세요.

9
A: What is Sujin doing in the garden?
B: She _____.
(drink, a cup of tea)

10
A: What are Kevin and his brother doing now?
B: They _____.
(clean, their room)

11
A: What are you going to do this weekend?
B: I _____

_____.
(buy, some books)

12
A: What will Tom do on Sunday?
B: He _____

_____.
(hike, with, Mt. Buk-han, his, father)

13
A: What is your dad going to do tomorrow?
B: He _____.
(his car, wash)

그림 보고 영작하기

[14~15] 다음 그림을 보고 <보기>와 같이 주어진 단어를 사용하여 질문에 답하세요.

<보기>

A: What are they doing?
B: They are jogging along the river.
(along, jog, the river)

14
A: What is Yumi doing?
B: She _____

_____.
(sing, the stage, on)

15
A: What are Jim and his parents doing?
B: They _____

_____.
(the living room, in, watch TV)

[16~20] 다음 각 문장을 괄호 안의 지시대로 바꿔 쓰세요.

16
> He takes a nap in his room. (현재진행형)

→ _____

_____

17
> Sora is going to bake bread on Sunday. (부정문)

→ _____

_____

18
> I play badminton with my friend. (현재진행형)

→ _____

_____

19
> The bus will leave this bus stop in 7 minutes. (의문문)

→ _____

_____

20
> They are going to move their house tomorrow. (의문문)

→ _____

_____

[21~27] 다음 각 문장에서 어법상 **틀린** 부분을 찾아 바르게 고쳐 쓰세요.

21
A bird is fly in the sky right now.

_____ → _____

22
Where is Sue? Is she swim in the pool?

_____ → _____

23
My mother is going to making pizza for me.

_____ → _____

24
We will not going out for dinner tonight.

_____ → _____

25
My brother and I are going not to fight with each other.

_____ → _____

26
Are the students going take a trip to Gyeongju?

_____ → _____

27
Will the weather is fine soon?

_____ → _____

28 도표 보고 영작하기

다음 핼러윈 파티를 위한 계획표를 보고 <조건>에 맞게 문장을 완성하세요.

Plan for Halloween Party	
I	blow up balloons
Jay	buy snacks and drinks
Erica and Cathy	make invitation cards

<조건>
• be going to를 사용하여 미래를 표현할 것
• 표에 있는 단어를 사용할 것

This Friday is Halloween. My friends and I will throw a Halloween party. We made a list of party preparations and shared the tasks.

(1) First, I _____

_____ .

(2) Jay _____

_____ .

(3) Erica and Cathy _____

_____ .

29 문맥에 맞게 영작하기

다음 글을 읽고 질문에 대한 대답을 완성하세요.

This is Sandy. She is my younger sister. She is sleeping on her bed now. She has a stomachache and a fever. She will go to the doctor with Mom after lunch.

(1) A: Is Sandy eating lunch?

B: _____ , she _____ .

(2) A: What is she doing?

B: She _____ on her bed.

(3) A: What will she do after lunch?

B: She _____
with Mom.

CHAPTER 03 조동사

정답 및 해설 p.28

STAGE 1 자신 있게 **Go for it!** [1점]

배열 영작하기

[1~4] 우리말과 일치하도록 주어진 단어를 배열하여 문장을 완성하세요.

1

너는 Tom의 전화번호를 기억할 수 있니?
(Tom's / can / phone number / remember / you)

→ _____
_____ ?

2

너는 여기서 사진을 찍어선 안 된다.
(not / a picture / take / must / here)

→ You _____
_____ .

3

소라는 방과 후에 피아노를 연습해야 한다.
(practice / has / the piano / school / to / after)

→ Sora _____
_____ .

4

Jenny는 너무 많은 사탕을 먹지 말아야 한다.
(candy / eat / much / shouldn't / too)

→ Jenny _____
_____ .

주어진 단어로 영작하기

[5~8] 우리말과 일치하도록 주어진 단어를 사용하여 문장을 완성하세요. (필요시 형태를 바꿀 것)

5

나는 높은 산들을 오를 수 있다.
(climb, can, mountains, tall)

→ I _____ .

6

너는 지금 그 약을 먹어야 한다.
(the medicine, should, take)

→ You _____ now.

7

너는 수업에 늦으면 안 된다. (late, must)

→ You _____ for classes.

8

잠시 여기에 앉아도 되나요? (here, sit, can)

→ _____ for a moment?

보기에서 골라 쓰기

[9~12] 빈칸에 들어갈 말을 <보기>에서 골라 쓰세요.
(단, 한 번씩만 사용할 것)

<보기>
should not	can
don't have to	may

9

A: _____ you pass me some salt?

B: Sure. Here you are. Do you need anything else?

10

A: Minho and I had a fight today.

B: You _____ fight with your friend. You should apologize to him.

11

A: _____ I play computer games for an hour?

B: No, you must finish your homework first.

12

A: Is Brian in the hospital? Is he still sick?

B: You _____ worry about him. He's fine now.

그림 보고 영작하기

[13~15] <보기>와 같이 주어진 단어와 **must**를 사용하여 다음 표지판이 나타내는 내용을 쓰세요.

<보기>

You <u>must not cross the street</u> here.
(the street, cross)

13　You _____
here. (your car, park)

14　You _____
to the theater. (food, bring)

15　You _____
for takeoff. (fasten, your seat belt)

[16~20] 다음 각 문장을 괄호 안의 지시대로 바꿔 쓰세요.

16

Jimin can speak Japanese and English. (의문형)

→ _____

_____

17

You may change your seat during the semester. (부정형)

→ _____

_____

18

She must be careful on busy streets. (과거시제)

→ _____

_____

19

I can play baseball with my friends after school. (부정형)

→ _____

_____

20

On Saturday, Kate has to clean the bathroom. (과거시제)

→ _____

[21~24] <보기>와 같이 should를 사용하여 주어진 문제 상황에 대한 충고의 문장을 완성하세요. (단, Problem의 단어를 사용할 것)

<보기>
Problem: Nancy has a toothache, but she doesn't go to the dentist.
Advice: You should go to the dentist.

21

Problem: Mina throws trash on the streets.

Advice: You _____

_____ .

22

Problem: Eric didn't follow the school rules again.

Advice: You _____

_____ .

23

Problem: Jinho talks rudely to other people.

Advice: You _____

_____ .

24

Problem: Jerry didn't wash his hands before lunch.

Advice: You _____

_____ .

25 〈 문맥에 맞게 영작하기 〉

다음 대화의 내용과 일치하도록 다음 문장을 완성하세요. (단, 대화에 쓰인 단어를 사용할 것)

> A: Sangwon, can you play tennis with me this afternoon?
> B: Oh, I'm sorry, Seho. I can't.
> A: Why not?
> B: I have to study science. There's an exam tomorrow.

→ Sangwon can't play tennis with Seho because he ＿＿＿＿＿＿＿＿＿＿＿
for an exam tomorrow.

26 〈 도표 보고 영작하기 〉

다음 표를 보고 미나와 태민이의 어머니가 남긴 메모를 <조건>에 맞게 완성하세요.

	Mina	Taemin
해야 할 일	(1) 영어 공부하기	(2) 고양이 씻기기
할 필요가 없는 일	(3) 거실 청소하기	(4) 서점 가기
해서는 안 되는 일	(5) 컴퓨터 게임하기	

<조건>
• 다음 표현 중 적절한 것을 사용할 것
  (play computer games, study English, wash the cat, go to the bookstore, clean the living room)
• 주어진 조동사를 사용할 것

> Sorry, kids.
> I'm out for a meeting, and I'll be back by 10 p.m.
>
> Mina, you (1) ＿＿＿＿＿＿＿＿＿＿.
> (should)
> Taemin, you (2) ＿＿＿＿＿＿＿＿＿＿.
> (have to)
> Mina, you (3) ＿＿＿＿＿＿＿＿＿＿
> ＿＿＿＿＿＿＿＿＿＿. (have to)
> Taemin, you (4) ＿＿＿＿＿＿＿＿＿
> ＿＿＿＿＿＿＿＿＿＿. (have to)
> And remember, you (5) ＿＿＿＿＿
> ＿＿＿＿＿＿＿＿＿＿. (must)

빈칸 영작하기

[1~5] 우리말과 일치하도록 주어진 단어를 사용하여 빈칸을 완성하세요.

1

어제는 목요일이었다. (Thursday)

→ _____ _____ _____
   yesterday.

2

모든 학생들은 중학교에서 수학을 배운다.
(every, learn, student)

→ _____ _____ math
   in middle school.

3

Tom은 그것들을 파란색 물감으로 페인트칠했다.
(they)

→ Tom painted _____ with blue
   paint.

4

우리는 겨울 방학에 특별한 계획이 하나도 없다.
(special plans)

→ We don't have _____ _____
   _____ for winter vacation.

5

매일 나는 도서관에서 한 시간 동안 공부한다.
(hour)

→ Every day I study for _____
   _____ in the library.

배열 영작하기

[6~9] 우리말과 일치하도록 주어진 단어를 배열하여 문장을 완성하세요. (필요시 형태를 바꿀 것)

6

각각의 나라는 수도를 가지고 있다.
(a / each / capital / nation / have)

→ _____
   _____ .

7

주스를 좀 드시겠어요?
(like / juice / some / you / would)

→ _____
   _____ ?

8

그녀는 매일 아침 커피 한 잔과 사과 한 개를 먹는다.
(apple / a / has / of / coffee / she / cup /
an / and)

→ _____
   _____ every day.

9

내 친구의 집에는 개가 두 마리 있다.
(be / two dog / my friend's / there /
house / in)

→ _____
   _____ .

질문에 대답하기

[10~14] 주어진 단어를 사용하여 질문에 대한 대답을 완성하세요.

10

A: What time is it now?

B: _____ now.
(five, o'clock)

11

A: Is there a hospital next to your school?

B: There _____
next to my school. (a hospital, not)

12

A: Do you need any help?

B: Yes. Can you give me _____?
(two, knife)

13

A: Which one is my gift?

B: The red box is _____ (you),
and the blue one is _____. (I)

14

A: What did you bake this morning?

B: I baked _____
for my friends. (two, bread, loaf)

15　그림 보고 영작하기

다음 준호의 방을 그린 그림을 보고 주어진 단어를 사용하여 <보기>와 같이 문장을 완성하세요.

<보기>
There are three books on the desk. (book)

(1) _____
next to the desk. (chair)

(2) _____
next to the bed. (box)

(3) _____
in the box. (baseball)

(4) _____
under the desk. (paper, sheet)

빈칸에 들어갈 말을 <보기>에서 골라 알맞은 형태로 쓰세요. (단, 한 번씩만 사용할 것)

<보기>
| pair | bowl | slice | sheet | cup |

(1) We'll have three _____ lemon tea.

(2) Do you have a _____ paper?

(3) Yumi prepared five _____ salad for dinner.

(4) I made two _____ gloves for my parents.

(5) My sister ate two _____ cheese.

[17~23] 다음 각 문장에서 어법상 **틀린** 부분을 찾아 바르게 고쳐 쓰세요.

17　Many childs are running on the grass.

_____ → _____

18　There is many tall trees in this park.

_____ → _____

19　Each club have 10 members.

_____ → _____

20　Is there a computer in she room?

_____ → _____

21　This is very hot here in August.

_____ → _____

22　Nick, what do you do every Sundays?

_____ → _____

23　A: Would you like some cookies?
　　B: Yes, please. Give me any.

_____ → _____

24 〈 도표 보고 영작하기 〉

주어진 표를 보고 각 도시의 날짜, 요일, 그리고 날씨를 차례대로 쓰세요.

Seoul	London
November 17th	November 16th
Friday	Thursday
rainy and cold	sunny and clear

(1) Seoul

→ _____ .

→ _____ today.

→ _____ .

(2) London

→ _____ .

→ _____ today.

→ _____ .

25 〈 어법에 맞게 고쳐 쓰기 〉

다음은 Andy의 일기입니다. 어법상 <u>틀린</u> **두 개**를 찾아 바르게 고쳐 쓰세요.

In my family, ⓐ <u>there is</u> four people— my parents, my younger sister, and me. Last Saturday was my sister's birthday. ⓑ <u>It</u> was very warm and sunny, so we went on a picnic. We brought ⓒ <u>four loaves of bread</u> and ⓓ <u>a bottle of apple juice</u>. A man sold ice cream at the park, and we bought ⓔ <u>any</u>. We spent hours there and had a great time.

→ _____

→ _____

STAGE 1 자신 있게 **Go for it!** [1점]

빈칸 영작하기

[1~5] 우리말과 일치하도록 주어진 단어를 사용하여 빈칸에 알맞은 말을 쓰세요. (필요시 형태를 바꿀 것)

1

기차에 많은 승객들이 있다.
(passenger, many)

→ There are ＿＿＿＿ ＿＿＿＿
  on the train.

2

그의 강아지가 내 강아지보다 더 크다. (big)

→ His puppy is ＿＿＿＿ ＿＿＿＿
  my puppy.

3

너의 충고는 나에게 항상 도움이 된다. (helpful)

→ Your advice ＿＿＿＿ ＿＿＿＿
  ＿＿＿＿ to me.

4

너는 세상에서 가장 좋은 친구이다.
(good, friend)

→ You are ＿＿＿＿ ＿＿＿＿
  ＿＿＿＿ in the world.

5

Janet은 하루에 물을 거의 마시지 않는다.
(water)

→ Janet drinks ＿＿＿＿ ＿＿＿＿
  in a day.

배열 영작하기

[6~9] 우리말과 일치하도록 주어진 단어를 배열하여 문장을 완성하세요. (필요시 형태를 바꿀 것)

6

집 뒤에 낯선 누군가가 있다.
(strange / there / someone / is)

→ ＿＿＿＿＿＿＿＿＿＿＿＿
  ＿＿＿＿＿＿ behind the house.

7

놀랍게도, 나는 그 대회에서 상을 탔다.
(the contest / a prize / in / got / I /
amazing)

→ ＿＿＿＿＿＿＿＿＿＿＿＿
  ＿＿＿＿＿＿＿＿＿＿＿＿.

8

기말고사가 중간고사보다 더 쉬웠다.
(than / was / the midterm / easy)

→ The final exam ＿＿＿＿＿＿＿
  ＿＿＿＿＿＿＿＿＿＿.

9

이 나무는 이 정원에서 가장 큰 나무이다.
(tree / in / is / tall / this garden)

→ This tree ＿＿＿＿＿＿＿＿
  ＿＿＿＿＿＿＿＿＿＿.

보기에서 골라 쓰기

[10~14] 다음 대화의 빈칸에 들어갈 알맞은 말을 <보기>에서 골라 쓰세요. (단, 한 번씩만 쓸 것)

<보기>

many	much	little
few	a few	

10

A: Would you lend me some money?

B: Sorry, I can't. I don't have _____ money now.

11

A: Do you have many books in your room?

B: I have _____ books, but not many.

12

A: How _____ apples are there in the box?

B: There are seven apples in the box.

13

A: Brian, you came early today!

B: Yes, there were _____ cars on the road.

14

A: Can you give me a glass of juice?

B: Sorry, there is _____ juice in the bottle.

15 그림 보고 영작하기

다음 그림을 보고 <조건>에 맞게 속도를 비교하는 문장을 쓰세요.

<조건>
• 동사 run과 현재시제를 사용할 것
• fast와 slow 중 하나를 사용할 것

(1) Jinho _____ than Minsu.

(2) Minsu _____ than Jinho.

(3) Jinho _____ of the three.

(4) Sangmin _____ of the three.

[16~23] 다음 각 문장에서 어법상 <u>틀린</u> 부분을 찾아 바르게 고쳐 쓰세요.

16 Is there wrong anything with your bicycle?

_____ → _____

17 There are lots of maple tree in the park.

_____ → _____

18 She gets up early than her sister.

_____ → _____

19 Yuna is the most wise girl in her class.

_____ → _____

20 The musical is more interesting the movie.

_____ → _____

21 Seoul is biggest city in Korea.

_____ → _____

22 Nick talked to his friend quiet.

_____ → _____

23 My brother and I swim never in the sea.

_____ → _____

[24~28] 괄호 안의 단어를 비교급과 최상급 중 알맞은 형태로 바꿔 문장 전체를 다시 쓰세요.

24 The whale is (heavy) animal in this aquarium.

→ _____

_____

25 My sister swims (slow) than my brother.

→ _____

_____

26 Denis plays (well) than a year ago.

→ _____

_____

27 Mercury is (small) planet in the solar system.

→ _____

_____

28 Kimchi is (popular) food in Korea.

→ _____

_____

29 〈 도표 보고 영작하기 〉

다음 표를 보고 <조건>에 맞게 문장을 완성하세요.

animal	horse	elephant	bear	giraffe
height (cm)	160	300	200	500
weight (kg)	600	5,000	800	1,300
age	30	60	25	15

<조건>
• 비교급 또는 최상급을 사용할 것
• 주어진 단어를 사용할 것

(1) The horse is _____ _____ the bear. (short)

(2) The elephant is _____ _____ animal of all. (heavy)

(3) The giraffe is _____ _____ the elephant. (light)

(4) The giraffe is _____ _____ animal of all. (young)

(5) The bear is _____ _____ the giraffe. (old)

30 〈 어법에 맞게 고쳐 쓰기 〉

다음 중 밑줄 친 부분이 어법상 틀린 세 개를 찾아 바르게 고쳐 쓰세요.

A: May I take your order?
B: Yes. I'll have a cup of ⓐ hot lemon tea, please.
A: Would you like sugar in that?
B: Yes, ⓑ a few sugar, please.
A: Anything else?
B: I want ⓒ sweet something. Do you have any cookies?
A: Yes. How ⓓ many cookies do you want?
B: Two cookies, please. And can I have ⓔ a few napkin?
A: Sure. Here you are.

→ _____

→ _____

→ _____

CHAPTER 06 여러 가지 문장 종류

STAGE 1	자신 있게 Go for it! [1점]

배열 영작하기

[1~5] 우리말과 일치하도록 주어진 단어를 배열하여 문장을 완성하세요.

1

차를 한잔 마시는 것이 어때?
(about / how / a cup of / having / tea)

→ _____ ?

2

정말 커다란 호수로구나!
(it / huge / is / what / a / lake)

→ _____ !

3

너는 그 뮤지컬에 대해서 어떻게 생각하니?
(the musical / you / what / do / think about)

→ _____
_____ ?

4

공항까지 어떻게 가야 되나요?
(to / can / how / get / I)

→ _____ the airport?

5

우리는 늦었어. 학교까지 뛰자.
(school / run / let's / to)

→ We are late. _____ .

주어진 단어로 영작하기

[6~10] 우리말과 일치하도록 주어진 단어를 사용하여 문장을 완성하세요. (필요시 형태를 바꿀 것)

6

너는 언제 그 책을 다 읽었니?
(the book, when, finish, you)

→ _____

7

우리 함께 수학을 공부하는 것이 어때?
(why, study, together, we, math)

→ _____

8

상어는 바닷속에서 정말 빠르게 움직이는구나!
(fast, how, the shark, in the sea, move)

→ _____

9

우리 교실이 더러워, 그렇지 않니?
(our classroom, dirty)

→ _____ , _____

10

너의 휴대전화를 수업 중에 사용하지 마라.
(in class, your cell phone, use)

→ _____

대화 완성하기

[11~15] 주어진 단어를 사용하여 대화를 완성하세요.

11

A: _____ _____ _____
_____ this afternoon? (do)
B: I'll meet my friends at the
shopping mall.

12

A: _____ _____ _____
_____? (kind, food, want)
B: Umm, spaghetti. I like it a lot.

13

A: _____ _____ _____
_____ so angry? (get, she)
B: Her brother broke her camera.

14

A: _____ _____ _____
_____ the key? (leave)
I can't find it.
B: I put it on the table.

15

A: _____ _____ _____
_____ to school? (go)
B: I usually go to school by bus.
A: Really? _____ _____
_____ _____ _____?
(long, take)
B: It takes about twenty minutes.

그림 보고 영작하기

[16~19] <조건>에 맞게 그림과 일치하는 규칙을
완성하세요.

<조건>
• 주어진 단어를 사용할 것
• 긍정 명령문 또는 부정 명령문을 사용할 것

16 _____

(bring, to the supermarket, pets)

17 _____

(straight, turn, and, go)

18 _____

(dive, into the swimming pool)

19 _____

(put, into the trash can, trash)

[20~26] 다음 각 문장의 밑줄 친 부분을 어법상 바르게 고쳐 쓰세요.

20 <u>How</u> a great game that was!

→ _____

21 Tom and Brian are brothers, <u>don't they</u>?

→ _____

22 What time <u>do</u> the restaurant open?

→ _____

23 How cute <u>is the baby</u>!

→ _____

24 Why don't you <u>playing</u> basketball with us?

→ _____

25 A: <u>Why were</u> Leo absent from school?

B: He caught a bad cold.

→ _____

26 A: <u>What</u> was your weekend?

B: It was great. I had so much fun.

→ _____

[27~29] 다음 달력을 보고, 질문과 대답의 빈칸을 완성하세요.

Dorothy's Calender (October)						
SUN	MON	TUE	WED	THU	FRI	SAT
1	2	3	4	5	6	7
	yoga	yoga			yoga	
8	9	10	11	12	13	14
	Sue's birthday party	yoga				visit my aunt
15	16	17	18	19	20	21
	yoga					
22	23	24	25	26	27	28
		yoga	yoga			
29	30	31				
★ today						

27

A: _____ _____ _____ Dorothy do yoga in the first week?

B: She did yoga three times.

28

A: What did Dorothy do on the second Saturday?

B: _____ _____ _____ _____.

29

A: _____ _____ Sue's birthday party?

B: It was October 9th.

[30~32] 다음 각 장소에 따른 지시문을 보고 (A)와 (B)에서 알맞은 표현을 골라 지시문을 영작하세요.

미술관	· 그림을 만지지 마시오. · 음료수를 가져오지 마시오.
동물원	· 동물에게 먹을 것을 주지 마시오. · 우리 안에 손을 넣지 마시오.
지하철	· 줄을 서서 기다리시오. · 큰 소리로 통화하지 마시오.

(A)

wait	bring	put
touch	feed	talk

(B)

in line	the animals	the paintings
loudly	your hands	drinks

30 <art museum>

· _____

· _____

31 <zoo>

· _____

· _____

    in the cages.

32 <subway>

· Please _____.

· _____ on your cell
  phone.

---

33 <문맥에 맞게 영작하기>

다음 대화의 흐름이 자연스럽도록 <조건>에 맞게 (1)~(4)에 알맞은 의문문을 쓰세요.

<조건>
• 각 단어 수에 맞게 쓸 것
• 의문사 who, how, why, where을 각각 한 번씩 쓸 것
• travel, like, visit, favorite을 반드시 사용할 것

A: What is your hobby?
B: I like traveling!
A: (1) _____ (5 단어)
B: Every weekend! I love traveling.
A: OK. (2) _____
   last weekend? (4 단어)
B: I visited Busan.
A: I see. (3) _____
   (5 단어)
B: My favorite teacher is Ms. Parker.
A: (4) _____ her?
   (4 단어)
B: Because she's very energetic and
   humorous.

CHAPTER 07 문장의 여러 형식

정답 및 해설 p.32

| STAGE 1 | 자신 있게 Go for it! [1점] |

배열 영작하기

[1~4] 우리말과 일치하도록 주어진 단어를 배열하여 문장을 완성하세요.

1
모든 학생들이 Harry를 부지런하다고 생각한다.
(thinks / every / diligent / student / Harry)

→ _____ .

2
나의 엄마는 내게 문자 메시지를 보내셨다.
(me / my / sent / a text message / mom)

→ _____ .

3
나의 할머니는 자신의 정원을 우리에게 보여주셨다.
(to / showed / us / my / her garden / grandmother)

→ _____

_____ .

4
나뭇잎들은 가을에 빨간색과 노란색으로 변한다.
(yellow / turn / the leaves / and / red)

→ _____

_____ in

fall.

주어진 단어로 영작하기

[5~8] 우리말과 일치하도록 주어진 단어를 사용하여 문장을 완성하세요. (필요시 형태를 바꿀 것)

5
침팬지는 영리한 동물이다.
(the chimpanzee, intelligent, animal, be, an)

→ _____

_____

6
나의 아빠는 내게 야구 경기의 표를 주셨다.
(give, dad, a ticket, my)

→ _____

_____ to a baseball game.

7
우리는 그 강아지를 Coco라고 불렀다.
(call, the puppy)

→ _____

8
그 영화는 Amy를 졸리게 만들었다.
(make, the movie, sleepy)

→ _____

대화 완성하기

[9~12] 대화의 내용이 자연스럽도록 <조건>에 맞게 문장을 완성하세요.

<조건>
- 주어진 단어를 사용하되, 필요시 형태를 바꿀 것
- 적절한 대명사를 사용할 것
- 각 단어 수에 맞게 쓸 것

9
A: How does Nick feel?

B: _____

(feel, disappointed / 3 단어)

10
A: Are you okay? _____

_____ (tired, look, very / 4 단어)

B: I didn't sleep well last night.

A: You should go to bed early tonight.

11
A: What picture did Tom show you?

B: _____

_____

(a picture, his family, of / 8 단어)

12
A: What did your uncle buy you for your birthday present?

B: _____

(buy, shoes, new / 5 단어)

틀린 어법 고치기

[13~19] 다음 각 문장에서 밑줄 친 부분을 어법상 바르게 고쳐 쓰세요.

13
This peach pie tastes greatly.

→ _____

14
People call me as Lena.

→ _____

15
Kathy made a card of her teacher.

→ _____

16
Those tulips smell wonderfully.

→ _____

17
Jina lent for me her notebook.

→ _____

18
The news made me sadly.

→ _____

19
My dad taught a life lesson for me.

→ _____

[20~22] 다음 표를 보고 Monica에게 해 줄 수 있는 조언의 말을 <조건>에 맞게 완성하세요.

Monica의 고민
역사 문제를 질문하는 것
영어 노트를 빌리는 것
Kate의 펜을 망가뜨린 것

<보기>
lend   ask   buy

<조건>
• <보기>에서 알맞은 동사를 골라 한 번씩만 쓸 것
• 주어진 단어를 사용할 것
• 전치사를 사용하지 말 것

20

Don't worry, you can _____

_____ .

(questions, history teacher, your)

21

I can _____ .
(my, English, notebook)

22

You need to _____ .
(a new pen, her)

23

Tomas의 학급 파티에 참가한 사람들이 한 일을 <조건>에 맞게 완성하세요.

Kevin	우리에게 흥미로운 마술 묘기를 보여준 것
Jay	선생님께 시를 써 드린 것
Eric	모두에게 샌드위치를 좀 만들어 준 것
Everyone	선생님을 행복하게 해 드린 것
Teacher	우리에게 아이스크림을 좀 사 주신 것

<조건>
• 표 내용 순서대로 쓸 것
• 주어진 단어를 사용할 것 (단, 동사는 과거시제로 쓸 것)
• (4)를 제외한 나머지 문장은 전치사를 사용할 것

Today was Teachers' Day! Our class had a party for our teacher. Every student prepared something for him.

(1) _____

_____

(show, magic tricks, interesting, us)

(2) _____

(a poem, him, write)

(3) _____

_____

(some sandwiches, make, everyone)

(4) _____

(happy, make, our teacher)

(5) _____

_____

(some ice cream, he, buy, us)
It was a great day!

24 문맥에 맞게 영작하기

다음 안내문을 읽고 <조건>에 맞게 빈칸에 알맞은 말을 쓰세요.

<보기>

tell	teach	give	bring

<조건>

• <보기>에서 알맞은 동사를 골라 한 번씩만 쓸 것
• 주어진 단어를 사용할 것
• 전치사를 사용하지 말 것

Small Help Makes a Big Change

Hello, I'm Alex. I'm the leader of our volunteering club, "Hope." I'll
(1) _____. (an idea, you) Can you spend only one hour a week to help elderly people?
You (2) _____,
(can, them, English) or you can tell them a funny story. If you (3) _____
_____, (an hour, them) it can make a great change. Your small effort can (4) _____.
(them, a lot of joy) So, why don't you give an hour to elderly people? Let's put our small help together and make a miracle!

25 어법에 맞게 고쳐 쓰기

다음 글을 읽고 밑줄 친 부분이 어법상 **틀린 두 개**를 찾아 바르게 고쳐 쓰세요.

Sue had a headache yesterday. She didn't ⓐ feel good. So she took some medicine before class, and it ⓑ made her sleepily. During the science class, she couldn't focus on the class. The teacher ⓒ found her behavior strange. He ⓓ asked a question her, but she could not answer. The teacher ⓔ looked angry.

→ _____.

→ _____.

STAGE 1   자신 있게 Go for it! [1점]

배열 영작하기

[1~4] 우리말과 일치하도록 주어진 단어를 배열하여 문장을 완성하세요.

1

아빠는 뉴스를 보기 위해 TV를 켜셨다.
(turned on / to / the news / the TV / watch)

→ Dad _____

_____ .

2

그는 사무실에서 할 일이 있다.
(something / has / do / at the office / to)

→ He _____

_____ .

3

Nancy는 잼을 만들려고 사과를 좀 샀다.
(bought / make / apples / jam / to / some)

→ Nancy _____

_____ .

4

나는 너의 편지를 받아서 행복하다.
(your letter / happy / am / receive / I / to)

→ _____

_____ .

빈칸 영작하기

[5~8] 우리말과 일치하도록 주어진 단어를 사용하여 빈칸에 알맞은 말을 쓰세요.

5

우리는 그 음식을 맛볼 기회가 있었다.
(the food, try)

→ We had a chance _____

_____ _____

_____ .

6

나는 한국에서 인기 있는 가수가 되고 싶다.
(be, a popular singer)

→ I want _____ _____

_____ _____

_____ in Korea.

7

이 문제를 푸는 것은 어려웠다.
(be, this question, solve)

→ _____

_____ _____

_____ difficult.

8

우리 아버지의 직업은 아픈 사람들을 치료하는 것이다.
(sick, treat, people)

→ My father's job is _____

_____

_____ .

단어 수 대로 영작하기

[9~13] 주어진 우리말과 단어 수에 맞게 다음 문장을 완성하세요.

9 그녀의 꿈은 책을 쓰는 것이다. (4단어)

→ Her dream is _____.

10 우리는 기다릴 시간이 없다. (3단어)

→ We don't have _____.

11 나는 그 소식을 듣고 깜짝 놀랐다. (4단어)

→ I was surprised _____.

12 나는 내 우산을 찾기 위해 주변을 둘러보았다. (4단어)

→ I looked around _____.

13 Kate는 서울에 살기를 바란다. (4단어)

→ Kate wishes _____.

질문에 대답하기

[14~15] 다음 대화를 읽고 to부정사를 사용하여 각 질문에 대한 대답을 완성하세요.

14
A: Tom, where did you go last weekend?
B: I went to the playground.
A: Why?
B: I played baseball with friends.

Q: Why did Tom go to the playground?
A: He went to the playground _____
_____.

15
A: You came home late, Sumi!
B: Sorry, Mom. I went to the library on my way.
A: Why?
B: I needed to borrow a dictionary.

Q: Why did Sumi come home late?
A: She went to the library _____
_____.

[16~21] 다음 각 문장에서 어법상 틀린 부분을 찾아 바르게 고쳐 쓰세요.

16 I wish to grows flowers in the garden.

_____ → _____

17 I was so glad see Jack again.

_____ → _____

18 She promised to got a good grade this year.

_____ → _____

19 There are a lot of places visit in Seoul.

_____ → _____

20 To talk with my grandmother were a lot of fun.

_____ → _____

21 Do you have something to drink cold?

_____ → _____

[22~23] 우리말과 일치하도록 괄호 안에 주어진 조건에 맞게 영작하세요.

22

> Because yesterday was Mother's Day, (1) 나는 선물을 살 필요가 있었다. So, I went to the shopping mall. After a few hours, (2) 나는 목걸이를 사는 것을 선택했다. Mom loved my gift.

(1) _____
　　(동사 need를 사용할 것)

(2) _____
　　(동사 choose를 사용할 것)

23

> I am Hojin. I'm a middle school student. (1) 나는 과학자가 되길 바란다. Today, I'll go to the library and borrow some books about science. (2) 내 여동생은 그리는 것을 아주 좋아한다. She draws very well. Her dream is to be an artist.

(1) _____.
　　(동사 hope를 사용할 것)

(2) _____.
　　(동사 love와 to부정사를 쓸 것)

24 〈 도표 보고 영작하기 〉

다음의 여행 준비물을 나타낸 표를 보고 <보기>와 같이 to부정사를 사용하여 문장을 완성하세요.

name	things	purpose
Mike	a hat	block the sun
John	a map	find the way
Sue	a camera	take pictures
Aron	a bottle	drink water
Ben	a blanket	stay warm

<보기>
Mike prepared <u>a hat to block the sun</u>.

(1) John prepared _____

_____ .

(2) Sue prepared _____

_____ .

(3) Aron prepared _____

_____ .

(4) Ben prepared _____

_____ .

25 〈 조건에 맞게 영작하기 〉

상민이의 장래희망에 대한 정보를 보고 상민이가 친구에게 보내는 편지를 <조건>에 맞게 완성하세요.

<I want to be ... in the future.>
• job: game developer
• task: develop games for children
• goal: work at a game company in 10 years

<조건>
to부정사를 사용할 것

Hi there!
How are you? You know what? I've decided my future job! It is a game developer.
I want (1) _____ for children.
My goal is (2) _____ in 10 years. Please wish me luck!

Best wishes,
Sangmin

CHAPTER 09 동명사

STAGE 1 자신 있게 Go for it! [1점]

배열 영작하기

[1~4] 우리말과 일치하도록 주어진 단어를 배열하여 문장을 완성하세요.

1 Chris는 나무에 물을 줬던 것을 잊어버렸다.
(forgot / Chris / watering / the plant)

→ _____ .

2 Kate는 봉사 활동을 하는 것에 흥미가 있다.
(is / Kate / in / interested / doing / volunteer work)

→ _____ .

3 벨기에 사람들은 와플 먹는 것을 즐긴다.
(waffles / enjoy / eating / Belgians)

→ _____ .

4 일요일마다 등산을 가는 것은 우리 아빠의 취미이다.
(hobby / every / is / my dad's / Sunday / hiking)

→ _____ .

주어진 단어로 영작하기

[5~8] 우리말과 일치하도록 주어진 단어를 사용하여 문장을 완성하세요. (필요시 형태를 바꿀 것)

5 나는 그 작가의 새 소설을 읽기를 고대하고 있다.
(looking forward to, read, be, the author's new novel)

→ _____
_____

6 Nicky는 그 재킷을 한번 입어보았다.
(the jacket, wear, tried)

→ _____

7 Alex는 이번 주말에 그의 사촌을 방문할 것을 고려했다.
(considered, visit, this weekend, his cousin)

→ _____
_____

8 Sandra는 그녀의 강아지와 산책하고 싶었다.
(her dog, like, take a walk, with, felt)

→ _____
_____

[9~15] 다음 각 문장의 밑줄 친 부분을 어법상 바르게 고쳐 쓰세요.

9 Nick is considering <u>to learn</u> yoga.

→ _____

10 Tony is good at <u>make</u> jokes.

→ _____

11 Vicky enjoys <u>to bake</u> cookies.

→ _____

12 Keeping a diary every night <u>are</u> my old habit.

→ _____

13 Dan is interested in <u>to participate</u> in the writing contest.

→ _____

14 Do you mind <u>to turn</u> the volume down?

→ _____

15 Thank you for <u>lend</u> me the book.

→ _____

16 대화 완성하기

다음 인터뷰를 보고 주어진 단어와 동명사를 사용하여 빈칸을 알맞게 채우세요. (필요시 형태를 바꿀 것)

> Reporter: What's your hobby?
> Singer: My hobby (1) _____.
>   (read, books)
> Reporter: What do you read these days?
> Singer: I (2) _____.
>   (enjoy, read, detective novels)
> Reporter: When will your new album come out?
> Singer: I already (3)_____ it. (finish, record) It will be next month.
> Reporter: Do you have any plans for a concert?
> Singer: I'm (4) _____ at the end of this year. (consider, have, a concert)

(1) _____

(2) _____

(3) _____

(4) _____

[17~19] 다음의 표를 보고 Julia의 고민에 대해 <조건>에 맞게 조언하는 문장을 완성하세요.

고민하고 있는 일	수업시간에 자꾸 조는 것
필요한 수면 시간	8시간
취침 시간	새벽 1시
기상 시간	오전 7시
자기 전에 하는 일	컴퓨터 게임

<조건>
• 명령문 형태로 쓸 것
• 주어진 단어를 사용하고 필요시 형태를 바꿀 것
• 6~8 단어 내외로 쓸 것

17 _____

_____

(forget, sleep, for, not, 8 hours)

18 _____

(early, go to bed, remember)

19 _____

_____

(computer games, late, stop, until, play)

다음은 "토끼와 거북이"의 경주 이야기입니다. 글을 읽고 주어진 단어를 사용하여 문장을 완성하세요. (필요시 형태를 바꿀 것)

One day, Rabbit and Turtle had a race. Rabbit was (1) _____, (good at, run) and Turtle was not. Rabbit expected to win the race, so she (2) _____ (feel like, have) a rest for a moment. Rabbit lay under the tree and (3) _____ _____ (enjoy, take) a nap. However, while Rabbit was sleeping, Turtle (4) _____. (keep, go) As a result, Turtle won the race.

(1) _____

(2) _____

(3) _____

(4) _____

21 도표 보고 영작하기

다음 표를 보고 <조건>에 맞게 민호의 편지를 완성하세요.

	Kevin	Tina
기억해야 할 일	선생님께 편지를 쓸 것	풍선을 불 것
노력하는 일	선생님을 행복하게 해드리는 것	
민호가 미안한 일	파티에 참석하지 못하게 된 것	

<조건>
• 표의 내용에 맞게 쓸 것
• 주어진 단어를 사용하되 필요시 형태를 바꿀 것
• 각 단어 수에 맞게 쓸 것

Dear friends,

Tomorrow is the day of the surprise
party for our teacher. (1) ＿＿＿＿＿＿
＿＿＿＿＿＿＿＿＿＿＿＿＿＿. (let, try,
make, happy, our teacher / 7 단어)
Kevin, (2) ＿＿＿＿＿＿＿＿＿＿＿
＿＿＿＿＿＿＿＿＿. (write, our teacher,
a letter, remember, to / 8 단어)
Tina, (3) ＿＿＿＿＿＿＿＿＿＿＿＿.
(not, forget, balloons, blow up / 7 단어)
Actually, I have something to tell you. I
have a bad cold and I'm in the hospital.
I really want to join you, but I can't.
(4) ＿＿＿＿＿＿＿＿＿＿＿＿＿＿＿.
(sorry for, not, go, I / 6 단어)

Sincerely,
Minho

22 어법에 맞게 고쳐 쓰기

다음 글을 읽고 어법상 틀린 **두 개**를 찾아 바르게 고쳐 쓰세요.

My family loves winter. In the winter,
we try ⓐ doing various activities. My
parents go ⓑ hiking in the winter
in the mountains. My sister skates
on frozen rivers. When it snows, my
brother and I build a snowman and
have snowball fights. We all remember
ⓒ staying warm when we enjoy winter
activities. Also, we don't forget
ⓓ wearing warm clothes and always
wear a hat.

→ ＿＿＿＿＿＿＿＿＿＿＿＿＿＿

→ ＿＿＿＿＿＿＿＿＿＿＿＿＿＿

STAGE 1 자신 있게 Go for it! [1점]

배열 영작하기

[1~4] 우리말과 일치하도록 주어진 단어를 배열하여 문장을 완성하세요.

1 내일 눈이 온다면 우리는 눈사람을 만들 것이다.
(if / tomorrow / it / snows)

→ _____,

we will make a snowman.

2 나는 Jake가 김치를 좋아할 거라고 생각하지 않았다.
(kimchi / that / think / would like / Jake)

→ I didn't _____

_____.

3 Sam은 삼십 분 동안 그의 친구를 기다렸다.
(his / for / thirty minutes / friend / waited for)

→ Sam _____

_____.

4 우리는 축구 경기를 이겼기 때문에 매우 행복했다.
(won / we / the soccer game / because)

→ We were very happy _____

_____.

빈칸 영작하기

[5~9] 우리말과 일치하도록 주어진 단어를 사용하여 빈칸에 알맞은 말을 쓰세요. (필요시 형태를 바꿀 것)

5 바구니 안에 바나나 한 개와 사과 한 개가 있다.
(a banana, an apple)

→ There are _____ _____

_____ _____ _____

in the basket.

6 우리 걸어갈까 아니면 버스를 탈까?
(walk, take a bus)

→ Shall we _____ _____

_____ _____ _____ ?

7 나의 가족과 나는 캐나다에서 2주를 보냈다.
(Canada)

→ My family and I spent two weeks

_____.

8 Eric은 자기 전에 책을 읽는다. (go to bed, he)

→ Eric reads a book _____

_____ _____ _____

_____.

9 나는 Han이 정직하지 않다는 것을 안다. (know)

→ I _____ _____ Han is not

honest.

[10~18] 빈칸에 들어갈 말을 <보기>에서 골라 쓰세요. (단, 한 번씩만 사용할 것)

<보기>

on	by	in	during	until

10 Mina wants to live _____ a larger house.

11 Tom's family goes to an amusement park _____ Christmas every year.

12 My cousin will stay at our home _____ next month.

13 You should buy a ticket for the concert _____ tomorrow.

14 Susan was wearing a mask _____ the Halloween party.

<보기>

out of	at	for	after

15 The students discussed the next school festival _____ two hours.

16 My brother took a shower _____ lunch.

17 A lot of people came _____ the theater after the movie.

18 Can you wait for me _____ the gate after school?

[19~20] 다음 그림을 보고 알맞은 전치사와 주어진 단어를 사용하여 문장을 완성하세요.

19 (1) There is a Christmas tree _____ _____. (the chairs)

(2) A lot of gifts are _____ _____. (the Christmas tree)

(3) My dad is standing _____ _____. (the Christmas tree)

20 (1) A man _____ _____. (the sofa, sitting, is)

(2) A lamp _____ _____. (the sofa, is)

(3) The cat _____ _____. (lying, the lamp, is)

[21~25] 다음 두 문장을 한 문장으로 바꿔 쓸 때 <보기>에서 알맞은 접속사를 골라 문장을 완성하세요.

<보기>
and   but   or

21 It may be rainy at five o'clock. It may be sunny at five o'clock.
→ It may be _____
at five o'clock.

22 I can't play the violin. I can play the piano very well.
→ I can't play the violin, _____
_____.

23 Linda bought a cap at the mall. Linda bought a backpack at the mall, too.
→ Linda bought _____
_____ at the mall.

24 The boy was sick. He didn't go to the hospital.
→ The boy was _____
_____.

25 I went to the Chinese restaurant. I ate dinner with Hans.
→ I _____
_____.

[26~33] 다음 각 문장에서 어법상 **틀린** 부분을 찾아 바르게 고쳐 쓰세요.

26 When you will boil water, you should be careful.
_____ → _____

27 Andy and I go to the gym in Sundays.
_____ → _____

28 I like this library because of it is very close to my home.
_____ → _____

29 Somi enjoys skating and ski in winter.
_____ → _____

30 I think if we learn a lot from books.
_____ → _____

31 The girl swam in the pool during an hour.
_____ → _____

32 My summer vacation ends in August 25th.
_____ → _____

33 I finished my homework, but my brother doesn't.
_____ → _____

34 조건에 맞게 영작하기

각 문장의 의미가 통하도록 <보기>에서 알맞은 문장을 골라 <조건>에 맞게 문장을 완성하세요.

<보기>
She didn't buy anything.
It rains.
She was very sleepy.
She traveled in Europe.
She had dinner.

<조건>
주어진 접속사 중 하나를 골라 사용할 것
(단, 한 번씩만 사용할 것)
if   because   but   while   after

(1) Lily made a lot of friends _____

_____ .

(2) Lily brushed her teeth _____

_____ .

(3) Lily won't go outside _____

_____ .

(4) Lily went shopping with her sister,

_____ .

(5) Lily went to bed early _____

_____ .

35 어법에 맞게 고쳐 쓰기

다음 밑줄 친 부분 중 어법상 틀린 세 개를 찾아 바르게 고쳐 쓰세요.

This is my second visit to my cousin's house ⓐ in Jeju Island. My first visit was ⓑ at 2015. ⓒ On Friday, I went to the World Automobile Museum with my cousin. We saw many wonderful cars there. After that, we went to the restaurant ⓓ next to the museum ⓔ because of we were very hungry. We had a big lunch. The next day we went to a concert. The concert started ⓕ at 6 o'clock. It was great. I stayed in Jeju Island ⓖ during 4 days this time. I had a great time with my cousin. I ⓗ hope I can visit him again soon.

→ _____

→ _____

→ _____

memo

memo

문법에서 막히지 않는 서술형

거침없이 라이팅 시리즈

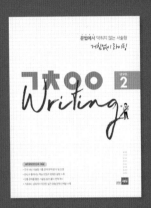

거침없이 Writing
LEVEL 1

거침없이 Writing
LEVEL 2

거침없이 Writing
LEVEL 3

LISTENING Q

중학영어듣기 모의고사 시리즈

① 최신 기출을 분석한 유형별 공략

· 최근 출제되는 모든 유형별 문제 풀이 방법 제시
· 오답 함정과 정답 근거를 통해 문제 분석
· 꼭 알아두야 할 주요 어휘와 표현 정리

② 실전모의고사로 문제 풀이 감각 익히기

실전 모의고사 20회로 듣기 기본기를 다지고,
고난도 모의고사 4회로 최종 실력 점검까지!

③ 매 회 제공되는 받아쓰기 훈련(딕테이션)

· 문제풀이에 중요한 단서가 되는
  핵심 어휘와 표현을 받아 적으면서 듣기 훈련!
· 듣기 발음 중 헷갈리는 발음에 대한 '리스닝 팁' 제공
· 교육부에서 지정한 '의사소통 기능 표현' 정리

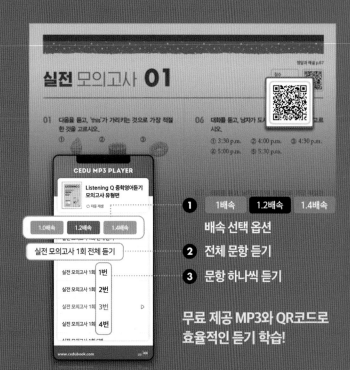

① 배속 선택 옵션

② 전체 문항 듣기

③ 문항 하나씩 듣기

무료 제공 MP3와 QR코드로
효율적인 듣기 학습!

쎄듀북닷컴(www.cedubook.com)에서 부가 자료를 무료로 다운로드할 수 있습니다.

CEDU BOOK 쎄듀

쎄듀 초등 커리큘럼

	예비초	초1	초2	초3	초4	초5	초6
구문				초등코치 천일문 SENTENCE			
				1001개 통문장 암기로 완성하는 초등 영어의 기초			
문법					초등코치 천일문 GRAMMAR		
					1001개 예문으로 배우는 초등 영문법		
어휘				초등코치 천일문 VOCA & STORY			
				1001개의 초등 필수 어휘와 짧은 스토리			
		패턴으로 말하는 초등 필수 영단어 1 / 2		문장 패턴으로 완성하는 초등 필수 영단어			
ELT	Oh! My PHONICS 1 / 2 / 3 / 4			유·초등학생을 위한 첫 영어 파닉스			
	Oh! My SPEAKING 1 / 2 / 3 / 4 / 5 / 6			핵심 문장 패턴으로 더욱 쉬운 영어 말하기			

쎄듀 중등 커리큘럼

	예비중	중1	중2	중3
구문				천일문 입문 · 구문 학습 기초
		천일문 기초 1 / 2		문법 중심 구문
문법	천일문 GRAMMAR LEVEL 1 / 2 / 3			예문 중심 문법 기본서
	GRAMMAR Q Starter 1, 2 / Intermediate 1, 2 / Advanced 1, 2			학기별 문법 기본서
	잘 풀리는 영문법 1 / 2 / 3			문제 중심 문법 적용서
	GRAMMAR PIC 1 / 2 / 3 / 4			이해가 쉬운 도식화된 문법서
			1센치 영문법	1권으로 핵심 문법 정리
문법+어법			첫단추 BASIC 문법·어법편 1 / 2	문법·어법의 기초
문법+쓰기	EGU 영단어&품사 / 문장 형식 / 동사 써먹기 / 문법 써먹기 / 구문 써먹기			서술형 기초 세우기와 문법 다지기
				올씀 1 기본 문장 PATTERN · 내신 서술형 기본 문장 학습
쓰기	거침없이 Writing LEVEL 1 / 2 / 3			중등 교과서 내신 기출 서술형
	중학영어 쓰작 1 / 2 / 3			중등 교과서 패턴 드릴 서술형
어휘	어휘끝 중학 필수편		중학 필수어휘 1000개	어휘끝 중학 마스터편 · 고난도 중학어휘 +고등기초 어휘 1000개
독해	Reading Relay Starter 1, 2 / Challenger 1, 2 / Master 1, 2			타교과 연계 배경 지식 독해
	READING Q Starter 1, 2 / Intermediate 1, 2 / Advanced 1, 2			예측/추론/요약 사고력 독해
독해전략	리딩 플랫폼 1 / 2 / 3			논픽션 지문 독해
독해유형	Reading 16 LEVEL 1 / 2 / 3			수능 유형 맛보기 + 내신 대비
			첫단추 BASIC 독해편 1 / 2	수능 유형 독해 입문
듣기	신간 Listening Q 유형편 / 1 / 2 / 3			유형별 듣기 전략 및 실전 대비
	쎄듀 빠르게 중학영어듣기 모의고사 1 / 2 / 3			교육청 듣기평가 대비

VOCA PREVIEW   p.12

A 1 ⓒ   2 ⓐ   3 ⓑ   4 ⓕ
  5 ⓓ   6 ⓔ   7 ⓖ
B 1 nickname 2 living room 3 friendly
  4 neat   5 bake   6 exercise
C 1 ride a bike   2 wash the dishes
  3 swimming pool   4 take a walk
  5 go shopping

UNIT 01 be동사

❶ 주어는 ~이다/~하다/(~에) 있다: 주어+be동사
                                              p.15

1 I was late for school
2 Her room is clean and neat
3 My brother was a student
4 These shoes are too small
5 Andy was sick
6 You are very smart.
7 Sam and Jane are from England.
8 His dog is so cute.
9 My classmates are friendly and funny.
10 Kate and I were best friends
11 Alex and I were in the park.

❷ be동사의 부정문과 의문문   p.17

1 is not[isn't]
2 was not[wasn't]
3 are not[aren't]
4 Are
5 Yes, he is
6 No, she isn't
7 No, they aren't
8 Yes, we were
9 Are you free this afternoon?
10 Andrew and Frank are not[aren't] my
   cousins.
11 (1) No, they aren't
   (2) They are happy
   happy 대신에 pleased, glad, joyful 등도 가능

5 A: 그 남자는 가수니?
  B: 응, 맞아. 그는 내가 가장 좋아하는 가수야.
6 A: Kate는 지금 집에 있니?
  B: 아니, 그렇지 않아. 그녀는 지금 학교에 있어.
7 A: 그들은 영어 선생님들이시니?
  B: 아니, 그렇지 않아. 그들은 수학 선생님들이셔.
8 A: 너와 너희 형은 콘서트장에 있었니?
  B: 응, 그랬어. 우리는 콘서트를 즐겼어.

11 <보기> A: Harrison 씨는 화가 나셨니?
   B: (1) 아니, 그렇지 않아.
      (2) 그는 놀라셨어.
   A: Brenda와 그녀의 친구는 슬프니?
   B: (1) 아니, 그렇지 않아.
      (2) 그들은 행복해.

UNIT 02 일반동사

❶ ~하다: 일반동사의 현재형(동사원형 또는 -(e)s)
                                              p.19

1 takes
2 does
3 rides
4 cries
5 My mom and I cook dinner
6 He visits the farm
7 The dog has long ears
8 She studies English
9 Kelly enjoys a play
10 Most people wear warm clothes
11 Jake watches movies
12 Her sister teaches Korean
13 (1) She plays the piano
   (2) She goes to concerts with friends

13 나는 Emma이다. 나는 음악을 좋아한다. 나는 피아노를 연
   주한다. 나는 친구들과 함께 콘서트에 간다.
              ↓
   그녀는 Emma이다. 그녀는 음악을 좋아한다. 그녀는 피아
   노를 연주한다. 그녀는 친구들과 함께 콘서트에 간다.
   해설 동사 play와 go의 3인칭 단수 현재형은 각각 plays,
   goes이다.

❷ ~했다: 일반동사의 과거형(-(e)d)   p.21

1 wrote
2 played
3 swam
4 went
5 studied
6 Tom read a book at night.
7 My sister baked a cake every day.
8 We ate some ice cream after lunch.
9 Tina took a picture
10 I left my umbrella
11 (1) had breakfast
   (2) met his friends
12 ⓐ woke up   ⓑ brushed
   ⓒ washed   ⓓ ran

[6~8] <보기> 나는 토요일에 영화를 본다.
      → 나는 토요일에 영화를 봤다.

6 Tom은 밤에 책을 읽는다.
   → Tom은 밤에 책을 읽었다.
7 우리 언니는 매일 케이크를 굽는다.
   → 우리 언니는 매일 케이크를 구웠다.
8 우리는 점심을 먹고 아이스크림을 조금 먹는다.
   → 우리는 점심을 먹고 아이스크림을 조금 먹었다.
11 (1) Dan은 아침에 아침 식사를 했다.
   (2) Dan은 학교가 끝나고 그의 친구들을 만났다.
12 나는 늦게 일어났다. 나는 양치질을 하고 세수했다. 나는
   학교로 달려갔다. 교실에는 아무도 없었다. 일요일이었던
   것이다!

❸ 일반동사의 부정문: don't[doesn't]/didn't+동사원형   p.23

1 don't remember
2 doesn't like
3 doesn't have
4 don't live
5 doesn't get up
6 doesn't do
7 didn't clean
8 didn't visit
9 didn't wear
10 didn't go
11 Jack did not[didn't] call me
12 Kate does not[doesn't] watch TV
13 Dave and Jason did not[didn't] come to the party
14 (1) His mother and father don't drink coffee.
   (2) My brother doesn't play the guitar.
   (3) I didn't buy a gift for my sister.

1 나는 그의 이름을 기억한다.
   → 나는 그의 이름을 기억하지 못한다.
2 그는 스테이크와 파스타를 좋아한다.
   → 그는 스테이크와 파스타를 좋아하지 않는다.
3 그녀는 주말에 아침을 먹는다.
   → 그녀는 주말에 아침을 먹지 않는다.
4 Jenny와 Bill은 런던에 산다.
   → Jenny와 Bill은 런던에 살지 않는다.
5 나의 오빠는 일찍 일어난다.
   → 나의 오빠는 일찍 일어나지 않는다.
6 Brown 선생님은 운동을 많이 하신다.
   → Brown 선생님은 운동을 많이 하지 않으신다.
7 나는 오늘 오후에 내 방을 청소했다.
   → 나는 오늘 오후에 내 방을 청소하지 않았다.
8 지난주에 그녀는 박물관을 방문했다.
   → 지난주에 그녀는 박물관을 방문하지 않았다.
9 Logan은 오늘 검은색 코트를 입었다.
   → Logan은 오늘 검은색 코트를 입지 않았다.
10 Olivia와 나는 함께 학교에 갔다.
   → Olivia와 나는 함께 학교에 가지 않았다.
14 (1) 그의 어머니와 아버지는 커피를 마시지 않으신다.
   (2) 내 남동생은 기타를 치지 않는다.
   (3) 나는 우리 언니를 위한 선물을 사지 않았다.
   해설 (1) 주어 His mother and father는 3인칭 복수
   They로 받을 수 있으므로 doesn't가 아니라 don't를 써야
   한다.
   (2) 주어 My brother는 3인칭 단수 He로 받을 수 있으므

로 doesn't를 써야 한다. 또한 doesn't 뒤에는 동사원형
을 쓴다.
(3) didn't 뒤에는 항상 동사원형이 오므로 bought의 원형
인 buy로 고쳐야 한다.

❹ 일반동사의 의문문: Do[Does]/Did+주어+동사원형 ~?   p.25

1 Do you eat breakfast
2 Does she play the guitar
3 Do you and Linda have plans
4 Did you go shopping
5 Does Bella study history
6 Did he finish his homework
7 No, I don't
8 Yes, she does
9 No, he doesn't
10 No, they didn't
11 (1) Does she know my phone number?
   (2) Did he kick the ball?

5 Bella는 열심히 역사를 공부한다.
   → Bella는 열심히 역사를 공부하니?
6 그는 어제 그의 숙제를 끝냈다.
   → 그는 어제 그의 숙제를 끝냈니?
7 A: 너는 선글라스를 가지고 있니?
   B: 아니, 그렇지 않아. 나는 사야 해.
8 A: 그녀는 이 컴퓨터를 사용하니?
   B: 응, 맞아. 그녀는 그것을 매일 사용해.
9 A: Charlie는 버스를 타고 학교에 가니?
   B: 아니, 그렇지 않아. 그는 걸어서 학교에 가.
10 A: 학생들은 오늘 소풍을 갔니?
   B: 아니, 그렇지 않았어. 그들은 내일 갈 거야.
11 (1) A: 그녀는 내 전화번호를 알고 있니?
   B: 응, 그래. 그녀가 너에게 전화할 거야.
   (2) A: 그가 그 공을 찼니?
   B: 아니, 그렇지 않았어. 그의 남동생이 그랬어.
   해설 (1) B의 응답 주어가 she이고 does로 답했으므로 A
   의 질문은 「Does she ~?」가 알맞다.
   (2) B의 응답 주어가 he이고 didn't로 답했으므로 A의 질
   문은 「Did he ~?」가 알맞다.

서술형 완벽대비 유형 마스터   p.26

STAGE 1

1 My dad is a police officer
2 She does not take a walk
3 Mina was late for school
4 Minsu and Bora were not sleepy
5 Did you see the movie
6 are in the same club
7 did not[didn't] have breakfast today
8 Does she like
9 I play computer games
10 Were they busy

6 해설 주어 My friend and I는 복수이고 시제가 현재이므
로 be동사는 are를 써야 한다.

STAGE 2

11 is my friend
12 No, I'm not
13 doesn't play the violin
14 Did you see a movie
15 Was your sister in Seoul
16 is in the living room
17 did not[didn't] wash the dishes
18 cleaned her room
19 Did, play soccer, didn't
20 reads → read
21 washs → washes
22 don't wears → doesn't wear
23 am → are
24 finded → found
25 Is → Are 또는 the students → the student
26 Is → Does
27 learns → learn
28 Do → Did
29 Does John do the homework at home?
30 She does not[doesn't] grow flowers in the garden.
31 Were my friends in the swimming pool?
32 Did he lose his cell phone at the park?
33 I did not[didn't] take a bus to school yesterday.

11 A: James, 너 저 남자아이를 아니?
   B: 응, 그는 내 친구야. 우리는 같은 반이야.
12 A: 당신은 고등학생인가요?
   B: 아니요, 그렇지 않아요. 저는 중학생이에요.
13 A: Susan은 바이올린을 연주하니?
   B: 아니, 그녀는 바이올린을 연주하지 않아. 그녀는 기타를 연주해.
14 A: 너는 어제 영화를 봤니?
   B: 응, 그랬어. 나는 가족과 함께 봤어.
15 A: 너희 언니는 지난주에 서울에 있었니?
   B: 아니, 그렇지 않았어. 그녀는 부산에 있었어.
16 A: 너희 엄마는 욕실에 계시니?
   B: 아니, 그렇지 않아. 엄마는 거실에 계셔.
[17~19] <보기> 민호는 일주일 전에 창문을 깼다.
17 내 남동생은 어젯밤에 설거지하지 않았다.
18 미아는 어제 자신의 방을 청소했다.
19 A: 하나는 지난 주말에 축구를 했니?
   B: 아니, 안 했어. 그녀는 아파서 주말 내내 집에 있었어.
20 그녀는 매일 책을 읽니?
21 Kevin은 매달 자신의 축구화를 씻는다.
22 우리 형은 겨울에 장갑을 끼지 않는다.
23 Jane과 나는 지금 지하철 안에 있다.
24 나는 서랍에서 몇몇 오래된 사진들을 찾았다.
25 그 학생들은 시험 전에 긴장하고 있니?
   해설 의문문의 주어가 the students로 복수이므로 Is가 아닌 Are를 써야 한다. 또는 Is 뒤에 주어 the students를 단수로 쓴다.

26 너희 아버지는 은행에서 일하시니?
   해설 의문문의 동사가 일반동사인 work이고 주어가 단수인 your father이므로 Is가 아닌 Does를 써야 한다.
27 우리는 매주 목요일에 과학을 배운다.
28 너는 어제 책 한 권을 빌렸니?
   해설 과거를 나타내는 yesterday가 있으므로 과거형 의문문이 되어야 한다.
29 John은 집에서 숙제를 한다.
   → John은 집에서 숙제를 하니?
30 그녀는 정원에서 꽃을 기른다.
   → 그녀는 정원에서 꽃을 기르지 않는다.
31 내 친구들은 수영장 안에 있었다.
   → 내 친구들은 수영장 안에 있었니?
32 그는 공원에서 자신의 휴대폰을 잃어버렸다.
   → 그는 공원에서 자신의 휴대폰을 잃어버렸니?
33 나는 어제 학교에 버스를 타고 갔다.
   → 나는 어제 학교에 버스를 타고 가지 않았다.

STAGE 3

34 (1) read, does not[doesn't] read
   (2) do not[don't] study, studies
   (3) do not[don't] watch,
       does not[doesn't] watch
35 ⓒ we ate delicious seafood at the beach
   ⓔ Did you have a good time

34

	나	Janet
아침 요리하기	○	○
아침 식사 후에 신문 읽기	○	×
학교에서 중국어 공부하기	×	○
밤에 TV 보기	×	×

<보기> 나는 아침을 요리한다. Janet은 아침을 요리한다.
(1) 나는 아침 식사 후에 신문을 읽는다.
    Janet은 아침 식사 후에 신문을 읽지 않는다.
(2) 나는 학교에서 중국어를 공부하지 않는다.
    Janet은 학교에서 중국어를 공부한다.
(3) 나는 밤에 TV를 보지 않는다.
    Janet은 밤에 TV를 보지 않는다.
35 Cindy에게,
잘 지내니? 크리스마스 카드 고마워. 정말 네가 그걸 만들었니? 나는 카드에 있는 네 그림이 마음에 들어. 크리스마스에 나는 가족과 함께 디즈니랜드에 갔어. 그다음 날엔 해변에서 맛있는 해산물도 먹었어. 우리는 또 해변 근처에 있는 멋진 호텔에서 묵었어. 너도 크리스마스에 좋은 시간 보냈니? 나에게 말해줘! 네가 아주 그리워.
사랑을 담아,
Sara

CHAPTER 02 현재진행형과 미래 표현

VOCA PREVIEW

p.30

A 1 ⓑ 2 ⓒ 3 ⓐ 4 ⓔ 5 ⓕ 6 ⓓ
B 1 lie 2 gym 3 invite
  4 borrow 5 festival
C 1 get better
  2 do one's homework
  3 a cup of tea
  4 join the club
  5 return the book
  6 be in the hospital
  7 take care of

UNIT 01 현재진행형

❶ ~하고 있다, ~하는 중이다: am/are/is+동사원형+-ing

p.33

1 is writing a birthday card
2 is taking a rest
3 is baking cookies
4 Children are running
5 I am drinking some orange juice
6 Three dogs are sitting
7 I am[I'm] lying on a bench.
8 Her health is getting better.
9 He is[He's] reading a newspaper.
10 We are watching TV at home.

10 A: Jimmy, 너와 너희 형은 집에서 무엇을 하고 있니?
   B: 우리는 집에서 TV를 보고 있어. 우리는 코미디 쇼를 아주 좋아해.

❷ 현재진행형의 부정문(~하고 있지 않다)과 의문문(~하고 있니?)

p.35

1 Is the baby crying
2 are not eating broccoli
3 Are you doing your homework
4 is not practicing the piano
5 I am not drinking coffee
6 Are they waiting for a bus?
7 Nancy is not[isn't] drawing pictures.
8 Is Tom cooking dinner?
9 My friends are not[aren't] playing tennis.
10 Is Kate studying, she isn't, She is[She's] having lunch

UNIT 02 미래 표현

❶ ~할[일] 것이다: will+동사원형

p.37

1 will borrow a bike
2 will not take a bus
3 Will they return the books
4 The store will close the door
5 We will not forget this moment
6 Mike will buy a bag
7 She will not[won't] be at home
8 Will you join the art club?
9 I will not[won't] wear this black coat.
10 Will you use a fork?, I won't, I will[I'll] use chopsticks

❷ ~할[일] 것이다, ~할 예정이다: be going to+동사원형

p.39

1 We are going to arrive
2 are not going to play soccer
3 Is Peter going to invite many people
4 Our team is going to win the quiz contest
5 I am not going to call her
6 I am[I'm] not going to climb the mountain
7 The writer is going to write a fantasy novel.
8 Is she going to stay here
9 Teddy is going to talk about Korean festivals.
10 I am going to go to the art museum.

10 A: 상호야, 너는 이번 주말에 무엇을 할 예정이니?
   B: 나는 미술관에 갈 거야. 거기엔 많은 유명한 작품들이 있어.

서술형 완벽대비 유형 마스터

p.40

STAGE 1

1 are swimming
2 is not taking
3 is going to visit
4 will go out
5 Is he exercising at the gym
6 Tim will not come to the party
7 Is your family going to move to Busan
8 Will Jane invite her friends

9 is drawing a picture
10 are playing basketball
11 am going to ride a bike
12 will cook with her mom
13 is going to fix my computer
14 She is[she's] listening to music.
15 They are[They're] playing basketball.
16 He is[He's] selling ice cream.
17 He is[He's] making an invitation for the Christmas party.
18 Jenny is not[isn't] going to return my book on Saturday.
19 I am[I'm] drinking a cup of tea after lunch.
20 Will the English class begin at 10 a.m.?
21 Is our school going to finish early today?
22 stand → standing
23 is → are
24 come → coming
25 teaching → teach
26 going not → not going
27 Is → Are
28 goes → go

9 A: John은 방에서 무엇을 하고 있니?
   B: 그는 그림을 그리고 있는 중이야.
10 A: 지원과 수지는 지금 무엇을 하고 있니?
   B: 그들은 농구를 하고 있어.
11 A: 너는 방과 후에 무엇을 할 예정이니?
   B: 나는 자전거를 탈 거야.
12 A: 수민이는 일요일에 무엇을 할까?
   B: 그녀는 엄마와 요리를 할 거야.
13 A: 너희 아빠는 내일 무엇을 하실 예정이시니?
   B: 아빠는 내 컴퓨터를 고쳐주실 거야.
[14~16] <보기> A: 그들은 무엇을 하고 있니?
          B: 그들은 잔디에 앉아 있어.
14 A: 그녀는 무엇을 하고 있니?
   B: 그녀는 음악을 듣는 중이야.
   해설 현재진행형 시제로 묻고 있으므로 대답도 현재진행형으로 쓴다.
15 A: 그들은 무엇을 하고 있니?
   B: 그들은 농구를 하고 있어.
16 A: 그는 무엇을 하고 있니?
   B: 그는 아이스크림을 팔고 있어.
17 그는 크리스마스 파티를 위해 초대장을 만든다.
   → 그는 크리스마스 파티를 위해 초대장을 만들고 있는 중이다.
18 Jenny는 토요일에 내 책을 돌려줄 예정이다.
   → Jenny는 토요일에 내 책을 돌려주지 않을 예정이다.
19 나는 점심 후에 차 한 잔을 마신다.

→ 나는 점심 후에 차 한 잔을 마시는 중이다.
20 영어 수업은 오전 10시에 시작할 것이다.
   → 영어 수업은 오전 10시에 시작하니?
21 우리 학교는 오늘 일찍 끝날 것이다.
   → 우리 학교는 오늘 일찍 끝날까?
22 Sally의 남동생은 그녀 뒤에 서 있다.
   해설 현재진행형으로 써야 하므로 be동사 뒤의 동사 stand는 standing으로 고쳐야 한다.
23 우리 부모님은 새 차를 사실 예정이다.
   해설 주어가 3인칭 복수명사 My parents이므로 is를 are로 고쳐야 한다.
24 Janet은 지금 여기로 오고 있니?
25 Brown 씨는 우리에게 역사를 가르치실 예정이다.
   해설 be going to 다음에는 동사원형을 쓴다.
26 그녀는 이번 주말에 할머니를 방문하지 않을 예정이다.
   해설 be going to의 부정은 be동사 뒤에 not을 붙인다.
27 그 아이들은 무대 위에서 노래를 부를 예정이니?
   해설 주어가 3인칭 복수명사 the children이므로 Is를 Are로 고쳐야 한다.
28 네 여동생은 내년에 너희 학교에 다닐 거니?
   해설 Will 다음에 동사원형을 써야 한다.

29 (1) will travel   (2) August
    (3) Will you go (4) won't
    (5) will go   (6) by ship
30 (1) Is your dad taking care of
    (2) are going to our uncle's house

29
   여행 계획

   √ 일본으로 여행가기

   √ 8월에

   √ 배를 타고

Peter: 있잖아, Mike. 너는 올해 여름에 어떤 계획이라도 있니?
Mike: 물론이지. 우리 가족은 8월에 일본으로 여행을 갈 거야.
Peter: 멋지다! 너희 가족은 비행기로 가니?
Mike: 아니, 그렇지 않아. 우리는 그곳에 배를 타고 갈 거야.
30 (두 사람이 전화로 대화를 나누고 있는 중이다.)
   A: 어디야, Sam? 너 오늘 밤에 영화를 보러 갈 거니?
   B: 아니, 안 갈 거야. 우리 엄마가 아프셔서 병원에 계셔.
   A: 안됐구나. 너희 아빠가 엄마를 돌보고 계시니?
   B: 응, 그래. 아빠가 오늘 밤에 엄마와 병원에 같이 계실 거야.
   A: 그러면, 너와 네 여동생은?
   B: 우리는 지금 삼촌 댁에 가고 있어. 우리는 오늘 밤 그곳에 머물 거야.
   A: 오, 그렇구나.
   해설 ⓐ B의 대답이 'Yes, he is.'인 것으로 보아 현재진행형 의문문이 가장 적절하다.
   ⓑ 문맥상 지금 진행 중인 일이므로 현재진행형 are going을 써야 한다.

CHAPTER 03 조동사

VOCA PREVIEW
p.44

A 1 ⓓ 2 ⓕ 3 ⓑ 4 ⓐ 5 ⓒ 6 ⓔ

B 1 arrive 2 silently 3 save
4 question 5 without 6 protect
7 spend 8 return

C 1 try on 2 miss the class
3 make noise 4 wear seat belts
5 throw trash 6 skip a meal
7 make a friend 8 gain weight

UNIT 01 can, may

❶ ~할 수 있다: can
p.47

1 can swim
2 Can, sing
3 cannot[can't] run
4 can play
5 cannot[can't] live
6 We can go to the airport
7 She can speak Japanese very well
8 That bird can fly very high
9 Can Nate come to the meeting
10 We can get tickets for the game.
11 Can Mina solve the question?
12 I cannot[can't] find my cell phone.
13 (1) Can you play badminton?
    (2) I can't, I can play tennis

❷ ~해도 된다: can, may
p.49

1 Can, try
2 may take
3 cannot[can't] sit
4 may not swim
5 May, ask
6 We may not make noise
7 You cannot bring your pet
8 You can call me anytime.
9 We cannot[can't] take pictures in the museum.
10 Can I borrow the book
11 You may not leave during the class.
12 Can you move these books

12 나를 위해 이 책들 좀 옮겨 줄래?
해설 '~해 줄래?'와 같은 '요청'의 의미를 나타낼 수 있는 표현은 「Can you+동사원형 ~?」이다.

UNIT 02 must, have to, should

❶ ~해야 한다: must, have to
p.51

1 must be
2 must wear
3 have to do
4 have to study
5 must not miss
6 We must walk silently
7 You must not be late
8 You have to drink enough water.
9 I don't have to get up early
10 My sister has to save her pocket money.
11 Tom had to study late
12 He doesn't have to bring an umbrella.
13 has to clean her room

13 나라는 자신의 방을 청소해야 한다.
해설 청소를 해야 하는 상황이므로 <보기> 안의 단어 중 have to(~해야 한다)를 사용한다. 주어인 Nara가 3인칭 단수이므로 has to로 바꿔 쓰고 뒤에는 동사원형 clean을 쓴다.

❷ ~해야 한다, ~하는 것이 좋다: should
p.53

1 should exercise
2 should buy
3 shouldn't eat
4 should go
5 shouldn't watch
6 I should return the book
7 She should help Gary
8 You should not[shouldn't] waste money.
9 We should not[shouldn't] bring food to the library.
10 You should wash your hands
11 People should not[shouldn't] talk loudly here.
12 (1) should turn off
    (2) should not play games

12 (1) 당신은 여기서 휴대전화의 전원을 꺼야 합니다.
    (2) 너는 수업 시간에 게임을 하면 안 된다.

서술형 완벽대비 유형 마스터
p.54

STAGE 1

1 Can you hold the door
2 should go to my uncle's house tomorrow
3 must not skip meals
4 has to study math this afternoon

5　May I call you later?
6　We have to protect nature.
7　You must be careful on roads.
8　The students should turn off their phones now.

STAGE 2

9　Can
10　have to
11　May
12　must not
13　must not throw trash
14　must wear a life jacket
15　must not use a camera
16　Can Emily eat raw fish?
17　Jinsu had to wait for his friend for an hour.
18　You may not go into this room.
19　She should not come here before 8 p.m.
20　Henry had to bring his textbook
21　should not[shouldn't] play computer games too much
22　should wash the dishes
23　should not[shouldn't] go to bed late at night
24　should arrive at school on time

9　A: 나는 지금 배가 정말 고파. 날 위해 요리해 주겠니?
　　B: 물론이야. 무엇을 원해?
　　해설 주어 you를 사용해 '~해 줄래요?'의 요청을 나타낼 때는 조동사 may가 아닌 can을 쓴다.
10　A: Erica, 오늘 오후에 나랑 쇼핑 갈래?
　　B: 아니, 나는 아빠와 함께 병원에 가야 해.
11　A: 내가 네 펜을 써도 되니?
　　B: 물론이야. 어떤 게 필요해, 까만색 아니면 파란색?
12　A: 엄마, 저 햄버거 먹어도 돼요?
　　B: Dan, 너는 패스트푸드를 먹어선 안 돼. 그건 네 건강에 좋지 않아.
[13~15] <보기> 당신은 상점 안으로 애완동물을 데리고 들어와서는 안 됩니다.
13　당신은 거리에 쓰레기를 버리면 안 됩니다.
14　당신은 보트에서 구명조끼를 입어야 합니다.
15　당신은 박물관에서 카메라를 사용해서는 안 됩니다.
16　Emily는 회를 먹을 수 있다.
　　→ Emily는 회를 먹을 수 있니?
17　진수는 한 시간 동안 친구를 기다려야 한다.
　　→ 진수는 한 시간 동안 친구를 기다려야 했다.

18　너는 이 방에 들어와도 된다.
　　→ 너는 이 방에 들어와선 안 된다.
19　그녀는 오후 8시 전에 여기에 와야 한다.
　　→ 그녀는 오후 8시 전에 여기에 오면 안 된다.
20　Henry는 내일 교과서를 가져와야 한다.
　　→ Henry는 어제 교과서를 가져와야 했다.
　　해설 조동사 must는 과거형이 없기 때문에 had to로 쓰는 것에 유의한다.
[21~24] <보기> 문제: Susan은 또 TV를 끄지 않았다.
　　　　충고: 너는 TV를 꺼야 한다.
21　문제: Kate는 컴퓨터 게임을 너무 많이 한다.
　　충고: 너는 컴퓨터 게임을 너무 많이 해서는 안 된다.
22　문제: Amy는 또 설거지를 하지 않았다.
　　충고: 너는 설거지를 해야 한다.
23　문제: 수호는 밤늦게 자러 간다.
　　충고: 너는 밤늦게 자러 가선 안 된다.
24　문제: Tony는 제시간에 학교에 도착하지 않는다.
　　충고: 너는 제시간에 학교에 도착해야 한다.

STAGE 3

25　(1) should find another hobby
　　(2) should not[shouldn't] go shopping too often
　　(3) have to study hard
　　(4) must not eat many sweets
26　ⓒ don't have to bring

25　고민
　　(1) 나는 자유 시간에 항상 TV를 본다.
　　(2) 나는 매달 너무 많은 돈을 쇼핑하는 데 쓴다.
　　(3) 나는 다음 주 금요일에 수학 시험이 있다.
　　(4) 나는 체중이 너무 많이 늘었다.
　　(1) 너는 다른 취미를 찾아봐야 한다.
　　(2) 너는 너무 자주 쇼핑하러 가지 말아야 한다.
　　(3) 너는 열심히 공부해야 한다.
　　(4) 너는 단것을 많이 먹으면 안 된다.
26　수지의 반은 다음 주에 경주로 현장학습을 갈 것이다. 그들은 현장학습 전에 신라 왕국에 대해 공부해야 한다. 다음 주 수요일에 학생들은 오전 8시 전까지 학교에 와야 한다. 그들은 기차를 타고 경주를 방문할 것이다. 그들은 점심을 가져오지 않아도 된다. 왜냐하면 그들은 경주에서 유명한 식당 중 한 곳에서 먹을 것이기 때문이다. 그들은 혼자 여행할 수 없고 선생님을 따라가야만 한다. 학생들은 많은 멋진 곳들을 방문할 예정이다. 모두 함께 즐거울 것이다.
　　해설 주어가 복수(they)이므로 doesn't를 don't로 고쳐 써야 한다.

CHAPTER 04 명사와 대명사

VOCA PREVIEW
p.58

A 1 ⓓ   2 ⓑ   3 ⓔ   4 ⓕ
  5 ⓐ   6 ⓒ   7 ⓖ
B 1 invite   2 warm   3 fridge
  4 pot   5 excellent 6 prepare
  7 rule
C 1 in front of   2 be full of

UNIT 01 명사

❶ 셀 수 있는 명사를 나타낼 때
p.61

1 brother
2 children
3 rabbits
4 buses
5 hour
6 fish
7 women
8 knives
9 pencils
10 orange
11 We have three rooms.
12 Wendy needs five potatoes.
13 He has a sister and two brothers.
14 The baby has four teeth.
15 She is carrying boxes.
16 Babies are sleeping on the bed.
17 (1) had an egg and two bananas
   (2) had two sandwiches

1 그녀는 남동생 한 명이 있다.
2 나는 다섯 명의 아이들을 우리 집에 초대했다.
3 사진 속에 토끼 세 마리가 있다.
4 길에 버스 두 대가 있다.
5 우리는 한 시간밖에 없다.
6 그는 물고기 열 마리를 살 것이다.
7 네 명의 여성이 피자를 먹고 있다.
8 그들은 식사를 위해 나이프 여덟 개가 필요하다.
9 우리 오빠는 나에게 연필 여섯 자루를 줬다.
10 그 소녀는 그에게 오렌지 한 개를 가져다줬다.
17 (1) Brandon은 아침 식사로 달걀 한 개와 바나나 두 개를 먹었다.
   (2) Brandon은 점심 식사로 샌드위치 두 개를 먹었다.

❷ 셀 수 없는 명사를 나타낼 때
p.63

1 four bowls
2 three loaves
3 ten bottles
4 two pairs
5 five pieces[slices]
6 a pair
7 two glasses
8 two pieces[slices]
9 a cup of tea
10 five pieces of paper
11 three bottles of water
12 a pair of skates
13 a bowl of salad
14 Can you give us two glasses of water

14 정말 더운 날이다. 너와 너의 친구는 매우 목이 마르다. 너는 집에 와서 너의 남동생이 부엌에 있는 것을 본다. 너는 그에게 뭐라고 말하겠는가?
→ 우리에게 물 두 잔 좀 줄래?

❸ ~가[이] 있다: There is/are ~
p.65

1 There are
2 There is
3 There are
4 There are
5 There is
6 There are three books on the desk
7 There are three roses and a tulip in the vase
8 There is soup in the pot.
9 Is there a ticket in your pocket?
10 There is not[isn't] a computer in my room.
11 Are there many animals in the zoo?
12 (1) There are two cups on the table.
   (2) There is a bridge over the river.

12 (1) 테이블 위에 컵 두 개가 있다.
   (2) 강 위로 다리가 하나 있다.

UNIT 02 대명사

❶ 나는, 나의, 나를, 나의 것 — 인칭대명사
p.67

1 his
2 mine
3 them
4 We, our
5 He, us
6 their
7 We, our
8 me, his
9 Your, his
10 me
11 your
12 them

13 her
14 my
15 ⓑ His

11 내가 네 사전을 빌려도 될까?
   해설 명사 dictionary의 소유를 나타내는 소유격 대명사로 쓴다.
12 나는 쿠키를 만들었다. 나는 그것들을 그녀에게 줄 것이다.
   해설 동사의 목적어 자리이므로 목적격 대명사를 쓴다.
13 우리 언니는 나에게 그녀의 책들을 주었다.
14 그의 부모님은 내 이름을 모르신다.
15 나는 내 친구를 소개하고 싶다. 그의 이름은 Nate이다. 그는 캐나다에 산다. 나는 그를 5년 전에 서울에서 만났다.
   해설 명사 앞에 쓰여 '~의'라는 의미가 되어야 하므로 소유격 대명사로 바꿔야 한다.

❷ 뜻이 없는 주어 It   p.68

1 It is warm today
2 It takes an hour to the library

❸ 약간(의), 조금(의): some, any   p.69

1 Do you have any questions
2 I don't have any homework

❹ 각각(의), 각자: each / 모든 ~: every   p.71

1 every
2 Each
3 each
4 Every
5 every
6 She is excellent in every subject
7 Each of us has a different habit
8 He tried every fruit in the basket
9 Every desk in the room was clean
10 Each store sells different items.
11 Each of them has different dreams.
12 Every teacher likes Tommy.
13 Each student has to bring a notebook.
14 like → likes

14 Mr. Willy는 나의 역사 선생님이다. 선생님의 수업은 절대 지루하지 않다. 우리 학교에 있는 모든 학생이 선생님을 좋아한다.
   해설 「every+단수명사」 주어는 항상 단수 취급하므로 3인칭 단수형 likes로 고쳐야 한다.

STAGE 1

1 Is there a bird on the apple tree
2 Each student needs a textbook for the class
3 My little sister bought three bottles of juice
4 There are five boys in the playground
5 It was very cloudy
6 two bowls of rice
7 Every room has
8 doesn't have any coins

1 해설 '~가[이] 있니?'라고 묻는 문장은 「Is[Are] there ~?」의 어순을 쓴다.
2 해설 each 뒤에는 단수명사가 오고 항상 단수 취급한다.
5 해설 날씨를 나타낼 때는 비인칭 주어 It을 쓴다.
6 해설 셀 수 없는 명사 rice를 세는 단위 bowl에 s를 붙여 복수형을 만든다.
7 해설 every 뒤에는 단수명사가 오고 항상 단수 취급한다.
8 해설 부정문에서 '전혀[하나도] ~없는'을 나타낼 때는 any를 쓴다.

STAGE 2

9 I bought five tomatoes
10 There is not[isn't] a post office near our home
11 Can I have a cup of green tea
12 It is[It's] ten o'clock
13 there aren't
14 (1) There is a dog
   (2) There are two children
   (3) There is a duck
15 (1) There are five tables
   (2) There are four people
   (3) There is a painting
16 loaves of
17 glasses of
18 bowl of
19 pieces of
20 sheet of
21 (1) Is there any food in the fridge
   (2) There are two slices[pieces] of pizza and some juice
22 tooth → teeth
23 my → mine[my book]
24 piece → pieces 또는 two → a[one]
25 is → are
26 That → It
27 guests → guest
28 some → any

9 A: 너는 슈퍼마켓에서 무엇을 샀니?
   B: 나는 슈퍼마켓에서 토마토 다섯 개를 샀어.
   해설 다섯 개이므로 tomato의 복수형 tomatoes를 쓴다.
10 A: 우리 집 가까이에 우체국이 어디에 있니?
   B: 우리 집 가까이에는 우체국이 없어.
   해설 '~가[이] 없다'라는 의미를 나타낼 때는 「There
   is[are] not ~」의 형태로 쓴다.
11 A: 오늘 정말 춥다. 차 좀 줄까?
   B: 고마워. 녹차 한 잔 마실 수 있을까?
12 A: 지금 몇 시니, Jane?
   B: 지금은 10시 정각이야.
   해설 시간을 나타내는 비인칭 주어 It을 쓴다.
13 A: 너희 마을에는 많은 영화관이 있니?
   B: 아니, 그렇지 않아. 우리 마을에는 영화관이 딱 하나 있어.
   해설 「Are there ~?」 의문문에 대한 대답은 Yes, there
   are. 또는 No, there aren't.로 한다.
[14~15] <보기> 돗자리 위에 세 명의 소녀들이 있다.
14 (1) 나무 아래에 개 한 마리가 있다.
   (2) 벤치에 두 명의 아이들이 있다.
   (3) 연못에 오리 한 마리가 있다.
   해설 그림의 내용과 일치하도록 문장을 완성하되, 명사의
   단수형 앞에는 There is를 쓰고, 명사의 복수형 앞에는
   There are를 쓴다.
15 (1) 레스토랑에 다섯 개의 테이블이 있다.
   (2) 레스토랑에 네 명의 사람들이 있다.
   (3) 벽에 그림 하나가 있다.
16 Peter는 빵집에서 빵 다섯 덩이를 샀다.
17 우리 언니는 매일 우유 두 잔을 마신다.
18 나는 오늘 아침으로 치킨 샐러드 한 그릇을 먹었다.
19 그 레스토랑은 케이크 100조각을 준비했다.
20 당신은 시험을 위해 연필 한 자루, 지우개 하나 그리고
   한 장의 종이가 필요하다.
21 A: 나는 정말 배가 고파. 냉장고에 음식이 좀 있니?
   B: 잠깐만. 내가 확인해 볼게. 음... 피자 두 조각이랑 약간
   의 주스가 있어.
   A: 잘됐다! 나는 그것을 먹을 수 있어!
   해설 (1) '~이 있니?'라는 의미를 나타낼 때는 「Is[Are]
   there ~?」의 형태로 나타낼 수 있는데, 뒤에 오는 명사가
   any food로 단수명사이므로 Is를 쓴다.
22 달팽이는 천 개가 넘는 이빨을 가지고 있다.
   해설 앞에 over a thousand가 있으므로 tooth는 복수형
   teeth로 써야 한다.
23 테이블 위에 있는 이 책은 내 것이 아니다.

해설 소유격 my 뒤에 명사 book을 쓰거나 소유대명사인
mine을 써야 한다.
24 나는 오후에 빵을 두 조각[한 조각] 먹었다.
   해설 셀 수 없는 명사 bread를 세는 단위 piece를 pieces
   로 쓰거나 two를 a 또는 one으로 고쳐야 한다.
25 우리 음악 동아리에는 열 명의 회원이 있다.
   해설 ten members가 복수형이므로 is는 are로 써야 한다.
26 오늘은 8월 15일이다.
   해설 날짜를 나타내는 비인칭 주어 It이 와야 한다.
27 모든 손님이 어제 우리 집에서 파티를 즐겼다.
   해설 every 뒤에는 단수명사가 오므로 guests를 guest로
   고쳐야 한다.
28 A: Tom, 너 펜 있니?
   B: 미안, 하나도 없어.
   해설 부정문이므로 some을 any로 고쳐야 한다.

STAGE 3

29 (1) It is[It's] cloudy
   (2) It will[It'll] be rainy
   (3) It will[It'll] be windy
   (4) It will[It'll] be sunny
   (5) It will[It'll] be sunny
30 ⓐ our
   ⓓ every year

29 (1) 오늘은 월요일이다. 지금은 흐리다.
   (2) 화요일에는 비가 올 것이다.
   (3) 수요일에는 바람이 불 것이다.
   (4) 목요일에는 맑을 것이다.
   (5) 금요일에도 맑을 것이다.
   해설 모두 날씨를 나타내는 표현이므로 비인칭 주어 It으로
   문장을 시작하여 쓴다.
30 내 친구들과 나는 학교 미술 동아리에 가입했다. 우리 동아
   리에서 우리는 사람들, 장소들 그리고 물건들의 그림을 그
   린다. 우리는 가끔 공원에 가서 나무, 꽃 그리고 동물들을
   그린다. 그것은 정말 재미있다! 우리는 매년 학교 축제에서
   모두에게 우리의 그림을 보여준다. 이것은 일 년 중에 우리
   가 가장 좋아하는 행사이다. 이것이 너에게 흥미롭게 들리
   니? 그럼 우리 동아리에 와서 우리와 함께 그림을 그리자.
   해설 ⓐ 명사 pictures 앞에 소유격인 our를 써야 한다.
   ⓓ every 뒤에는 단수명사를 쓰므로 years는 year로 고쳐
   야 한다.

CHAPTER 05 형용사, 부사, 비교

VOCA PREVIEW   p.76

A 1 ⓑ 2 ⓕ 3 ⓓ 4 ⓔ 5 ⓒ 6 ⓐ
B 1 shadow   2 semester   3 jar
  4 match   5 clearly   6 valley
  7 motorcycle
C 1 make a mistake   2 walk around
  3 win first place   4 take a walk
  5 be proud of   6 be late for

UNIT 01 형용사

❶ 명사를 꾸미거나 주어를 설명할 때   p.79

1 She buys fresh bread every day.
2 Jane should not drink anything cold.
3 A famous pianist visited Seoul.
4 My parents gave a special present to me.
5 Robert saw someone tall
6 The children ate delicious hamburgers
7 Our new semester starts in March

8 Cute boys are holding pretty flowers
9 (1) a strong boy
   (2) a tall girl
   (3) a fat boy
   (4) something heavy

1 그녀는 매일 갓 구운 빵을 산다.
2 Jane은 어떠한 차가운 것도 마시면 안 된다.
3 한 유명한 피아니스트가 서울을 방문했다.
4 우리 부모님은 나에게 특별한 선물을 주셨다.
9 (1) 지호는 튼튼한 소년이다.
   (2) 유나는 키가 큰 소녀이다.
   (3) Peter는 뚱뚱한 소년이다.
   (4) Jenny는 무거운 무언가를 들고 있다.

❷ many, much, (a) few, (a) little을 써야 할 때
p.81

1 we didn't have much rain
2 I left a little food for my little brother
3 She has lots of snacks in the bag
4 She will buy a few flowers
5 It doesn't take much time
6 There was little butter in the dish.
7 The bookstore sells many children's books.
8 (1) are many candies
   (2) Few students are

8 <보기> 수프에 약간의 소금을 넣어라.
   (1) 병 안에 많은 사탕이 있다.
   (2) 교실에 학생들이 거의 없다.

UNIT 02 부사

❶ 동사, 형용사, 부사, 문장을 꾸며줄 때
p.83

1 My dog barked so loudly
2 You should speak clearly
3 Luckily, found an empty seat easily
4 The writer's book is very difficult
5 We prepared for the performance really hard
6 The curtain matches perfectly
7 Paul answered my question very calmly.
8 Happily, I won first place in the race.
9 He played the guitar beautifully.
10 I can solve the questions very easily.

❷ 얼마나 자주 일어나는지를 나타낼 때
p.85

1 My parents are always proud of me
2 sometimes watches a movie
3 is usually at home
4 I will never skip breakfast
5 It doesn't usually rain
6 We always listen to our teacher

7 You can often see stars
8 My friends are never late for school.
9 (1) is always busy
   (2) never rides a bike
   (3) often play the violin

9 <보기> 그녀는 보통 과일을 먹는다.
   (1) 우리 아빠는 항상 바쁘시다.
   (2) Nick은 자전거를 절대 타지 않는다.
   (3) 그들은 바이올린을 자주 연주한다.

UNIT 03 비교 표현

❶ 「비교급+than ~」을 써야 할 때
p.87

1 Gary runs faster than Paul
2 I can sing better than my sister
3 water is more expensive than oil
4 The team did worse than last year.
5 Susan gets up earlier than Jina.
6 He walks more slowly than her.
7 Motorcycles are more dangerous than bikes.
8 (1) is heavier than Bag B
   (2) is more popular than Bag A
   (3) is bigger than Bag C

8 <보기> A 가방은 B 가방보다 더 작다.
   (1) C 가방은 B 가방보다 더 무겁다.
   (2) B 가방은 A 가방보다 더 인기 있다.
   (3) A 가방은 C 가방보다 더 크다.

❷ 「the+최상급(+명사)+in[of] ~」을 써야 할 때 p.89

1 The mountain is the most beautiful in my country
2 Johnny dances the best in our school
3 Bora has the longest hair in my class
4 It was the most wonderful moment of my life
5 I am[I'm] the happiest person in the world.
6 This restaurant is the nicest in my town.
7 Science is the most difficult subject for me.
8 Today was the hottest day of this year.
9 The giraffe is the most popular animal in the zoo.
10 (1) Tony runs the fastest
   (2) Bob runs the slowest

10 (1) Tony는 셋 중에서 가장 빠르게 달린다.
   (2) Bob은 셋 중에서 가장 느리게 달린다.

STAGE 1

1 a brave boy
2 a few coins
3 slower than
4 is always clean
5 the worst day
6 usually washes the dishes after dinner
7 Is there anything cold
8 can live longer than humans
9 is the strongest student in class

2 해설 셀 수 있는 명사의 복수형 앞에는 a few를 쓴다.
4 해설 be동사가 있을 때 빈도부사는 be동사 뒤에 쓴다.
6 해설 빈도부사는 일반동사 앞에 쓰고 현재시제이므로 일반동사의 3인칭 단수형을 쓴다.
7 해설 anything은 형용사가 뒤에서 꾸며준다.
8 해설 long을 비교급 longer로 바꿔 쓴다.
9 해설 strong을 최상급 the strongest로 바꿔 쓴다.

STAGE 2

10 Few
11 much
12 a little
13 many
14 little
15 (1) is taller
   (2) is shorter
   (3) is the shortest
   (4) is the tallest
16 Sad → Sadly
17 special something → something special
18 child → children
19 expensive → more expensive
20 big → biggest
21 much → many
22 oldest → the oldest
23 careful → carefully
24 John is the youngest member in our book club.
25 I got up earlier than my brother this morning.
26 She answered the question more quickly than me.
27 Math was the most difficult test for me.
28 This computer is cheaper than that one.

10 A: Kelly 선생님은 왜 그렇게 화가 나셨니?
   B: 학생들이 거의 숙제를 해오지 않았어.
11 A: John, 우리 집에서 같이 공부하자.
   B: 미안해. 난 시간이 많이 없어. 한 시간 안에 집에 가야 해.
12 A: 너는 아침 식사로 무엇을 먹었니?
   B: 나는 아침에 빵을 조금 먹었어.
13 A: 너는 시험을 잘 봤니?
   B: 아니, 나는 시험에서 실수를 많이 했어.
14 A: 너는 지금 어디에 가고 있니?

B: 나는 슈퍼마켓에 가고 있어. 냉장고에 물이 거의 없어.
15 (1) Sandra는 Nick보다 키가 더 크다.
   (2) Maria는 Nick보다 키가 더 작다.
   (3) Maria는 셋 중에 가장 키가 작다.
   (4) Sandra는 셋 중에 가장 키가 크다.
16 슬프게도 Tim은 공원에서 지갑을 잃어버렸다.
17 너는 Jenny를 위해 무언가 특별한 것을 샀니?
   해설 something은 형용사가 뒤에서 꾸며준다.
18 영화관에 많은 아이들이 있었다.
   해설 '많은'을 나타내는 a lot of가 쓰였으므로 child를 복수형인 children으로 고쳐야 한다.
19 이 옷은 저 신발보다 더 비싸다.
20 이것은 파리에서 가장 큰 교회이다.
21 도로는 조용하다. 사람들이 많이 없다.
   해설 셀 수 있는 명사의 복수형 people이 쓰였으므로 many로 고쳐야 한다.
22 이 집은 우리 마을에서 가장 오래됐다.
   해설 최상급 앞에는 the를 쓴다.
23 우리 아빠는 밤에 조심스럽게 운전하신다.
24 John은 우리 독서 동아리에서 가장 젊은 회원이다.
25 나는 오늘 아침 우리 형보다 더 일찍 일어났다.
26 그녀는 나보다 더 빨리 그 질문에 대답했다.
27 수학은 나에게 가장 어려운 시험이었다.
28 이 컴퓨터는 저것보다 더 싸다.

STAGE 3

29 (1) sometimes plays the piano
   (2) never goes swimming
   (3) is often with his family
30 (1) many
   (2) much
   (3) many
   (4) many
   (5) much

29 <보기> 민수는 항상 엄마를 도와드린다.
   (1) 민수는 가끔 피아노를 친다.
   (2) 민수는 전혀 수영하러 가지 않는다.
   (3) 민수는 자주 가족과 함께 있다.
   해설 표에서 민수가 하는 일과 그 빈도를 찾아 연결하되, 일반동사 앞과 be동사 뒤에 빈도부사를 쓴다.
30 7월 20일 금요일
   우리는 오후에 요세미티에 도착했다. 우리는 요세미티 계곡을 걸어 다니면서 많은 오래된 나무들과 야생 동물들을 보았다. 우리는 요세미티에 대한 많은 정보가 없었다. 한 공원 관리인이 우리에게 말했다, "이곳에는 곰들이 많아요. 그것들은 나무 속에 있는 꿀을 아주 좋아하죠." 내일 우리는 낚시를 하러 갈 것이다. 얼른 가고 싶다!

7월 21일 토요일
아침을 먹은 후, 우리는 미러 호수에 갔다. John의 아버지는 많은 큰 물고기들을 잡으셨다. 우리는 종일 정말 많이 재미있었다. 밤에 John과 나는 이상한 소리를 들었다. 우리는 밖을 보았고 큰 그림자를 봤다. 그것은 곰이 아니었다. 그건 John의 아버지였다!

CHAPTER 06 여러 가지 문장 종류

VOCA PREVIEW p.94

A 1 ⓓ   2 ⓒ   3 ⓑ   4 ⓕ
   5 ⓐ   6 ⓖ   7 ⓔ

B 1 recycle   2 exchange   3 lock
   4 spicy   5 cousin   6 guess
   7 season   8 invite

C 1 tell the truth   2 pass the test
   3 throw away   4 keep a secret
   5 by the window   6 see a doctor

UNIT 01 명령문, 제안문, 감탄문

❶ ~해라/~하지 마라: 명령문 p.97

1 Lock the door
2 Don't run in the hallway
3 Drink a lot of water
4 Don't worry too much
5 Be nice to your friends.
6 Don't[Do not] speak loudly
7 Don't[Do not] touch your eyes
8 Open your textbook
9 Don't[Do not] take pictures
10 (1) Don't draw
     (2) Don't play soccer

10 (1) 벽에 낙서하지 마라.
     (2) 교실에서 축구를 하지 마라.

❷ ~하는 게 어때?/~하자: 제안문 p.99

1 Why don't you see a doctor
2 Let's have lunch together
3 How about going out
4 Why don't you tell me
5 How about listening to music
6 Why don't we go to a movie?
7 How about playing with your brother?
8 Why don't you take a bus today?
9 Let's recycle these boxes.
10 Why don't we start from tomorrow?

10 A: 우리는 건강을 위해 학교까지 걸어가야 해.
     우리 내일부터 시작하는 게 어때?
   B: 좋은 생각이야.
   해설 제안을 나타내는 표현 중 why가 들어가는 「Why don't we+동사원형 ~?」을 쓴다.

❸ 정말 ~하구나!: 감탄문 p.101

1 How fast the train runs
2 What a great writer he is
3 How sweet this pie is
4 What an amazing story it is
5 What a good friend he is
6 lazy he is
7 a smart boy Henry is
8 cute the puppy is
9 expensive these shoes are
10 How beautiful it was!

[6~9] <보기> 그는 정말 용감한 군인이었다.
         → 그는 정말 용감한 군인이었구나!
6 그는 정말 게으르다.
   → 그는 정말 게으르구나!
7 Henry는 정말 영리한 소년이다.
   → Henry는 정말 영리한 소년이구나!
8 그 강아지는 정말 귀엽다.
   → 그 강아지는 정말 귀엽구나!
9 이 신발은 정말 비싸다.
   → 이 신발은 정말 비싸구나!
10 A: 너는 한라산에 방문했니?
   B: 응, 그래. 그것은 정말 아름다웠어.
   A: 나도 그렇게 생각해. 나는 그곳에 다시 방문하고 싶어!
   해설 밑줄 친 문장의 시제가 과거이므로 감탄문의 시제도 과거인 was로 쓴다.

UNIT 02 의문사 의문문

❶ what 의문문 p.103

1 What should I bring
2 What does he teach
3 What time is it now
4 What is the name of your puppy
5 What are Dana and Jenny talking about
6 What time does Jay get up
7 What do you want
8 What do you do in your free time
9 (1) What did you do last weekend?
     (2) What is[What's] your favorite winter sport?

6 A: Jay는 몇 시에 일어나니?
   B: 그는 매일 아침 7시에 일어나.
7 A: 너는 네 생일 선물로 무엇을 원하니?
   B: 나는 내 생일 선물로 새 신발을 원해.
8 A: 너는 여가 시간에 무엇을 하니?
   B: 나는 주로 컴퓨터 게임을 해.
9 A: 너는 지난 주말에 무엇을 했니?
   B: 나는 가족들과 스키를 타러 갔어.
   A: 재미있었겠다. 나도 겨울 스포츠를 좋아해.
   B 네가 가장 좋아하는 겨울 스포츠는 뭐니?
   A: 내가 가장 좋아하는 겨울 스포츠는 스노보드 타기야.
   해설 (1) 일반동사가 쓰이는 what 의문문의 어순은 「What+do/does/did+주어+동사원형 ~?」인데, 과거(last weekend)의 일에 관해 묻고 있으므로 과거형 did를 쓴다.

(2) 이어지는 대답을 통해 가장 좋아하는 스포츠가 무엇인지 묻는 질문임을 알 수 있다. what 의문문의 주어가 your favorite winter sport이므로 앞에 be동사 is를 쓴다.

❷ who/which/when/where/why 의문문　　p.105

1 Who is that tall boy
2 When did you meet Tom
3 Where is Mr. Brody from
4 Which singer do you like
5 Why did you wake up
6 Why did you go
7 Where does Robert work
8 Who is your cousin
9 Which T-shirt is yours
10 I went to my grandma's house.

6 A: 너는 어젯밤에 공원에 왜 갔어?
　B: 나는 자전거를 타고 싶었기 때문이야.
7 A: Robert는 어디에서 일하나요?
　B: 그는 학교에서 일해요.
8 A: 누가 너의 사촌이니?
　B: 그는 저기에 있는 남자아이야.
9 A: 어느 티셔츠가 너의 것이니, 빨강 아니면 파랑?
　B: 내 것은 빨간색이야.
10 A: 너는 지난 토요일에 어디에 갔니?
　B: 나는 할머니 댁에 갔어.

❸ how 의문문　　p.107

1 How do you feel
2 How can I get to the museum
3 How many books did you read
4 How long do turtles live
5 How tall are you
6 How long does it take
7 How many legs does an octopus have
8 How often do you call
9 How many times does she have lessons?

5 A: 너는 키가 얼마나 크니?
　B: 나는 160cm야.
6 A: 지하철을 타고 거기까지 가는 데 얼마나 걸리니?
　B: 20분이 걸려.
7 A: 문어는 얼마나 많은 다리를 가지고 있니?
　B: 그것은 다리 8개를 가지고 있어.
8 A: 너는 얼마나 자주 할머니께 전화하니?
　B: 나는 일주일에 한 번 전화해.
9 A: Kate의 일정표를 봐. 그녀는 피아노를 열심히 연습하는구나.
　B: 그녀는 몇 번이나 레슨을 받니?
　A: 그녀는 일주일에 세 번 레슨을 받아.

UNIT 03 부가의문문

❶ 부가의문문　　p.109

1 aren't you
2 didn't she
3 can't he
4 did she

5 does he
6 aren't they
7 has, doesn't he
8 went, didn't he
9 doesn't like, does she
10 order, shall we
11 (1) weren't they
　 (2) was she

11 (1) A: 그 그림들은 정말 아름다웠어, 그렇지 않니?
　　 B: 맞아, 나도 그렇게 생각해.
　 (2) A: Kate는 피곤하지 않았어, 그렇지?
　　 B: 응, 그녀는 괜찮았어.

서술형 완벽대비 유형 마스터　　p.110

STAGE 1

1 Why don't we invite him
2 Do not throw away trash
3 When will you come
4 What a lovely boy he is
5 What season do you like
6 Let's not go out
7 How about sitting by the window
8 can keep a secret, can't he
9 Wash your hands before meals
10 How long did you sleep

STAGE 2

11 How tall is it
12 How much does it weigh
13 What does it eat
14 What nickname does it have
15 be careful
16 isn't
17 a great day
18 don't we
19 What
20 What
21 Who
22 books
23 (1) Have breakfast every day
　 (2) Don't eat food late
24 (1) Why don't you go to bed early?
　 (2) How about going to bed early?
25 (1) How can I
　 (2) Go straight one block, turn left

[11~14] <보기> Daniel: 게임을 해 보자. 너는 동물에 대해 추측을 해야 해.
　　　　 Janice: 그래, 나 이 게임 좋아해. 내가 그 동물에 대해 질문들을 할게.
11 Janice: 그것은 얼마나 키가 크니?
　 Daniel: 그것은 약 2m 정도야.
12 Janice: 그것은 얼마나 무게가 나가니?

Daniel: 그것은 약 200kg 정도야.

13 Janice: 그것은 무엇을 먹니?
Daniel: 그것은 다른 동물들을 먹어.

14 Janice: 그것은 무슨 별명을 가지고 있니?
Daniel: 사람들은 그것을 '정글의 왕'이라 불러.
Janice: 알겠다! 그것은 사자야!
Daniel: 맞아.

15 내 안경을 조심해 주세요.
해설 명령문은 동사원형으로 시작해야 하므로, 형용사 careful 앞에 be동사가 필요하다.

16 이것은 내 연필이야. 그렇지 않니?
해설 부가의문문에서는 앞 문장에 나온 동사의 시제와 같아야 하므로 isn't로 쓴다.

17 정말 멋진 날이구나!
해설 What 감탄문은 「What+a/an+형용사+명사(+주어+동사)!」의 어순으로, 단수명사 day가 쓰였으므로 앞에 관사 a가 필요하다.

18 오늘 화창하다. 우리 공원에 가는 게 어때?
해설 제안을 나타내는 표현 중 why로 시작하는 것은 「Why don't we+동사원형 ~?」의 형태로 쓴다.

19 오늘은 정말 추운 날이구나!
해설 What 감탄문은 「What+a/an+형용사+명사(+주어+동사)!」의 형태이고, How 감탄문은 「How+형용사/부사(+주어+동사)!」의 형태이다.

20 A: 네가 가장 좋아하는 영화는 무엇이니?
B: 내가 가장 좋아하는 영화는 *Maze Runner*야.
해설 B의 응답에서 가장 좋아하는 영화를 말하고 있으므로 '무엇'인지 물어보는 의문사 What이 와야 한다.

21 A: 어제 파티에 누가 있었어?
B: David, Jason, 그리고 Kevin이 있었어.
해설 B의 응답에서 '누가' 있었는지를 이야기하고 있으므로 의문사 Who가 와야 한다.

22 A: 너는 지금 얼마나 많은 책을 가지고 있니?
B: 나는 두 권을 가지고 있어.
해설 셀 수 있는 명사의 개수를 물을 때는 「How many+복수명사」의 형태를 사용한다.

23 (1) 매일 아침 식사를 해라.
(2) 밤늦게 음식을 먹지 마라.

24 A: 나는 너무 피곤해.

B: 일찍 자러 가는 게 어때?
A: 알겠어. 그렇게.
해설 how를 사용하는 제안문은 「How about -ing ~?」의 형태로 쓴다.

25 A: 실례합니다. 버스 정류장까지 어떻게 갈 수 있을까요?
B: 곧장 한 블록 가서 모퉁이에서 왼쪽으로 꺾으세요.
A: 정말 감사합니다.
B: 천만에요.
해설 (1) 어떻게 가야 하는지 '방법'을 묻고 있으므로 의문사 how를 사용한다. 조동사 can을 사용해야 하므로 「How can I+동사원형 ~?」의 어순이 된다. (2) 명령문으로 써야 하므로 동사원형으로 시작한다.

STAGE 3

26 Don't[Do not] kick others' seats.
Turn off your cell phones.

27 Be quiet in the building.
Don't[Do not] bring food.

28 Don't[Do not] run in the classroom.
Arrive at school on time.

29 Don't[Do not] take pictures.
Don't[Do not] talk loudly.

30 ⓐ What
ⓒ How far

30 오늘, 우리 선생님은 현장 학습에 대해 우리에게 말씀해주셨다. 정말 좋은 소식이다! Henry는 선생님께 질문했다. "우리는 어디로 가나요?" 선생님은 말씀하셨다. "우리는 경주로 갈 거란다." 그다음에 나도 선생님께 질문했다. "여기서 얼마나 먼가요?" 선생님은 대답하셨다. "버스로 두 시간이 걸리지." 나는 우리가 경주에서 많은 흥미로운 장소를 방문할 수 있을 거라고 생각한다, 그렇지 않을까? 나는 매우 신난다.
해설 ⓐ How 감탄문에서 how 바로 뒤에는 형용사나 부사가 오는데, great news가 쓰였으므로 What 감탄문으로 써야 한다.
ⓒ 거리를 물을 때는 How far(얼마나 먼 ~)를 사용한다.

CHAPTER 07 문장의 여러 형식

VOCA PREVIEW

p.114

A 1 ⓑ 2 ⓒ 3 ⓕ 4 ⓓ
  5 ⓖ 6 ⓔ 7 ⓐ
B 1 sound   2 invitation   3 calm
  4 comfortable 5 childhood   6 lend
C 1 tell the truth   2 send a file
  3 take a rest   4 ask a favor

UNIT 01 SVC

❶ 주어+동사+주격보어   p.117

1 The milk smells strange

2 My brother looked angry
3 This pizza tastes very good
4 The pants look small
5 Your idea sounds good.
6 The actor became so famous.
7 Nate looked worried
8 Marina felt very sleepy.
9 The movie became boring.
10 (1) feels soft
   (2) smell sweet

10 (1) 그 스웨터는 부드럽게 느껴진다.
   (2) 그 꽃들은 달콤한 향기가 난다.

UNIT 02 SVOO

❶ 주어+동사+간접목적어+직접목적어   p.119

1　gave me a cup of water
2　bought her sister some snacks
3　made her friend a necklace
4　teaches students history
5　passed me the ball
6　Serena gave me a call
7　made her brother a model airplane
8　Mom cooked my family pasta.
9　I sent my friends invitation cards.
10　(1) gave her grandmother a flower
　　(2) gave her friend a cookie

10　(1) Betty는 자신의 할머니에게 꽃 한 송이를 드렸다.
　　(2) Betty는 자신의 친구에게 쿠키 한 개를 주었다.

❷ 주어+동사+직접목적어+전치사+간접목적어   p.121

1　I wrote a letter to Lisa.
2　Jerry told a funny story to us.
3　Cindy showed her puppy to me.
4　My dad bought the computer for me.
5　I sent an email to my teacher.
6　My aunt cooked Chinese food for me.
7　The policeman asked some questions of Tom.
8　Ben lent his camera to Wendy.
9　Nicky gave the doll to her cousin.
10　(1) gave a pencil case to Vicky
　　(2) bought a diary for me

10

나 → Vicky	필통
Vicky → 나	다이어리

12월 24일
오늘은 크리스마스이브였다. 내 친구 Vicky와 나는 특별한 선물을 서로에게 주었다. 나는 필통을 Vicky에게 주었다. Vicky는 나에게 다이어리를 사 주었다. 우리는 우리의 선물을 매우 좋아했다. 우리는 매우 행복했다.

UNIT 03 SVOC

❶ 주어+동사+목적어+목적격보어   p.123

1　thinks Daniel a kind boy
2　The test made me nervous
3　found the box empty
4　The music made people calm
5　I think him a great writer
6　My dad named my sister Julia.
7　Jogging keeps us healthy.
8　The long trip made me tired.
9　You will[You'll] find the story interesting.
10　(1) The news made me excited
　　(2) can call her Mina

10　A: 너는 그 전학생에 관해 들었니?
　　B: 응, 들었어. 그 소식은 나를 신나게 했어.
　　A: 나도 그래. 너는 그녀의 이름을 아니?
　　B: 응, 우리는 그녀를 미나라고 부를 수 있어.
　　A: 그렇구나.

STAGE 1

1　I found the village beautiful
2　Mom made a pretty sweater for me
3　The soup tasted salty
4　Lily sent me the file
5　Eric told the truth to the police
6　Ron's voice sounded sleepy
7　I lent Bill some money
8　This carrot cake smells very sweet
9　Brad asked me an easy question
10　I will get you some dessert

STAGE 2

11　He taught me some new words
12　My mom made it for me
13　The noise makes me uncomfortable
14　I will send it to you
15　I felt bored
16　Your idea sounds wonderful
17　to Jim → Jim 또는 to Jim a postcard
　　→ a postcard to Jim
18　angrily → angry
19　you → to you 또는 my childhood picture you → you my childhood picture
20　warmly → warm
21　of → to
22　sleep → sleepy
23　for → to
24　strangely → strange
25　for a baby → a baby
26　of → to
27　(1) She made a strawberry cake for me.
　　(2) He gave a book to me.
　　(3) He wrote me a birthday card.
　　(4) I felt happy.
28　They look so happy
29　people found the new park a good place
30　The shade makes us comfortable
31　my brother brought a lunch box to me

11　A: Jason이 너에게 무엇을 가르쳐 주었니?
　　B: 그는 나에게 새 단어를 좀 가르쳐 줬어.
12　A: 이 샌드위치는 정말 맛있구나!
　　B: 고마워. 우리 엄마가 이것을 나에게 만들어주셨어.
13　A: 이게 무슨 소리니?
　　B: 모르겠어. 이 소음은 나를 불편하게 만들어.
14　A: 너는 언제 나에게 그 MP3 파일을 보내줄 거니?
　　B: 나는 그것을 너에게 바로 지금 보낼 거야.

15 A: 과학 수업은 어땠니?
　　B: 나는 수업 동안 지루했어.
16 A: 너는 내 생각에 대해서 어떻게 생각하니?
　　B: 네 아이디어는 훌륭하게 들려.
17 나는 오늘 밤 Jim에게 엽서를 쓸 것이다.
　　해설 「write+간접목적어+직접목적어」의 SVOO 구조이므
　　로 간접목적어 앞에 전치사는 쓰지 않는다. 전치사 to를 쓰
　　려면 「직접목적어+전치사+간접목적어」 순서로 쓴다.
18 Tony는 자신의 선생님을 화나게 만들었다.
　　해설 「make+목적어+목적격보어」의 SVOC 구조이므로
　　목적격보어로 형용사를 사용한다.
19 나는 내 어린 시절 사진을 너에게 보여줄 것이다.
　　해설 「주어+동사+직접목적어+전치사+간접목적어」 어순
　　에서 동사 show를 쓸 때는 간접목적어 앞에 전치사 to를
　　쓴다. 또는 「간접목적어+직접목적어」 순서로 쓴다.
20 그 새 재킷은 나를 따뜻하게 했다.
　　해설 「keep+목적어+목적격보어」의 SVOC 구조이므로 목
　　적격보어로 형용사를 사용한다.
21 Fred는 예쁜 꽃 한 송이를 Mary에게 주었다.
　　해설 「주어+동사+직접목적어+전치사+간접목적어」 어순
　　에서 동사 give를 쓸 때는 간접목적어 앞에 전치사 to를 써
　　야 한다.
22 나는 점심시간 이후에 졸리게 느꼈다.
　　해설 감각동사는 형용사 보어를 쓴다.
23 나는 내 비밀을 너에게 말하지 않을 것이다.
　　해설 「주어+동사+직접목적어+전치사+간접목적어」 어순
　　에서 동사 tell을 쓸 때는 간접목적어 앞에 전치사 to를 써
　　야 한다.
24 Nate의 말은 이상하게 들렸다.
　　해설 감각동사는 형용사 보어를 쓴다.
25 우리 아빠는 나를 아기라고 부르셨다.
　　해설 「주어+동사+목적어+목적격보어」의 어순일 때는 전
　　치사를 쓰지 않는다.
26 Andrew는 Chris에게 쪽지를 전달했다.
　　해설 「주어+동사+간접목적어+직접목적어」의 어순일 때
　　는 전치사를 쓰지 않는다.
27 오늘은 나의 생일이었다. 저녁에 우리 가족은 나를 위해서
　　집에서 생일파티를 열어주었다. 엄마는 나에게 딸기 케이
　　크를 만들어 주었다. 아빠는 나에게 책을 주셨다. 나는 그
　　것이 매우 좋았다. 우리 오빠는 생일 카드를 나에게 써 줬
　　다. 우리는 아주 멋진 밤을 보냈다. 우리 가족은 항상 나를
　　행복하게 만든다.
　　(1) 당신의 엄마는 당신에게 무엇을 만들어 주셨나요?
　　→ 엄마는 저에게 딸기 케이크를 만들어 주셨어요.
　　(2) 당신의 아빠는 당신에게 무엇을 주셨나요?

→ 아빠는 저에게 책 한 권을 주셨어요.
(3) 당신의 오빠는 당신에게 무엇을 써 주었나요?
→ 오빠는 나에게 생일 카드를 써 주었어요.
(4) 당신의 기분은 어땠나요?
→ 저는 행복했어요.
28 아이들은 잔디 위에서 뛰어다니고 있다. 그들은 매우 행복
　　해 보인다.
29 우리 마을에는 새로운 공원이 있다. 휴식을 위해서, 사람들
　　은 그 새로운 공원이 좋은 장소라는 것을 알았다.
30 우리는 나무 아래에서 휴식을 취하고 있다. 그늘이 우리를
　　편안하게 해준다.
31 나는 오늘 내 도시락을 집에 두고 갔다. 다행히, 내 남동생
　　이 나에게 도시락을 가져다주었다.

STAGE 3

32 (1) I named it Brown
　　(2) it gives me a warm hug
　　(3) keeps our house clean
　　(4) cooks my family meals
　　(5) makes our lives easy
33 ⓐ of you
　　ⓒ bad

32 (1) 저의 새 로봇 친구를 소개합니다. 저는 그것을 Brown
　　　이라고 이름 지었습니다.
　　(2) Brown은 로봇이지만, 우리의 기분을 보살핍니다. 제가
　　　기분이 좋지 않을 때, 그것은 저에게 따뜻한 포옹을 해
　　　줍니다.
　　(3) Brown은 우리 집을 깨끗하게 유지합니다.
　　(4) Brown은 우리 가족에게 식사를 요리해 줍니다.
　　(5) Brown은 우리의 삶을 쉽게 만들어 줍니다.
33 Mike: Jane, 너에게 부탁 좀 해도 될까?
　　Jane: 무엇이니, Mike?
　　Mike: 너 나에게 저 책을 빌려줄 수 있니? 나는 내 숙제를
　　　　위해서 그 책이 필요해.
　　Jane: 미안해, 나도 내 숙제를 위해서 그것이 필요해. 정말
　　　　유감이야.
　　Mike: 오, 알겠어. 괜찮아.
　　Jane: Jenny에게 네 문제를 말해봐. 그녀도 이 책을 가지
　　　　고 있어.
　　Mike: 응, 그럴게.
　　해설 ⓐ ask a favor 표현은 간접목적어를 뒤로 보낼 때 전
　　치사 of를 쓴다. ⓒ 동사 feel의 보어 자리이므로 형용사
　　bad를 쓴다.

CHAPTER 08 to부정사

VOCA PREVIEW
p.128

A 1 ⓔ　2 ⓓ　3 ⓐ　4 ⓑ　5 ⓒ
B 1 healthy　2 cook　3 raise
　 4 invite　5 language
C 1 solve the question　2 lose weight
　 3 throw a party　4 come back home
　 5 travel abroad　6 take an airplane

UNIT 01 부사적 쓰임

❶ ~하기 위해, ~하려고(목적) / ~해서(감정의 원인)
p.131

1 upset to lose her cell phone
2 raised my hand to ask a question
3 happy to get good scores
4 washed his hands to eat a hamburger
5 To come back home

6 The girl was glad to see a musical.
7 went to the playground to play badminton
8 They were very sad to hear the news.
9 (1) to borrow a book
　(2) to study English
　(3) to do his homework

9 (1) Jack은 책 한 권을 빌리기 위해 도서관에 갔다.
　(2) Sam은 영어 공부를 하려고 도서관에 갔다.
　(3) Tim은 숙제를 하려고 도서관에 갔다.

UNIT 02 명사적 쓰임

① ~하는 것은(주어) / ~하는 것이다(보어)   p.133

1 To go swimming is really exciting
2 to live happily
3 To exercise regularly is important
4 to throw a party for Peter
5 To eat vegetables is good
6 To stay at home all day
7 His job is to take care of children.
8 To sing a song
9 My sister's dream is to become a cook.
10 My hobby is to ride a bike.

10 A: 지민아, 너는 여가 시간에 무엇을 하니?
　 B: 나는 보통 공원에 가. 내 취미는 자전거를 타는 거야.

② ~하는 것을(목적어)   p.135

1 like to spend time with my family
2 decided to buy new shoes
3 wants to have dinner with you
4 My brother promised to come here
5 The students need to finish their homework
6 I hope to sing
7 We plan to visit a history museum
8 John and I chose to take a yoga class
9 Rachel learned to bake bread from her mother.
10 you need to wash your hands first

10 A: 엄마, 제가 이 쿠키들을 지금 먹어도 돼요?
　 B: 응, 그래. 하지만 너는 먼저 너의 손을 씻어야 해.

UNIT 03 형용사적 쓰임

① ~하는: (대)명사+to부정사   p.137

1 He bought a computer to use
2 We need someone to help us
3 I don't have a coat to wear
4 My teacher brought fruits to eat
5 There are many musicals to watch

6 I need time to take a rest.
7 Alex knows a way to solve this question.
8 My parents bought a car to drive.
9 Sumi wrote some letters to send
10 There were many books to read.

10 Kelly는 방과 후에 도서관에 갔다. 많은 읽을 책들이 있었다. 그녀는 찰리와 초콜릿 공장을 읽기로 선택했다. 그것은 아주 흥미로웠다.

STAGE 1

1 to buy a new cap
2 to live in England
3 to watch an action movie
4 to finish the exam
5 to go to the amusement park
6 To play with friends is fun
7 You need to eat healthy food
8 Do you have something hot to drink
9 Jack plans to learn Chinese next month
10 I climb mountains to lose weight

8 해설 -thing, -one, -body로 끝나는 대명사 뒤에서 형용사가 수식할 땐 형용사 뒤에 to부정사를 쓴다.

STAGE 2

11 to wear glasses
12 to lose her book
13 to open the door
14 to meet my friend
15 to be[become] an actor
16 to study for the exam
17 to buy some eggs
18 travels → travel
19 visit → to visit
20 broke → break
21 use → to use
22 were → was
23 stayed → to stay
24 lend → to lend
25 (1) I want to help sick people.
　(2) I decided to be[become] a nurse.
26 (1) To swim is my hobby.
　(2) Minsu likes to swim in the sea.

16 A: Kate, 너 오늘 아침에 어디에 있었니?
　 B: 나는 도서관에 있었어.
　 A: 왜?
　 B: 나는 시험을 위해 공부해야 했어.
　 Q: Kate는 왜 도서관에 갔나?
　 A: 그녀는 시험을 위해 공부하려고 도서관에 갔다.
　 해설 목적을 나타내는 to부정사를 사용해 질문에 대답한다.
17 A: 왜 늦었니, 진호야?
　 B: 나는 오는 길에 슈퍼마켓에 다녀왔어.
　 A: 왜?

B: 나는 달걀을 좀 살 필요가 있었어.
Q: 진호는 왜 늦었나?
A: 그는 달걀을 좀 사기 위해 슈퍼마켓에 갔다.

18 Linda는 내년에 아시아로 여행하길 바란다.

19 우리는 우리 동네에 있는 사과 농장을 방문하기로 선택했다.

20 내 여동생은 그녀의 장난감을 망가뜨려서 슬펐다.

21 그 남자아이는 세탁기를 사용하는 것을 배웠다.

22 이 문제를 푸는 것은 어려웠다.
해설 to부정사 주어는 단수 취급하므로 동사는 was로 써야 한다.

23 그녀는 오늘 방과 후에 집에 머물 것을 약속했다.

24 너는 나에게 빌려줄 연필이 있니?
해설 의미상 명사 a pencil을 꾸며주는 to부정사 to lend를 써야 한다.

25 오늘 나는 내 미래의 목표에 관해 이야기할 것이다. 나는 아픈 사람들을 돕길 원한다. 어느 날, 나는 나이팅게일에 관해 읽었고 그녀는 나의 롤 모델이 되었다. 그래서 나는 간호사가 되기로 결심했다.

26 내 이름은 준호이고 나는 13살이다. 수영하는 것은 내 취미이다. 오늘 나는 내 친구 민수와 수영을 하러 갈 것이다. 민수는 바다에서 수영하는 것을 좋아한다. 그래서 우리는 종종 함께 바다에 간다.

STAGE 3

27 (1) likes to eat
   (2) to buy
   (3) happy to receive
   (4) to invite

28 (1) To take an airplane
   (2) to travel abroad
   (3) to visit
   (4) hope to

27

지나의 생일 파티를 위한 계획	
지나가 가장 좋아하는 음식	치즈케이크
살 것	장미 한 송이
초대할 친구들	다섯 명

지나는 나의 가장 친구이고 내일은 그녀의 생일이다. 내 친구들과 나는 생일 파티를 열어줄 것이다.
지나는 치즈케이크를 먹는 것을 좋아한다. 그래서 우리는 하나 만들기로 결정했다. 오후에 나는 장미를 사기 위해 꽃집에 갔다. 지나는 그것을 받고 행복해할 것이다. 그리고 우리는 초대장을 만들었다. 파티에 초대할 다섯 명의 친구들이 있다.

28 나는 지난여름 가족과 함께 뉴욕에 갔다. 우리는 공항에 가서 비행기를 탔다. 나는 처음으로 해외여행을 했고 매우 신이 났다. 나는 많은 미술관과 박물관들을 방문했다. 뉴욕 사람들은 너무 빨리 말해서 나는 잘 이해할 수 없었다. 모든 것이 도전이었다. 하지만 신나는 도전이었다. 나는 정말로 내년에 다시 그 도시를 방문하고 싶다.
(1) 비행기를 타기 위해서 우리는 공항에 갔다.
(2) 나는 해외여행을 해서 매우 신이 났다.
(3) 뉴욕에는 방문할 많은 미술관과 박물관들이 있다.
(4) 나는 내년에 다시 그 도시를 방문하길 바란다.
해설 (1) 목적을 나타내는 to부정사는 문장 맨 앞에 올 수 있다.

CHAPTER 09 동명사

VOCA PREVIEW
p.142

A 1 ⓒ   2 ⓔ   3 ⓖ   4 ⓑ
   5 ⓕ   6 ⓓ   7 ⓐ
B 1 lock   2 solve   3 experiment
   4 famous   5 collect   6 environment
   7 break   8 protect
C 1 wait in line   2 on time
   3 turn in homework
   4 do volunteer work   5 be proud of

UNIT 01 명사로 쓰이는 동명사

❶ 동명사(-ing)를 주어나 보어 자리에 쓸 때   p.145

1 Taking a trip by train is
2 Not doing homework together is
3 Biting your nails is
4 Learning foreign languages is
5 is being an astronaut

6 My goal is traveling all over the world.
7 Waiting in line is necessary.
8 Being on time is important.
9 Building a snowman was very fun.
10 Believing in yourself is one of the most important things.
11 (1) Her hobby is playing the piano.
   (2) Her goal is learning Spanish.

11 Mona는 중학교 학생이다. 그녀는 여가 시간에 피아노 치는 것을 좋아한다. 그것은 그녀의 취미이다. 그녀는 또한 자신의 강아지와 산책하는 것을 좋아한다. 오늘, Mona는 다음 달 목표를 세웠다. 그녀는 스페인어를 배우기 시작할 것이다.
(1) Mona의 취미는 무엇인가요?
→ 그녀의 취미는 피아노를 연주하는 것입니다.
(2) 그녀의 다음 달의 목표는 무엇인가요?
→ 그녀의 목표는 스페인어를 배우는 것입니다.

❷ 동명사(-ing)를 동사의 목적어로 쓸 때   p.147

1 kept talking on the phone
2 gave up finding her watch

3 finished building a sandcastle
4 avoids taking a bus
5 Chris avoided going to the dentist.
6 I practice speaking English
7 mind turning on the air conditioner
8 considered getting married
9 stopped looking at her watch
10 (1) He enjoys singing songs.
   (2) She practices riding a bike.

10 A: 네 남동생은 여가 시간에 무엇을 하니?
   B: 그는 노래 부르는 것을 즐겨.
   A: 네 언니는 무엇을 연습하니?
   B: 그녀는 자전거 타는 것을 연습해.

❸ 의미에 따라 동명사나 to부정사를 목적어로 쓸 때
p.149

1 Don't forget to write your name
2 remember turning in my homework
3 Do you remember going to camp
4 forgot to bring paints
5 tried riding a bike alone
6 Alice tried to solve the science question.
7 My grandmother forgot telling the story.
8 I tried printing the picture.
9 I always try to help the elderly.

9 받는 사람: Mike@helptogether.com
   제목: 나는 봉사 동아리에 가입하고 싶어.
   안녕, Mike.
   내 이름은 Jane이야. 나는 요리를 매우 잘해. 나는 항상 어르신들을 돕기 위해 노력해.
   네 답장을 기다릴게.
   Jane

UNIT 02 자주 쓰이는 동명사 표현

❶ 전치사+동명사
p.151

1 felt like having chocolate ice cream
2 went skiing last weekend
3 How about going
4 are good at seeing
5 Thank you for lending
6 How about playing soccer
7 We celebrate Chuseok by having
8 I was sorry for breaking
9 is interested in studying
10 looks forward to singing
11 is good at playing basketball

11 나는 Bella야. 나는 노래를 잘하지 못하지만, 나는 농구를 매우 잘해. 우리 팀은 농구 대회에서 항상 우승해. 우리 팀원들은 나를 매우 좋아해. 나는 특별해.
   → 그녀는 농구를 잘한다.

서술형 완벽대비 **유형 마스터** p.152

STAGE 1

1 My hobby is collecting coins
2 I forgot to send a text message
3 Kevin stopped using the old computer
4 Rachel is considering having a puppy
5 try to protect the environment
6 I look forward to going to
7 My mom practices driving a car
8 Cindy remembers locking the door
9 Thank you for telling me

STAGE 2

10 to take → taking
11 joining not → not joining
12 go → going
13 waste → wasting
14 to ask → asking
15 to take → taking
16 break → breaking
17 to bake → baking
18 to show → showing
19 to put → putting
20 keeps playing soccer
21 enjoys writing poems
22 Tim considers[is considering] cooking dinner
23 gave up learning Spanish
24 Remember to wash your face
25 avoid touching your face with dirty hands
26 Do not[Don't] forget to drink a lot of water
27 Try seeing a doctor
28 (1) I am considering getting a puppy
   (2) I kept persuading them
   (3) I am looking forward to meeting you soon.

10 너는 나중에 산책하는 것을 꺼리니?
   해설 mind는 동명사를 목적어로 취하는 동사이다.
11 내가 너와 함께 하지 못해서 미안하다.
   해설 '~해서 미안하다'는 「be sorry for+동명사」로 표현한다.
12 Monica는 파티에 가고 싶지 않다.
   해설 '~하고 싶다'는 「feel like+동명사」로 표현한다.
13 너의 시간을 낭비해서 미안하다.
14 내 남동생은 자연에 대해서 질문하는 것을 계속했다.
   해설 '~하는 것을 계속하다'는 「keep+동명사」로 표현한다.
15 내 사촌은 다른 나라로 여행을 가는 것을 즐긴다.
   해설 enjoy는 동명사를 목적어로 취하는 동사이다.
16 Jim은 교칙을 어기는 것을 피했다.
   해설 avoid는 동명사를 목적어로 취하는 동사이다.
17 Jessica는 사과 파이를 굽는 것을 마쳤다.
   해설 finish는 동명사를 목적어로 취하는 동사이다.

18 나는 내 학생증을 보여줌으로써 도서관에 들어갔다.
해설 '~함으로써'는 「by+동명사」로 표현한다.
19 Sue는 퍼즐을 맞추는 것을 포기했다.
해설 give up은 동명사를 목적어로 취하는 동사이다.
20 A: Alex는 무엇을 하니?
B: Alex는 축구를 연습하는 것을 계속해.
21 A: Marina는 무엇을 좋아하니?
B: Marina는 시를 쓰는 것을 즐겨.
22 A: Tim은 무엇을 생각하고 있니?
B: Tim은 자신의 가족을 위해 저녁을 요리할 것을 고려해.
23 A: Judy가 무엇을 포기했니?
B: Judy는 스페인어를 배우는 것을 포기했어.
24 세수할 것을 기억해라.
25 더러운 손으로 네 얼굴을 만지는 것을 피하려고 노력해라.
26 물을 많이 마실 것을 잊지 마라.
27 한번 병원에 가 봐라.
28 레오에게.
안녕, 레오야. 오랫동안 이야기를 못 했구나!
너의 새 학교는 어떠니? 너는 많은 새 친구를 사귀었니? 요즘, 나는 강아지를 키우는 것을 고려하고 있어. 나는 내가 어렸을 때부터 강아지를 키우는 것을 원해왔어. 내 부모님은 애완동물을 키우는 것을 싫어하셨어. 그러나, 나는 그분들을 설득하는 것을 계속했어. 그리고 마침내 내가 강아지를 키우는 것을 허락하셨어! 내가 강아지를 집에 데려오면 사진을 보내줄게.
그런데, 너는 언제 우리 도시를 방문할 수 있니? 나는 너를 곧 만날 것을 고대하고 있어.
내게 알려줘.
몸 건강해,
Serena

해설 (1) consider는 동명사를 목적어로 취하는 동사이다.
(2) keep은 동명사를 목적어로 취하는 동사이다.
(3) 「look forward to+동명사」는 '~하기를 고대하다'라는 의미이다.

STAGE 3

29 (1) She enjoys taking a walk
(2) She avoids being late to school
(3) She practices playing the violin
(4) She is good at dancing
(5) She remembered to go to the school festival
30 ⓐ enjoys helping
ⓓ finished volunteering

29 내 친구 Matilda를 소개합니다. 그녀는 미국에서 왔습니다.
(1) 그녀는 공원에서 산책하는 것을 즐깁니다.
(2) 그녀는 학교에 늦는 것을 피합니다.
(3) 그녀는 바이올린을 연주하는 것을 연습합니다.
(4) 그녀는 춤추는 것을 잘합니다.
(5) 그녀는 학교 축제에 나와 함께 갈 것을 기억합니다.
30 내 동생은 지난여름에 특별한 방학을 보내기를 원했다. 그는 다른 사람들을 돕는 것을 즐긴다. 그래서 그는 병원에서 봉사 활동을 시작했다. 그는 사람들을 행복하게 만드는 것을 매우 좋아한다. 그는 흥미로운 이야기들을 아픈 사람들에게 들려주었다. 아픈 사람들은 그에게 고마워했다. 그가 봉사 활동을 마쳤을 때, 그는 자기 자신을 매우 자랑스러워했다.
해설 enjoy와 finish는 동명사를 목적어로 취하는 동사이다.

CHAPTER 10 전치사와 접속사

VOCA PREVIEW
p.156

A 1 ⓒ 2 ⓔ 3 ⓐ 4 ⓓ 5 ⓑ 6 ⓕ
B 1 nervous 2 hang 3 cancel
  4 gate 5 match 6 lie
  7 beat 8 flour
C 1 hold a festival 2 take care of
  3 heavy rain 4 business trip
  5 take medicine 6 miss the train

UNIT 01 전치사

❶ 장소, 위치, 방향을 나타내는 전치사
p.159

1 are singing in the sky
2 The Earth goes around the Sun
3 were many pictures on the wall
4 found my wallet at the bus stop
5 A butterfly flew into my room.
6 I'll wait for you at the main gate.
7 are thirty students in my classroom
8 is a big yard behind our house

9 (1) is between two chairs
  (2) is on the table
  (3) are in the vase

9 (1) 탁자가 두 의자 사이에 있다.
  (2) 꽃병 하나가 탁자 위에 있다.
  (3) 약간의 꽃들이 꽃병 안에 있다.

❷ 시간을 나타내는 전치사
p.161

1 I played tennis on Tuesday
2 The concert ended at 10:30
3 The Australians enjoy Christmas in summer
4 She visited her hometown during the vacation
5 watches a movie on Saturdays
6 moved to Busan in July
7 called me before dinner
8 We enjoyed the full moon at night
9 have to finish our homework by Wednesday
10 Greg always gets up at seven in

10 해설 시간 앞에는 전치사 at, 아침, 점심 등과 같이 하루를 이루는 부분 앞에는 전치사 in을 쓴다. 문장의 동사가 일반 동사이므로 always와 같은 빈도를 나타내는 부사는 일반 동사 앞에 쓴다.

UNIT 02 접속사

❶ 그리고: and, 그러나: but, 또는: or   p.163

1 Harry and I are best friends
2 but he didn't succeed
3 plan to climb the mountain and have lunch
4 but I arrived at school on time
5 The story was interesting but too long.
6 soccer or watching TV
7 My sister went to the park and rode a bike
8 Andy and I will visit Japan or Hong Kong
9 but I didn't have an umbrella

9 방과 후에 비가 많이 왔지만 나는 우산이 없었다.

❷ 시간, 이유, 조건 등을 나타내는 접속사   p.165

1 while I am studying at home
2 If it is sunny tomorrow
3 before you go to bed
4 when I went to the museum
5 After my father read a newspaper
6 If you know the answer
7 when he goes to Italy
8 Because Julia lost her cell phone
9 was happy because my team won the game

9 나는 우리 팀이 경기에서 이겼기 때문에 행복했다.

❸ 접속사 that+주어+동사 ~: ~가 …하다는 것   p.167

1 thought that it was the answer
2 believe that Victor will help me
3 hope that I become a good student
4 knows that Tim is very honest
5 My teacher said we must clean the classroom
6 I remember (that) he was a singer
7 People think (that) the restaurant is the best
8 Emily said (that) the musical was interesting.
9 says that a man saw a UFO

9 신문은 한 남자가 UFO를 봤다고 전한다.

서술형 완벽대비 유형 마스터   p.168

STAGE 1

1 If it rains tomorrow
2 remember that Mike has a younger sister
3 when he arrives at the hotel
4 but she finished her homework
5 in July and August
6 cold or rainy
7 on the desk
8 because I woke up late
9 think that

5 해설 월 앞에는 전치사 in을 쓴다.
9 해설 동사 think 다음에는 명사절을 이끄는 접속사 that 을 쓴다.

STAGE 2

10 in
11 during
12 for
13 until
14 by
15 When
16 because
17 (1) in front of a red car
    (2) between the two red cars
    (3) behind the white car
18 (1) is lying on the bed
    (2) is beside[by, next to] the bed
    (3) is sitting under the table
    (4) is behind the dog
19 when I have a cold
20 because I did not[didn't] sleep well
21 When she waits for the bus
22 before he goes to bed
23 Because I missed the subway
24 will be out → am out
25 at → on
26 because of → because
27 dance → dancing
28 if → that 또는 if 삭제
29 during → for
30 in → on
31 go → went

10 우리 가족은 2016년에 부산으로 이사 갔다.
    해설 연도 앞에는 전치사 in을 쓴다.
11 Fred는 영어 시험 동안 긴장했다.
    해설 특정한 때를 나타내는 the English test가 쓰였으므로 전치사 during을 쓴다.
12 나는 이틀 동안 두통이 있다. 나는 병원에 가야 한다.
    해설 숫자를 포함한 구체적인 기간 two days가 쓰였으므로 전치사 for를 쓴다.
13 우리 아빠는 내일까지 집에 오지 않으실 거다. 아빠는 지금 출장 중이시다.
    해설 계속되던 동작이 끝나는 시점이므로 until을 쓴다.

14 너는 다음 주 금요일까지 도서관에 그 책들을 반납해야 한다.
해설 '반납'이라는 일회성의 행동이 완료되는 시점이므로 전치사 by를 쓴다.

15 비가 올 때, 나는 주로 형과 컴퓨터 게임을 한다.

16 나는 저 레스토랑이 너무 시끄러워서 좋아하지 않는다.

17 (1) 노란색 차 한 대가 빨간색 차 앞에서 달리고 있다.
(2) 흰색 차 한 대가 두 대의 빨간 차 사이에서 달리고 있다.
(3) 초록색 트럭 한 대가 하얀색 차 한 대 뒤에서 달리고 있다.

18 (1) 여자아이 한 명이 침대 위에 누워있다.
(2) 탁자 하나가 침대 옆에 있다.
(3) 개 한 마리가 탁자 아래에 앉아 있다.
(4) 상자 하나가 개 뒤에 있다.

24 내가 밖에 있는 동안에 너는 Susan을 돌봐야 한다.

25 금요일에 야구 시합이 있을 것이다.

26 나는 Jenny를 믿는다. 왜냐하면 그녀는 정직하기 때문이다.
해설 뒤에 주어와 동사가 있는 완전한 문장이므로 접속사 because를 써야 한다. because of 뒤에는 명사구가 온다.

27 노래하는 것과 춤추는 것은 내 취미이다.
해설 and 앞에 주어 동명사가 쓰였으므로 dance도 동명사인 dancing으로 써야 한다.

28 우리는 우리 축구팀이 최고라고 믿는다.
해설 동사 believe의 목적어로 절이 오므로 if를 명사절을 이끄는 접속사 that으로 고쳐야 한다. 이때 that은 생략 가능하다.

29 폭우는 일주일 동안 계속될 것이다.

30 그녀는 벽에 달력을 걸었다.

31 나는 일주일 전에 친구를 만나서 영화를 보러 갔다.
해설 동사가 접속사 and로 연결될 때는 시제를 동일하게 써야 하므로 go를 went로 써야 한다.

STAGE 3

32 (1) If	(2) after	
(3) Before	(4) because	

33 believe that he will be the best player

32

컵케이크 만드는 방법
1. 그릇에 버터와 설탕을 넣고 휘저어라.
2. 밀가루, 계란, 베이킹파우더 그리고 소금을 넣고 잘 저어라.
3. 반죽을 제빵용 컵에 부어라.
4. 오븐에 컵케이크를 10분 동안 구워라.
5. 컵케이크가 식을 때까지 10분을 더 기다려라. 이제 컵케이크를 즐겨라!

단 것을 좋아한다면, 컵케이크를 만들어 보는 건 어떨까요? 먼저, 그릇에 버터와 설탕을 넣고 휘저으세요! 그러고 나서 그릇에 밀가루, 달걀, 베이킹파우더 그리고 소금을 넣

은 후에 잘 저어주세요. 반죽을 구울 때 제빵용 컵이 필요해요. 컵케이크를 즐기기 전에 10분을 기다려야 하는데, 컵케이크가 너무 뜨겁기 때문이에요.

33 나의 가장 친한 친구 수호는 축구선수가 되길 원한다. 그가 열 살이었을 때, 그는 경기장에서 축구 경기를 봤다. 그때 이후로, 그는 축구 선수가 되는 꿈을 꿔왔다. 방과 후에 그는 항상 열심히 연습한다. 그래서 나는 미래에 그가 최고의 선수가 될 것이라고 믿는다.
해설 동사 believe 뒤에 명사절을 이끄는 접속사 that이 와야 한다. 이때, that은 생략 가능하지만 8 단어로 써야 하므로 that을 써줘야 한다.

문법에서 막히지 않는 서술형

거침없이 라이팅!

거침없이 Writing

LEVEL 1

WORKBOOK
정답 및 해설

STAGE 1

1　is not my classmate
2　slept on the sofa
3　Do they have lunch with you
4　I wash my dog
5　Was she a pianist
6　were sick
7　Is Susan
8　left home
9　didn't ride
10　goes to school

3　해설　일반동사의 의문문은 「Do[Does]+주어+동사원형 ~?」으로 쓴다.
6　해설　주어가 My brother and I로 복수이고 시제가 과거이므로 과거형 were를 쓴다.
7　해설　be동사 의문문은 주어와 동사의 순서를 바꿔 쓴다.
9　해설　일반동사 과거형의 부정문은 「did not[didn't]+동사원형」으로 쓴다.

STAGE 2

11　No, it isn't
12　plays tennis every day
13　Do your friends like
14　Yes, I did
15　Were you busy
16　is our new teacher
17　took a bus
18　studied math
19　did not[didn't] watch TV
20　History is not[isn't] my favorite subject.
21　Was Mr. Kim a firefighter?
22　Does Jane have two dogs and a cat?
23　I do not[don't] eat breakfast at eight thirty.
24　Did she open the window?
25　We did not[didn't] go to the jazz concert.
26　Does study Tom → Does Tom study
27　see → saw
28　doesn't → don't
29　spended → spent
30　Do → Does
31　is → are
32　exercises → exercise

11　A: Lily, 네가 가장 좋아하는 디저트는 치즈케이크니?
　　B: 아니, 그렇지 않아. 내가 가장 좋아하는 디저트는 푸딩이야.
12　A: 준호의 취미는 뭐니?
　　B: 그의 취미는 테니스야. 그는 매일 테니스를 쳐.
13　A: 네 친구들은 영화를 좋아하니?
　　B: 응, 그래. 그들은 공포 영화를 좋아해.
14　A: 너는 숙제를 끝냈니?
　　B: 네, 끝냈어요. 이제 나가서 놀아도 돼요?
15　A: 너 어제 바빴니?
　　B: 응, 숙제가 많았어.

16　A: Eric 옆에 있는 저 여자분은 누구니?
　　B: 그분은 우리의 새로운 선생님이셔. 그분의 이름은 Sophie야.
17　Dan은 어제 아침에 학교에 버스를 타고 갔다.
18　Dan은 학교에서 수학을 공부했다.
19　Dan은 TV를 보지 않았다. 그는 책을 읽었다.
20　역사는 내가 가장 좋아하는 과목이다.
　　→ 역사는 내가 가장 좋아하는 과목이 아니다.
21　김 씨는 소방관이었다. → 김 씨는 소방관이었니?
22　Jane은 두 마리의 개와 한 마리의 고양이가 있다.
　　→ Jane은 두 마리의 개와 한 마리의 고양이가 있니?
23　나는 여덟시 반에 아침을 먹는다.
　　→ 나는 여덟시 반에 아침을 먹지 않는다.
24　그녀는 창문을 열었다.
　　→ 그녀는 창문을 열었니?
　　해설　일반동사의 의문문은 주어 앞에 Do나 Does를 쓰는데 과거시제이므로 Did를 쓴다.
25　우리는 재즈 콘서트에 갔다.
　　→ 우리는 재즈 콘서트에 가지 않았다.
26　Tom은 도서관에서 공부하니?
27　나는 어젯밤 공원에서 내 친구를 봤다.
　　해설　과거를 나타내는 last night이 있으므로 과거시제 saw로 쓴다.
28　우리 부모님은 차를 운전하지 않으신다.
29　그는 런던에서 일주일을 보냈다.
30　너희 할머니는 서울에 사시니?
　　해설　주어가 3인칭 단수이므로 Do가 아닌 Does로 써야 한다.
31　Tina와 Amy는 지금 놀이공원에 있다.
32　그녀는 한 달 동안 운동을 하지 않았다.

STAGE 3

33　(1) I made a cake for Mom
　　(2) I swam in the pool
　　(3) I am[I'm] in the movie theater
34　ⓑ My brother and I are baseball players at school.
　　ⓓ I was very sleepy and didn't go to the gym yesterday.

33

월요일	미술관 방문하기
화요일	엄마를 위해 케이크 만들기
수요일	수영장에서 수영하기
목요일 (지금)	영화관에 있기

〈보기〉 나는 월요일에 미술관을 방문했다.
(1) 나는 화요일에 엄마를 위해 케이크를 만들었다.
(2) 나는 수요일에 수영장에서 수영했다.
(3) 나는 지금 영화관에 있다.
34　ⓐ James는 중학생이 아니다.
　　ⓑ 우리 형과 나는 학교에서 야구선수이다.
　　ⓒ 그녀는 작년에 일기를 쓰지 않았다.
　　ⓓ 나는 어제 너무 졸려서 체육관에 가지 않았다.
　　ⓔ 너는 컴퓨터 게임을 하니?
　　해설　ⓑ 주어가 My brother and I로 복수이므로 be동사는 are를 쓴다. ⓓ 과거를 나타내는 yesterday가 있으므로 am과 don't를 과거시제인 was와 didn't로 고쳐야 한다.

STAGE 1

1　am completing
2　is not studying
3　are going to ride
4　will do the dishes
5　Is Jake drawing a picture
6　will not[won't] watch TV
7　Are you going to travel abroad
8　Will they visit their friend's house

STAGE 2

9　is drinking a cup of tea
10　are cleaning their room
11　am going to buy some books
12　will hike Mt. Buk-han with his father
13　is going to wash his car
14　is singing on the stage
15　are watching TV in the living room
16　He is[He's] taking a nap in his room.
17　Sora is not[isn't] going to bake bread on Sunday.
18　I am[I'm] playing badminton with my friend.
19　Will the bus leave this bus stop in 7 minutes?
20　Are they going to move their house tomorrow?
21　fly → flying
22　swim → swimming
23　making → make
24　going → go
25　going not → not going
26　going take → going to take
27　is → be

9　A: 수진이는 정원에서 무엇을 하고 있니?
　　B: 그녀는 차 한 잔을 마시고 있는 중이야.
10　A: Kevin과 그의 남동생은 지금 무엇을 하고 있니?
　　B: 그들은 그들의 방을 청소하고 있는 중이야.
11　A: 너는 이번 주말에 무엇을 할 예정이니?
　　B: 나는 책을 몇 권 살 거야.
12　A: Tom은 일요일에 무엇을 할 거니?
　　B: 그는 아버지와 북한산을 등산할 거야.
13　A: 너희 아빠는 내일 무엇을 할 예정이시니?
　　B: 아빠는 세차하실 거야.
　　해설 의문문의 시제와 동일하게 대답해야 한다. 현재진행형 시제로 물으면 현재진행형 시제로, will을 사용해 물으면 will로, be going to를 사용해 물으면 be going to로 답한다.
[14~15] <보기> A: 그들은 강을 따라 무엇을 하고 있니?
　　　　　B: 그들은 강을 따라 조깅을 하고 있어.
14　A: 유미는 무대에서 무엇을 하고 있니?
　　B: 그녀는 무대에서 노래를 부르고 있어.

15　A: Jim과 그의 부모님은 거실에서 무엇을 하고 있니?
　　B: 그들은 거실에서 TV를 보고 있어.
16　그는 그의 방에서 낮잠을 잔다.
　　→ 그는 그의 방에서 낮잠을 자고 있다.
17　소라는 일요일에 빵을 구울 예정이다.
　　→ 소라는 일요일에 빵을 굽지 않을 예정이다.
18　나는 친구와 함께 배드민턴을 친다.
　　→ 나는 친구와 함께 배드민턴을 치고 있다.
19　그 버스는 7분 후에 이 버스 정류장을 떠날 것이다.
　　→ 그 버스는 7분 후에 이 버스 정류장을 떠날까?
20　그들은 내일 이사를 갈 예정이다.
　　→ 그들은 내일 이사를 갈 예정이니?
21　새 한 마리가 지금 하늘을 날고 있다.
22　Sue는 어디에 있니? 그녀는 수영장에서 수영을 하고 있니?
23　우리 어머니는 나에게 피자를 만들어 주실 예정이다.
24　우리는 오늘 밤에 저녁 먹으러 나가지 않을 것이다.
25　우리 형과 나는 서로 싸우지 않을 것이다.
　　해설 be going to의 부정형은 be동사 뒤에 not을 붙인다.
26　그 학생들은 경주로 여행을 갈 예정이니?
27　날씨가 곧 좋아질까?
　　해설 Will 다음에는 동사원형을 써야 한다.

STAGE 3

28　(1) am going to blow up balloons
　　(2) is going to buy snacks and drinks
　　(3) are going to make invitation cards
29　(1) No, isn't
　　(2) is sleeping
　　(3) will go to the doctor

28

핼러윈 파티를 위한 계획	
나	풍선을 분다
Jay	과자와 음료를 산다
Erica and Cathy	초대장을 만든다

이번 주 금요일은 핼러윈이다. 내 친구들과 나는 핼러윈 파티를 열 것이다. 우리는 파티 준비 리스트를 만들었고 해야 할 일을 나눴다.
(1) 먼저 나는 풍선을 불 것이다.
(2) Jay는 과자와 음료를 살 것이다.
(3) Erica와 Cathy는 초대장을 만들 것이다.
29　이 아이는 Sandy이다. 그녀는 나의 여동생이다. 그녀는 지금 침대에서 자고 있다. 그녀는 배가 아프고 열도 있다. 그녀는 점심 후에 엄마와 함께 병원에 갈 것이다.
(1) A: Sandy는 점심을 먹고 있니?
　　B: 아니, 그렇지 않아.
(2) A: 그녀는 무엇을 하고 있니?
　　B: 그녀는 침대에서 자고 있는 중이야.
(3) A: 그녀는 점심 후에 무엇을 할 거니?
　　B: 그녀는 엄마와 함께 병원에 갈 거야.

STAGE 1

1 Can you remember Tom's phone number
2 must not take a picture here
3 has to practice the piano after school
4 shouldn't eat too much candy
5 can climb tall mountains
6 should take the medicine
7 must not be late
8 Can I sit here

STAGE 2

9 Can
10 should not
11 May
12 don't have to
13 must not park your car
14 must not bring food
15 must fasten your seat belt
16 Can Jimin speak Japanese and English?
17 You may not change your seat during the semester.
18 She had to be careful on busy streets.
19 I cannot[can't] play baseball with my friends after school.
20 On Saturday, Kate had to clean the bathroom.
21 should not[shouldn't] throw trash on the streets
22 should follow the school rules
23 should not[shouldn't] talk rudely to other people
24 should wash your hands before lunch

9 A: 소금 좀 건네줄래?
   B: 물론이야. 여기 있어. 더 필요한 거 있니?
   해설 주어 you를 사용해 '~해 줄래요?'의 요청을 나타낼 때는 조동사 may가 아닌 can을 쓴다.
10 A: 민호와 나는 오늘 싸웠어요.
   B: 너는 친구와 싸워선 안 돼. 너는 그에게 사과해야 해.
11 A: 한 시간 동안 컴퓨터 게임을 해도 될까요?
   B: 안 돼, 너는 먼저 숙제를 끝내야 해.
12 A: Brian은 병원에 있니? 그는 아직도 아프니?
   B: 너는 그를 걱정할 필요 없어. 그는 이제 괜찮아.
[13~15] <보기> 당신은 여기서 길을 건너면 안 됩니다.
13 당신은 여기에 차를 주차하면 안 됩니다.
   해설 의무의 표현에는 must를, 금지의 표현에는 must not을 쓴다.
14 당신은 극장에 음식물을 가져오면 안 됩니다.
15 당신은 이륙을 위해 안전벨트를 매야 합니다.
16 지민이는 일본어와 영어를 말할 수 있다.
   → 지민이는 일본어와 영어를 말할 수 있니?
17 너는 학기 동안 자리를 바꿔도 된다.
   → 너는 학기 동안 자리를 바꿔선 안 된다.
18 그녀는 번잡한 거리에서 조심해야 한다.

   → 그녀는 번잡한 거리에서 조심해야 했다.
   해설 조동사 must의 과거형은 had to임에 유의한다.
19 나는 방과 후에 친구들과 야구를 할 수 있다.
   → 나는 방과 후에 친구들과 야구를 할 수 없다.
20 토요일에 Kate는 화장실을 청소해야 한다.
   → 토요일에 Kate는 화장실을 청소해야 했다.
[21~24] <보기> 문제: Nancy는 이가 아프지만, 치과에 가지 않는다.
   충고: 너는 치과에 가야 한다.
21 문제: 미나는 길에 쓰레기를 버린다.
   충고: 너는 길에 쓰레기를 버려서는 안 된다.
22 문제: Eric은 또 학교 규칙을 따르지 않았다.
   충고: 너는 학교 규칙을 따라야 한다.
23 문제: 진호는 다른 사람들에게 무례하게 말한다.
   충고: 너는 다른 사람들에게 무례하게 말해서는 안 된다.
24 문제: Jerry는 점심 식사 전에 손을 씻지 않았다.
   충고: 너는 점심 식사 전에 손을 씻어야 한다.

STAGE 3

25 has to study science
26 (1) should study English
   (2) have to wash the cat
   (3) don't have to clean the living room
   (4) don't have to go to the bookstore
   (5) must not play computer games

25 A: 상원아, 오늘 오후에 나랑 테니스 칠 수 있니?
   B: 아, 미안 세호야. 그럴 수 없어.
   A: 왜 안 되는데?
   B: 나는 과학을 공부해야 해. 내일 시험이 있거든.
   → 상원이는 세호와 테니스를 칠 수 없다. 왜냐하면 그는 내일 시험을 위해 과학을 공부해야 하기 때문이다.
   해설 앞에 조동사 can't가 있는 것으로 보아 현재시제이며, 주어가 3인칭 단수인 경우 have to가 아닌 has to를 쓰는 것에 유의한다.
26 미안, 애들아.
   나는 모임이 있어서 외출하는데 밤 열 시까지는 돌아올 거야.
   미나야, 너는 영어를 공부해야 해.
   태민아, 너는 고양이를 씻겨야 해.
   미나야, 거실은 청소할 필요 없어.
   태민아, 서점에 갈 필요 없어.
   그리고 기억해, 너희들은 컴퓨터 게임을 해서는 안 돼.

STAGE 1

1. It was Thursday
2. Every student learns
3. them
4. any special plans
5. an hour
6. Each nation has a capital
7. Would you like some juice
8. She has a cup of coffee and an apple
9. There are two dogs in my friend's house

1 **해설** 요일을 나타낼 때는 비인칭 주어 It을 쓴다.
2 **해설** every 뒤에 오는 명사는 단수명사를 쓰고 동사도 단수동사를 쓴다.
3 **해설** 목적어 자리이므로 목적격 them을 쓴다.
4 **해설** 부정문에서 '전혀[하나도] ~없는'을 나타내는 any를 쓴다.
6 **해설** each 뒤에는 단수명사와 단수동사가 온다.

STAGE 2

10. It is[It's] five o'clock
11. is not[isn't] a hospital
12. two knives
13. yours, mine
14. two loaves of bread
15. (1) There are two chairs
    (2) There is a[one] box
    (3) There are three baseballs
    (4) There are four sheets of paper
16. (1) cups of
    (2) sheet of
    (3) bowls of
    (4) pairs of
    (5) slices of
17. childs → children
18. is → are
19. have → has
20. she → her
21. This → It
22. Sundays → Sunday
23. any → some

10 A: 지금 몇 시니?
   B: 지금은 5시 정각이야.
11 A: 너희 학교 옆에 병원이 있니?
   B: 우리 학교 옆에 병원은 없어.
   해설 '~가[이] 없다'라는 의미를 나타낼 때는 「There is[are] not ~」의 형태로 쓴다.
12 A: 도움이 필요하세요?
   B: 네. 나이프 두 개 주시겠어요?
13 A: 어느 것이 내 선물이니?
   B: 빨간색 상자는 너의 것이고 파란색 상자는 내 것이야.
   해설 「소유격+명사」를 대신하는 소유대명사를 쓴다.
14 A: 오늘 아침에 무엇을 구웠니?

B: 나는 친구들을 위해 빵 두 덩이를 구웠어.
15 <보기> 책상 위에 세 권의 책이 있다.
   (1) 책상 옆에 두 개의 의자가 있다.
   (2) 침대 옆에 상자 하나가 있다.
   (3) 상자 안에 세 개의 야구공이 있다.
   (4) 책상 아래에 네 장의 종이가 있다.
   해설 그림의 내용과 일치하도록 문장을 완성하되, 명사의 단수형 앞에는 There is를 쓰고, 명사의 복수형 앞에는 There are를 쓴다.
16 (1) 우리는 레몬티를 세 잔 마실게요.
   (2) 너 종이 한 장 있니?
   (3) 유미는 저녁 식사를 위해 샐러드 다섯 그릇을 준비했다.
   (4) 나는 부모님을 위해 장갑 두 켤레를 만들었다.
   (5) 우리 언니는 치즈 두 조각을 먹었다.
17 많은 아이들이 잔디에서 달리고 있다.
18 이 공원에 큰 나무가 많이 있다.
   해설 many tall trees가 복수이므로 There are를 써야 한다.
19 각각의 동아리에는 10명의 회원이 있다.
   해설 each 뒤에는 단수명사가 오고 항상 단수 취급하므로 have를 has로 고쳐야 한다.
20 그녀의 방에는 컴퓨터가 한 대 있니?
   해설 she는 뒤의 명사 room과 소유 관계이므로 소유격인 her로 써야 한다.
21 이곳은 8월에 몹시 덥다.
   해설 날씨를 나타내는 비인칭 주어 It이 와야 한다.
22 Nick, 너는 매주 일요일에 무엇을 하니?
   해설 every 뒤에는 단수명사를 쓰므로 Sundays는 Sunday로 고쳐야 한다.
23 A: 쿠키 좀 드시겠어요?
   B: 네. 조금만 주세요.
   해설 '조금[약간]'이라는 의미로 긍정문에 쓰이므로 any를 some으로 고쳐야 한다.

STAGE 3

24. (1) It is November 17th, It is Friday, It is rainy and cold
    (2) It is November 16th, It is Thursday, It is sunny and clear
25. ⓐ there are
    ⓔ some

24 (1) 11월 17일이다. 오늘은 금요일이다. 비가 오고 춥다.
   (2) 11월 16일이다. 오늘은 목요일이다. 화창하고 맑다.
25 우리 가족은 4명이다 – 우리 엄마, 아빠, 여동생 그리고 나. 지난주 토요일은 내 여동생의 생일이었다. 날씨가 매우 따뜻하고 화창해서 우리는 소풍을 갔다. 우리는 빵 네 덩이와 한 병의 사과 주스를 가져갔다. 한 남자가 공원에서 아이스크림을 팔아서 우리는 조금 샀다. 우리는 그곳에서 몇 시간을 보냈고 멋진 시간을 보냈다.
   해설 ⓐ 뒤에 오는 명사가 four people로 복수이므로 there is를 there are로 써야 한다.
   ⓔ 긍정문으로 '조금 샀다'는 의미가 되도록 any가 아닌 some을 써야 한다.

STAGE 1

1　many passengers
2　bigger than
3　is always helpful
4　the best friend
5　little water
6　There is someone strange
7　Amazingly, I got a prize in the contest
8　was easier than the midterm
9　is the tallest tree in this garden

3　해설　be동사가 있을 때 빈도부사는 be동사 뒤에 쓴다.
6　해설　someone은 형용사가 뒤에서 꾸며준다.
7　해설　문장 전체를 수식하는 부사 Amazingly를 문장 맨 앞에 써 준다.

STAGE 2

10　much
11　a few
12　many
13　few
14　little
15　(1) runs faster
　　(2) runs slower
　　(3) runs the fastest
　　(4) runs the slowest
16　wrong anything → anything wrong
17　tree → trees
18　early → earlier
19　most wise → wisest
20　interesting → interesting than
21　biggest → the biggest
22　quiet → quietly
23　swim never → never swim
24　The whale is the heaviest animal in this aquarium.
25　My sister swims slower than my brother.
26　Denis plays better than a year ago.
27　Mercury is the smallest planet in the solar system.
28　Kimchi is the most popular food in Korea.

10　A: 나에게 돈 좀 빌려주겠니?
　　B: 미안해, 그럴 수 없어. 난 지금 돈이 많이 없어.
11　A: 너는 네 방에 책을 많이 가지고 있니?
　　B: 몇 권 있지만 많지는 않아.
12　A: 상자 안에 사과가 얼마나 많이 있니?
　　B: 상자 안에 사과가 일곱 개 있어.
13　A: Brian, 너 오늘 일찍 왔구나!
　　B: 응, 도로에 차가 거의 없었어.
14　A: 나에게 주스 한 잔 줄래?
　　B: 미안해, 병에 주스가 거의 없어.
15　(1) 진호는 민수보다 더 빠르게 달린다.
　　(2) 민수는 진호보다 더 느리게 달린다.
　　(3) 진호는 셋 중에 가장 빠르게 달린다.
　　(4) 상민이는 셋 중에 가장 느리게 달린다.
16　네 자전거에 무슨 문제가 있니?
　　해설　anything은 형용사가 뒤에서 꾸며준다.
17　공원에 많은 단풍나무들이 있다.
　　해설　'많은'을 나타내는 lots of가 쓰였으므로 tree를 복수형인 trees로 고쳐야 한다.
18　그녀는 그녀의 여동생보다 더 일찍 일어난다.
19　유나는 그녀의 반에서 가장 지혜로운 여자아이다.
20　뮤지컬은 영화보다 더 흥미롭다.
　　해설　비교급이 쓰였으므로 비교하는 대상 the movie 앞에 than을 써야 한다.
21　서울은 한국에서 가장 큰 도시이다.
　　해설　최상급 앞에는 the를 쓴다.
22　Nick은 자기 친구에게 조용히 말했다.
23　내 남동생과 나는 바다에서 절대 수영하지 않는다.
24　그 고래는 이 수족관에서 가장 무거운 동물이다.
25　내 여동생은 내 남동생보다 더 느리게 수영한다.
26　Denis는 일 년 전보다 경기를 더 잘한다.
27　수성은 태양계에서 가장 작은 행성이다.
28　김치는 한국에서 가장 대중적인 음식이다.

STAGE 3

29　(1) shorter than
　　(2) the heaviest
　　(3) lighter than
　　(4) the youngest
　　(5) older than
30　ⓑ a little sugar
　　ⓒ something sweet
　　ⓔ a few napkins

29　(1) 말은 곰보다 더 키가 작다.
　　(2) 코끼리는 그 동물들 중에 가장 무겁다.
　　(3) 기린은 코끼리보다 더 가볍다.
　　(4) 기린은 그 동물들 중에 가장 어리다.
　　(5) 곰은 기린보다 나이가 더 많다.
30　A: 주문하시겠어요?
　　B: 네. 뜨거운 레몬차 한 잔 주세요.
　　A: 레몬차에 설탕 넣어 드릴까요?
　　B: 설탕 조금 넣어 주세요.
　　A: 그밖에 다른 건요?
　　B: 단 걸 원하는데요. 쿠키 있나요?
　　A: 네. 쿠키 몇 개를 원하세요?
　　B: 두 개 주세요. 그리고 냅킨을 조금 주실 수 있을까요?
　　A: 물론이죠. 여기 있습니다.
　　해설　설탕은 셀 수 없는 명사이므로 ⓑ a few sugar는 a little sugar로 고쳐야 한다. something은 형용사가 뒤에서 꾸며주므로 ⓒ는 something sweet으로 고쳐야 한다. a few는 셀 수 있는 명사와 함께 쓰이며 명사의 복수형이 와야 하므로 ⓔ는 a few napkins로 고쳐야 한다.

STAGE 1

1　How about having a cup of tea
2　What a huge lake it is
3　What do you think about the musical
4　How can I get to
5　Let's run to school
6　When did you finish the book?
7　Why don't we study math together?
8　How fast the shark moves in the sea!
9　Our classroom is dirty, isn't it?
10　Don't[Do not] use your cell phone in class.

1　해설　how를 사용하는 제안문은 「How about -ing ~?」의 형태를 사용한다.
2　해설　What 감탄문은 「What+a(n)+형용사+명사(+주어+동사)!」의 어순이다.
3　해설　일반동사를 사용하는 의문사 의문문은 「의문사+do/does/did+주어+동사원형 ~?」의 형태로 쓴다.
7　해설　why를 사용하는 제안문은 「Why don't we+동사원형 ~?」으로 쓴다.
8　해설　How 감탄문은 「How+형용사/부사(+주어+동사)!」의 형태로 쓴다.
9　해설　문장의 동사가 is가 되어야 하므로 부가의문문은 isn't를 써야 하고, 명사인 주어 Our classroom은 대명사로 바꿔 써야 하므로 it이 알맞다.

STAGE 2

11　What will you do
12　What kind of food do you want
13　Why did she get
14　Where did you leave
15　How do you go, How long does it take
16　Don't[Do not] bring pets to the supermarket.
17　Go straight and turn right.
18　Don't[Do not] dive into the swimming pool.
19　Put trash into the trash can.
20　What
21　aren't they
22　does
23　the baby is
24　play
25　Why was
26　How
27　How often did
28　She[Dorothy] visited her aunt
29　When was

11　A: 너는 오늘 오후에 무엇을 할 거니?
　　B: 나는 쇼핑몰에서 친구들을 만날 거야.
　　해설　B의 대답에서 무엇을 할 것인지에 대해 이야기하고 있으므로 의문사 what을 써서 의문문을 만든다.

12　A: 너는 어떤 종류의 음식을 원하니?
　　B: 음, 스파게티. 나는 그걸 많이 좋아해.
　　해설　좋아하는 음식에 대해 대답하는 것으로 보아 어떤 종류의 음식을 좋아하는지에 대해 묻는 것이 자연스럽다. '어떤 종류의 음식'을 뜻하는 kind of food 앞에 what을 써서 의문문을 완성한다.

13　A: 왜 그녀는 그렇게 화가 났니?
　　B: 그녀의 오빠가 그녀의 카메라를 부쉈어.
　　해설　B의 대답이 화가 난 이유가 되므로 이유를 묻는 의문사 why를 쓴다.

14　A: 너는 어디에 열쇠를 뒀니? 나는 그걸 못 찾겠어.
　　B: 나는 그것을 탁자 위에 뒀어.
　　해설　B의 대답에서 on the table이 장소를 설명해주고 있으므로 장소를 묻는 의문사 where를 쓴다.

15　A: 너는 어떻게 학교에 가니?
　　B: 나는 보통 버스를 타고 학교에 가.
　　A: 정말? 얼마나 걸리니?
　　B: 20분 정도 걸려.
　　해설　B의 첫 번째 대답에서 '어떻게'에 해당하는 by bus가 있으므로 how 의문문을 쓴다. B의 두 번째 대답에서 시간이 얼마나 걸리는지에 대해 이야기하고 있으므로 how long을 써서 의문문을 만든다.

16　슈퍼마켓에 반려동물을 데리고 오지 마세요.
　　해설　그림으로 보아 반려동물을 데리고 오지 말라는 의미이므로 부정 명령문의 어순 「Don't[Do not]+동사원형 ~」이 되어야 한다.

17　쭉 가다가 오른쪽으로 도세요.
　　해설　길의 방향을 지시하는 그림이므로 동사원형으로 시작하는 긍정 명령문을 사용해야 한다.

18　수영장으로 다이빙하지 마세요.

19　쓰레기는 쓰레기통에 넣으세요.

20　정말 멋진 경기였어!
　　해설　How 감탄문에서는 How 뒤에 형용사나 부사가 와야 하는데 a great game이 오므로 What 감탄문으로 써야 한다.

21　Tom과 Brian은 형제야, 그렇지 않니?
　　해설　문장의 동사가 are이므로 부가의문문은 aren't를 써야 한다. 주어가 Tom and Brian이므로 부가의문문에서 대명사 they로 알맞게 쓰였다.

22　몇 시에 그 식당이 문을 여니?
　　해설　문장의 주어가 3인칭 the restaurant이므로 단수동사 does를 써야 한다.

23　정말 귀여운 아기로구나!
　　해설　How를 사용하는 감탄문은 「How+형용사/부사(+주어+동사)!」의 형태로 쓴다.

24　너는 우리와 함께 야구를 하는 게 어때?
　　해설　why를 사용하는 제안문은 「Why don't you+동사원형 ~?」의 형태이므로 동사원형 play를 사용해야 한다.

25　A: Leo는 왜 학교에 결석했니?
　　B: 그는 독감에 걸렸어.
　　해설　의문문의 주어가 3인칭 단수 Leo이므로 were가 아니라 was를 써야 한다.

26　A: 주말은 어땠어?
　　B: 아주 좋았어. 나는 정말 즐거웠어.
　　해설　'어떻게, 어떤'의 의미로 상태를 물을 때 쓰는 의문사는 how이다.

27　A: 첫째 주에 Dorothy는 얼마나 자주 요가를 했니?
　　B: 그녀[Dorothy]는 요가를 세 번 했어.
　　해설　요가를 한 횟수를 답하고 있으므로 '얼마나 자주 ~'

를 뜻하는 How often을 사용하며, 과거의 일을 묻고 있으
므로 did를 쓴다.
28 A: 두 번째 토요일에 Dorothy는 무엇을 했니?
B: 그녀[Dorothy]는 자신의 이모를 방문했어.
29 A: Sue의 생일 파티는 언제였니?
B: 10월 9일이었어.

STAGE 3

30 Don't[Do not] touch the paintings.
Don't[Do not] bring drinks.
31 Don't[Do not] feed the animals.
Don't[Do not] put your hands
32 wait in line
Don't[Do not] talk loudly
33 (1) How often do you travel?
(2) Where did you visit
(3) Who is your favorite teacher?
(4) Why do you like

33 A: 네 취미는 뭐야?
B: 나는 여행을 좋아해!
A: 너는 얼마나 자주 여행해?
B: 매주 해! 나는 여행하는 것을 정말 좋아하거든.
A: 그렇구나. 너는 지난 주말에 어디를 방문했니?
B: 나는 부산을 방문했어.
A: 그렇구나. 네가 가장 좋아하는 선생님은 누구야?
B: 내가 가장 좋아하는 선생님은 Parker 선생님이셔.
A: 그분이 왜 좋은데?
B: 그분은 아주 활기가 넘치고 유머러스하시기 때문이야.
해설 (1) B의 대답에서 '매주'라고 했고 문맥상 여행에 대
해 이야기하고 있으므로 How often을 사용하여 '너는 얼
마나 자주 여행하니?'를 뜻하는 의문문이 오는 게 자연스
럽다.
(2) B가 방문했던 장소를 말하고 있으므로 where 의문문
을 만든다.
(3) B가 가장 좋아하는 선생님이 누구인지 답하고 있으므
로 의문사 who로 의문문을 만든다.
(4) B가 because를 사용해 이유를 말하고 있으므로 why
의문문을 만든다.

CHAPTER 7 문장의 여러 형식

STAGE 1

1 Every student thinks Harry diligent
2 My mom sent me a text message
3 My grandmother showed her garden to
us
4 The leaves turn red and yellow
5 The chimpanzee is an intelligent animal.
6 My dad gave me a ticket
7 We called the puppy Coco.
8 The movie made Amy sleepy.

3 해설 「show+간접목적어+직접목적어」 구조를 3형식
문장으로 쓸 때 간접목적어 앞에 전치사 to를 쓴다.
4 해설 동사 turn이 '~한 상태가 되다'라는 의미로 쓰일 때
주격보어 자리에 형용사가 온다.
8 해설 동사 make가 '~을 …하게 만들다'라는 의미로 쓰일
때 목적격보어 자리에 명사 또는 형용사를 쓸 수 있다.

STAGE 2

9 He feels disappointed.
10 You look very tired.
11 He showed me a picture of his family.
12 He bought me new shoes.
13 great
14 call me
15 for
16 wonderful
17 me
18 sad
19 to
20 ask your history teacher questions
21 lend you my English notebook

22 buy her a new pen
23 (1) Kevin showed interesting magic tricks
to us.
(2) Jay wrote a poem to him.
(3) Eric made some sandwiches for
everyone.
(4) Everyone made our teacher happy.
(5) He bought some ice cream for us.

9 A: Nick의 기분이 어떠니?
B: 그는 실망스럽다고 느껴.
10 A: 너 괜찮아? 너는 매우 피곤해 보여.
B: 나는 어젯밤에 잠을 잘 자지 못했어.
A: 너는 오늘 밤에 일찍 자야겠다.
11 A: Tom이 너에게 무슨 사진을 보여줬니?
B: 그는 나에게 그의 가족사진을 보여줬어.
12 A: 너의 삼촌은 너에게 생일선물로 뭐를 사주셨니?
B: 삼촌은 나에게 새 신발을 사주셨어.
13 이 복숭아 파이는 맛이 좋다.
해설 '~한 맛이 나다'라는 의미의 감각동사 taste 뒤에 오
는 주격보어 자리에는 형용사를 쓴다.
14 사람들은 나를 Lena라고 부른다.
해설 동사 call이 '~을 …라고 부르다'라는 의미로 쓰일 때
「call+목적어+목적격보어」 구조를 취한다.
15 Kathy는 자신의 선생님께 카드를 만들어 드렸다.
해설 「make+간접목적어+직접목적어」 구조를 3형식 문
장으로 쓸 때 간접목적어 앞에는 전치사 for를 쓴다.
16 저 튤립들은 근사한 향기가 난다.
해설 감각동사 smell 뒤에 오는 주격보어 자리에는 형용
사를 쓴다.
17 Jina는 나에게 자신의 공책을 빌려주었다.
18 그 뉴스는 나를 슬프게 만들었다.
해설 '~을 …하게 만들다'를 나타내는 동사 make는 목적
격보어 자리에 형용사를 쓴다.
19 우리 아빠는 내게 인생의 교훈을 가르쳐주셨다.
해설 「teach+간접목적어+직접목적어」 구조를 3형식 문

32 거침없이 Writing LEVEL 1 WORKBOOK

장으로 쓸 때 간접목적어 앞에는 전치사 to를 쓴다.

20 걱정하지 마, 너는 네 역사 선생님에게 질문을 여쭤볼 수 있어.

21 나는 너에게 내 영어 노트를 빌려줄 수 있어.

22 너는 그녀에게 새 펜을 사 줘야 해.

23 오늘은 스승의 날이었다! 우리 반은 선생님을 위해서 파티를 열었다. 모든 학생은 선생님을 위해 뭔가를 준비했다. Kevin은 우리에게 흥미로운 마술 묘기를 보여주었다. Jay는 선생님에게 시를 써 드렸다. Eric은 모두에게 샌드위치를 좀 만들어주었다. 모두가 선생님을 행복하게 했다. 선생님은 우리에게 아이스크림을 좀 사 주셨다. 정말 멋진 하루였다!
해설 (2) 「write+간접목적어+직접목적어」 구조를 3형식 문장으로 쓸 때 간접목적어 앞에는 전치사 to를 쓴다.

STAGE 3

24 (1) tell you an idea
(2) can teach them English
(3) give them an hour
(4) bring them a lot of joy

25 ⓑ made her sleepy
ⓓ asked her a question 또는 asked a question of her

CHAPTER 08 to부정사
p.30

STAGE 1

1 turned on the TV to watch the news
2 has something to do at the office
3 bought some apples to make jam
4 I am happy to receive your letter
5 to try the food
6 to be a popular singer
7 To solve this question was
8 to treat sick people

7 해설 to부정사 주어는 단수 취급하므로 동사는 was를 써야 한다.

STAGE 2

9 to write a book
10 time to wait
11 to hear the news
12 to find my umbrella
13 to live in Seoul
14 to play baseball with friends
15 to borrow a dictionary
16 grows → grow
17 see → to see
18 got → get
19 visit → to visit
20 were → was
21 to drink cold → cold to drink

22 (1) I needed to buy a gift
(2) I chose to buy a necklace

23 (1) I hope to become[be] a scientist
(2) My sister loves to draw

14 A: Tom, 너 지난 주말에 어디에 갔었니?
B: 나는 운동장에 갔어.
A: 왜?
B: 나는 친구들과 야구를 했어.
Q: Tom은 왜 운동장에 갔나요?
A: 그는 친구들과 야구를 하기 위해 놀이터에 갔다.

15 A: 집에 늦게 왔구나, 수미야!
B: 죄송해요, 엄마. 오는 길에 도서관에 다녀왔어요.
A: 왜?
B: 저는 사전을 빌려야 했어요.
Q: 왜 수미는 집에 늦게 갔나요?
A: 그녀는 사전을 빌리기 위해 도서관에 갔다.
해설 목적을 나타내는 to부정사를 사용해 질문에 대답한다.

16 나는 정원에서 꽃을 기르고 싶다.
17 나는 Jack을 다시 봐서 매우 기뻤다.
18 그녀는 올해 좋은 성적을 받기로 약속했다.
19 서울에는 방문할 곳들이 많이 있다.
20 우리 할머니와 이야기하는 것은 아주 재미있었다.
21 너는 차가운 마실 것이 있니?
해설 -thing, -one, -body로 끝나는 대명사 뒤에서 형용사가 수식할 땐 형용사 뒤에 to부정사를 쓴다.

22 어제는 어머니의 날이었기 때문에, 나는 선물을 살 필요가 있었다. 그래서 나는 쇼핑몰에 갔다. 몇 시간 후에, 나는 목걸이를 사는 것을 선택했다. 엄마는 내 선물을 아주 좋아하셨다.

(오른쪽 상단 계속)

24 작은 도움이 큰 변화를 만든다
안녕, 나는 Alex야. 나는 봉사 동아리 '희망'의 리더야. 내가 너희에게 한 가지 생각을 말할게. 너희들은 노인분들을 돕기 위해 일주일에 단지 한 시간만 쓸 수 있니? 너희들은 그분들에게 영어를 가르쳐드리거나 그분들에게 재미있는 이야기를 들려드릴 수도 있어. 만약 너희들이 그분들에게 한 시간을 드린다면, 그것은 커다란 변화를 만들 수 있어. 너희들의 작은 노력이 노인분들에게 많은 기쁨을 가져다드릴 수 있어. 그러니 노인분들에게 한 시간만 내어드리는 것이 어떠니? 우리의 작은 도움을 함께 모아서 기적을 만들자!

25 Sue는 어제 머리가 아팠다. 그녀는 몸이 좋지 않았다. 그래서 그녀는 수업 전에 약을 먹었는데, 그것은 그녀를 졸리게 만들었다. 과학 수업 동안에, 그녀는 수업에 집중할 수가 없었다. 선생님은 그녀의 행동이 이상하다는 것을 발견하셨다. 선생님은 그녀에게 질문을 하셨지만, 그녀는 대답할 수 없었다. 선생님은 화가 나 보이셨다.
해설 ⓑ 우리말로는 '졸리게'라고 해석되어 부사를 쓰기 쉽지만, 「make+목적어+목적격보어」 구조이므로 목적격보어 자리에 형용사 sleepy가 와야 한다.
ⓓ 「ask+간접목적어+직접목적어」 구조를 쓰거나 3형식 문장으로 써서 간접목적어 앞에 전치사 of를 쓴다.

23 내 이름은 호진이다. 나는 중학생이다. 나는 과학자가 되길
    바란다. 오늘 나는 도서관에 가서 과학에 관한 책을 몇 권
    빌릴 것이다. 내 여동생은 그리는 것을 아주 좋아한다. 그녀
    는 매우 잘 그린다. 그녀의 꿈은 화가가 되는 것이다.

STAGE 3

24 (1) a map to find the way
   (2) a camera to take pictures
   (3) a bottle to drink water
   (4) a blanket to stay warm
25 (1) to develop games
   (2) to work at a game company

24

이름	물건	목적
Mike	모자	햇빛 막기
John	지도	길 찾기
Sue	카메라	사진 찍기
Aron	병	물 마시기
Ben	담요	따뜻하게 하기

<보기> Mike는 햇빛을 막기 위해 모자를 준비했다.
(1) John은 길을 찾기 위해 지도를 준비했다.
(2) Sue는 사진을 찍기 위해 카메라를 준비했다.
(3) Aron은 물을 마시기 위해 병을 준비했다.
(4) Ben은 따뜻하게 하기 위해 담요를 준비했다.

25

<나는 미래에 …이 되고 싶다.>
• 직업: 게임 개발자
• 업무: 아이들을 위한 게임 개발
• 목표: 10년 후에 게임 회사에서 일하기

안녕!
잘 지내니? 있잖아, 나 내 장래희망을 정했어! 그건 게임
개발자야.
나는 아이들을 위한 게임을 개발하고 싶어. 내 목표는 10
년 후에 게임 회사에서 일하는 것이야. 행운을 빌어줘!
잘 지내길 빌어,
상민

CHAPTER 09 동명사   p.34

STAGE 1

1 Chris forgot watering the plant
2 Kate is interested in doing volunteer
   work
3 Belgians enjoy eating waffles
4 Hiking every Sunday is my dad's hobby
5 I am[I'm] looking forward to reading the
   author's new novel.
6 Nicky tried wearing the jacket.
7 Alex considered visiting his cousin this
   weekend.
8 Sandra felt like taking a walk with her
   dog.

STAGE 2

9 learning
10 making
11 baking
12 is
13 participating
14 turning
15 lending
16 (1) is reading books
   (2) enjoy reading detective novels
   (3) finished recording
   (4) considering having a concert
17 Do not[Don't] forget to sleep for 8
   hours.

18 Remember to go to bed early.
19 Stop playing computer games until late.
20 (1) good at running
   (2) felt like having
   (3) enjoyed taking
   (4) kept going

9 Nick은 요가를 배울 것을 고려하고 있다.
   해설 consider는 동명사를 목적어로 취한다.
10 Tony는 농담하는 것을 잘한다.
   해설 '~을 잘하다'라는 의미는 「be good at+동명사」로
   쓴다.
11 Vicky는 쿠키를 굽는 것을 즐긴다.
   해설 enjoy는 동명사를 목적어로 취한다.
12 매일 밤 일기를 쓰는 것은 나의 오래된 습관이다.
   해설 동명사 주어는 단수 취급한다.
13 Dan은 글쓰기 대회에 참가하는 것에 흥미가 있다.
   해설 '~에 흥미가 있다'라는 의미는 「be interested in+동
   명사」로 나타낸다.
14 너는 (음악) 소리를 줄이는 것을 꺼리니? (음악 소리를 줄여
   도 되나요?)
   해설 mind는 동명사를 목적어로 취하는 동사이다.
15 그 책을 나에게 빌려줘서 고마워.
   해설 '~해줘서 고맙다'는 「thank you for+동명사」로 쓴다.
16 리포터: 당신의 취미가 뭔가요?
   가수: 제 취미는 책을 읽는 것이에요.
   리포터: 요즘 무엇을 읽으세요?
   가수: 저는 탐정 소설을 읽는 것을 즐깁니다.
   리포터: 언제 당신의 새 앨범이 나오나요?
   가수: 저는 이미 그것을 녹음하는 것을 끝냈어요. 다음 달
        이 될 겁니다.
   리포터: 콘서트를 위한 어떤 계획이 있으신가요?
   가수: 저는 올해 말에 콘서트를 여는 것을 고려하고 있어요.

해설 (1) 명사는 주격보어 자리에 쓰일 수 있다.

(2) ~ (4) 동사 enjoy, finish, consider는 모두 동명사를 목적어로 취한다.

17 8시간을 잘 것을 잊지 마라.

해설 필요한 수면 시간은 8시간이고, 주어진 단어에 forget과 not이 있으므로 '8시간을 자야 할 것을 잊지 마라'라는 의미가 적절하다. 따라서 forget 뒤에 to부정사 목적어를 쓴다.

18 일찍 잘 것을 기억해라.

해설 취침 시간이 새벽 1시로 매우 늦은 시간이므로 주어진 단어 remember를 사용하여 '일찍 잘 것을 기억해라'라는 의미가 적절하다. 따라서 remember 뒤에 to부정사 목적어를 쓴다.

19 늦게까지 컴퓨터 게임을 하는 것을 그만해라.

해설 '~하는 것을 멈추다'라는 의미를 나타내야 하므로 「stop+동명사」를 써야 한다.

20 어느 날, 토끼와 거북이가 경주를 했다. 토끼는 달리기를 잘했고 거북이는 그렇지 않았다. 토끼는 경주에서 이길 것으로 기대해서 잠시 쉬고 싶었다. 토끼는 나무 아래에 누웠고 낮잠을 즐겼다. 그러나 토끼가 자는 동안, 거북이는 계속해서 갔다. 그 결과, 거북이가 경주에서 이겼다.

해설 (1) '~을 잘하다'라는 의미가 되어야 하므로 「be good at+동명사」로 쓴다.

(2) '~하고 싶다'라는 의미는 「feel like+동명사」로 나타낸다.

(3) enjoy는 동명사를 목적어로 취하는 동사이다.

(4) '~하는 것을 계속하다'는 「keep+동명사」로 쓴다.

21 친구들에게,

내일은 우리 선생님을 위한 깜짝 파티 날이야. 우리 선생님을 행복하게 해드리도록 노력하자. Kevin, 우리 선생님께 편지를 쓸 것을 기억해줘. Tina, 풍선 부는 것을 잊지 마. 사실, 너희에게 할 말이 있어. 내가 독감에 걸려서 병원에 있어. 나는 정말 너희와 함께하고 싶지만, 함께할 수가 없어. 가지 못해서 미안해.

진심을 담아,

민호가.

해설 (1) '~하려고 애쓰다[노력하다]'라는 의미를 나타내야 하므로 「try+to부정사」를 써야 한다.

(2) 미래에 해야 할 것을 기억해야 하므로 remember 뒤에 to부정사를 써야 한다.

(3) 미래에 해야 할 것을 잊지 말아야 하므로 to부정사를 써야 한다.

22 우리 가족은 겨울을 매우 좋아한다. 겨울에, 우리는 다양한 활동을 해본다. 우리 부모님은 겨울에 산으로 하이킹을 가신다. 우리 언니는 언 강 위에서 스케이트를 탄다. 눈이 오면, 내 남동생과 나는 눈사람을 만들고 눈싸움을 한다. 우리가 겨울 활동을 할 때 우리는 모두 따뜻하게 있을 것을 기억한다. 또한, 우리는 따뜻한 옷을 입고 모자를 항상 쓸 것을 잊지 않는다.

해설 ⓒ 문맥상 따뜻하게 있어야 할 것을 기억해야 하므로 「remember+to부정사」의 형태를 사용해야 한다.

ⓓ 문맥상 따뜻한 옷을 입어야 할 것을 잊지 말아야 하는 것이므로 「forget+to부정사」의 형태를 사용해야 한다.

STAGE 3

21 (1) Let's try to make our teacher happy

(2) remember to write a letter to our teacher

(3) do not forget to blow up balloons

(4) I am sorry for not going

22 ⓒ to stay

ⓓ to wear

CHAPTER 10 전치사와 접속사

p.38

STAGE 1

1　If it snows tomorrow

2　think that Jake would like kimchi

3　waited for his friend for thirty minutes

4　because we won the soccer game

5　a banana and an apple

6　walk or take a bus

7　in Canada

8　before he goes to bed

9　know that

7 해설 나라와 같이 넓은 장소 앞에는 전치사 in을 쓴다.

9 해설 동사 know 다음에는 명사절을 이끄는 접속사 that을 쓴다.

STAGE 2

10　in

11　on

12　until

13　by

14　during

15　for

16　after

17　out of

18　at

19　(1) between the chairs

(2) in front of the Christmas tree

(3) behind the Christmas tree

20　(1) is sitting on the sofa

(2) is beside[by, next to] the sofa

(3) is lying under the lamp

21　rainy or sunny

22　but I can play the piano very well

23　a cap and a backpack

24　sick, but he didn't go to the hospital

10 미나는 더 큰 집에서 살고 싶어 한다.

11 Tom의 가족은 매년 크리스마스에 놀이공원에 간다.
   해설 크리스마스와 같이 특별한 날은 전치사 on을 쓴다.

12 내 사촌은 다음 달까지 우리 집에 머물 것이다.
   해설 다음 달까지 머무는 행위가 계속되므로 전치사 until
   을 쓴다.

13 너는 내일까지 콘서트 티켓을 사야 한다.
   해설 어떠한 행위가 완료되어야 하는 기한을 의미하므로
   전치사 by를 쓴다.

14 Susan은 핼러윈 파티 동안 가면을 쓰고 있었다.
   해설 특정한 때를 나타내는 the Halloween party가 쓰
   였으므로 전치사 during을 쓴다.

15 그 학생들은 두 시간 동안 다음 학교 축제에 관해 토론했다.
   해설 숫자를 포함한 구체적인 기간 앞에는 전치사 for를
   쓴다.

16 우리 형은 점심 식사 후에 샤워를 했다.
   해설 문맥상 '~ 후에'를 나타내는 after가 적절하다.

17 많은 사람들이 영화가 끝난 후에 영화관 밖으로 나왔다.
   해설 문맥상 '~ 밖으로'를 나타내는 out of가 적절하다.

18 방과 후에 교문에서 나를 기다려 줄래?
   해설 비교적 좁은 장소를 나타낼 때는 전치사 at을 쓴다.

19 (1) 의자들 사이에 크리스마스트리가 하나 있다.
   (2) 크리스마스트리 앞에 많은 선물들이 있다.
   (3) 우리 아빠가 크리스마스트리 뒤에 서 계신다.

20 (1) 한 남자가 소파 위에 앉아 있다.
   (2) 램프 하나가 소파 옆에 있다.
   (3) 고양이 한 마리가 램프 아래에 누워있다.

21 다섯 시에 비가 올지도 모른다. 다섯 시에 화창할지도 모
   른다.
   → 다섯 시에 비가 오거나 화창할지도 모른다.

22 나는 바이올린을 연주하지 못한다. 나는 피아노를 아주 잘
   연주한다.
   → 나는 바이올린은 연주하지 못하지만, 피아노는 아주 잘
   연주한다.
   해설 서로 반대되는 내용이 이어지므로 but을 써서 연결
   한다.

23 Linda는 쇼핑몰에서 모자 하나를 샀다. Linda는 쇼핑몰에
   서 배낭도 하나 샀다.
   → Linda는 쇼핑몰에서 모자 하나와 배낭 하나를 샀다.

24 그 소년은 아팠다. 그 소년은 병원에 가지 않았다.
   → 그 소년은 아팠지만, 병원에 가지 않았다.

25 나는 중국 음식점에 갔다. 나는 Hans와 저녁을 먹었다.
   → 나는 중국 음식점에 가서 Hans와 저녁을 먹었다.

26 물을 끓일 때 너는 조심해야 한다.
   해설 시간을 나타내는 부사절은 미래를 나타내더라도
   현재시제로 쓴다.

27 Andy와 나는 일요일마다 체육관에 간다.
   해설 on은 요일을 나타내는 명사의 복수형 앞에서 '~마다'
   라는 의미를 나타내기도 한다.

28 나는 이 도서관을 좋아한다. 왜냐하면 우리 집과 아주 가
   깝기 때문이다.
   해설 뒤에 주어와 동사가 있는 완전한 문장이므로 접속사
   because를 써야 한다. because of 뒤에는 명사(구)가 온다.

29 소미는 겨울에 스케이트와 스키를 타는 것을 즐긴다.
   해설 and 앞에 목적어 역할을 하는 동명사가 있으므로
   ski도 동명사인 skiing으로 써야 한다.

30 나는 우리가 책으로부터 많은 것을 배운다고 생각한다.
   해설 동사 think 다음에 명사절을 이끄는 접속사 that이 와
   야 한다. 이때 that은 생략 가능하다.

31 그 여자아이는 한 시간 동안 수영장에서 수영했다.
   해설 숫자를 포함한 구체적인 기간 an hour가 쓰였으므
   로 전치사 for를 써야 한다.

32 나의 여름방학은 8월 25일에 끝난다.
   해설 날짜를 나타내는 August 25th 앞에는 전치사 on을
   써야 한다.

33 나는 내 숙제를 끝냈지만 내 남동생은 그렇지 않았다.
   해설 접속사 but으로 연결되는 동사의 시제를 동일하게
   써야 하므로 doesn't를 didn't로 써야 한다.

STAGE 3

34 (1) Lily는 유럽을 여행하는 동안 많은 친구를 사귀었다.
   (2) Lily는 저녁을 먹은 후에 이를 닦았다.
   (3) Lily는 비가 오면 외출하지 않을 것이다.
   (4) Lily는 여동생과 쇼핑을 하러 갔지만, 아무것도 사지
       않았다.
   (5) Lily는 너무 졸렸기 때문에 일찍 자러 갔다.

35 이번이 제주도에 있는 내 사촌 집을 두 번째 방문한 것이
   다. 나의 첫 번째 방문은 2015년이었다. 금요일에 나는 사
   촌과 함께 세계 자동차 박물관에 갔다. 우리는 거기서 멋
   진 차들을 많이 보았다. 그 후에 우리는 박물관 옆에 있는
   식당에 갔다. 왜냐하면 우리는 몹시 배가 고팠기 때문이다.
   우리는 점심을 많이 먹었다. 그다음 날 우리는 콘서트에 갔
   다. 콘서트는 6시에 시작했다. 콘서트는 대단했다. 나는 이
   번에 4일 동안 제주도에 머물렀다. 나는 사촌과 함께 아주
   즐거운 시간을 보냈다. 나는 그를 곧 다시 방문할 수 있기를
   바란다.
   해설 ⓑ 연도 앞에는 전치사 in을 쓴다.
   ⓔ 뒤에 주어와 동사가 있는 완전한 문장이므로 접속사
   because를 써야 한다.
   ⓖ 숫자를 포함한 구체적인 기간 4 days가 쓰였으므로
   전치사 for를 쓴다.